汉语国际教育专业规划教材

汉语第二语言测试与评估

刘超英 编著

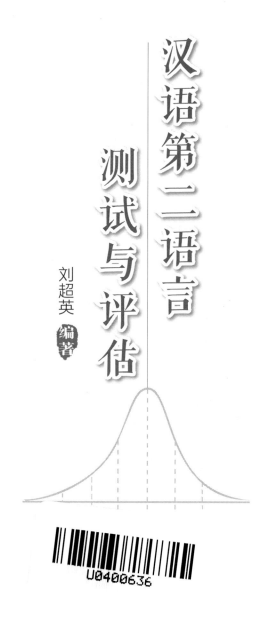

北京大学出版社
PEKING UNIVERSITY PRESS

图书在版编目 (CIP) 数据

汉语第二语言测试与评估 / 刘超英编著 . —北京：北京大学出版社，2022.10
汉语国际教育专业规划教材
ISBN 978-7-301-33075-3

Ⅰ.①汉… Ⅱ.①刘… Ⅲ.①汉语 – 对外汉语教学 – 教材 Ⅳ.① H195.4

中国版本图书馆 CIP 数据核字 (2022) 第 096233 号

书　　名	汉语第二语言测试与评估 HANYU DI-ER YUYAN CESHI YU PINGGU
著作责任者	刘超英　编著
责任编辑	孙艳玲
标准书号	ISBN 978-7-301-33075-3
出版发行	北京大学出版社
地　　址	北京市海淀区成府路 205 号　100871
网　　址	http://www.pup.cn　新浪微博：@北京大学出版社
电子信箱	zpup@ pup.cn
电　　话	邮购部 010-62752015　发行部 010-62750672 编辑部 010-62753374
印 刷 者	天津中印联印务有限公司
经 销 者	新华书店
	650 毫米 ×980 毫米　16 开本　25.75 印张　410 千字 2022 年 10 月第 1 版　2022 年 10 月第 1 次印刷
定　　价	88.00 元（含配套资源）

未经许可，不得以任何方式复制或抄袭本书之部分或全部内容。
版权所有，侵权必究
举报电话：010-62752024　电子信箱：fd@pup.pku.edu.cn
图书如有印装质量问题，请与出版部联系，电话：010-62756370

前言 Preface

评价是人类的天性。从某种意义上说，人类是一种生活在差异中的动物。无论是和别人比还是和自己的过去比，人每一天都在对差异作出评价，或在差异中得意，或在差异中失落，人需要差异为自己确定下一步的目标。没有差异和评价的人类生活是难以想象的，从奥运比赛到各类考试再到课堂中教师的一个点头或摇头，都是如此。没有测试和评价的语言教学很难有动力，也很难长久，古今中外无不如此。正因为这样，我们认为，汉语第二语言测试与评估是汉语国际教育不可缺少的重要组成部分。

中国被认为是一个考试文化发达的国家，而我们的第二语言测试与评估文化则是一个中西文化结合体。目前中国的考试文化正在经历着一场巨变，随着国外评估概念的引入，原有的考试"围墙"在某种意义上正在坍塌，一个范围更广、手段更多样、与教学关系更为密切的多元评价体系正在形成，考试只是其中重要的一元。而汉语国际教育的评估对象又是外国学习者，所以，哪些测试评估方式对他们是有效的，是汉语国际教育专业的学生必须学习的内容。

汉语第二语言测试与评估不仅重要，而且需要系统地学习。我们从小到大都在考试，大学生、研究生更是久经沙场，有丰富的考试经验。但是，要从理论上来解释考试，用一套方法来设计、操作考试并解释分数的意义，却需要进行系统学习。有些同学对测试的概念有所了解，但多数同学可能并没有系统地学习过这门课程；有些同学可能还会从媒体中得到一些错误的观念，比如认为标准化考试就是多项选择题的考试等。因此，系统学习"汉语第二语言测试与评估"这门课程是很有必要的。

"汉语第二语言测试与评估"是一门实践性很强的课程。在动手操作的过程中会碰到各种问题，既有原则性的大问题，也有操作性的小问题,这时就需要教师来引导、解惑,需要同学们围绕任务进行充分的交流。因此,在课堂上与教师和同学探讨,在完成小组作业的过程中互相学习,是十分有效的学习方法。

"汉语第二语言测试与评估"是汉语国际教育专业的一门基础课、入门课,需要学习语言测试与评估的基本概念、基本理论和基本方法。本书主要为汉语国际教育专业的高年级本科生、硕士研究生编写,也可供国际中文教师自学使用,学习者并不需要有测试或统计学方面的预备性知识。因为是基础课教材,我们希望知识面尽量宽一些,这个领域的重要的知识尽可能多涉及一些,以开阔同学们的思路。因此,本书知识可分为三类:

一、基本理论和基本方法。包括测试、评估的基本概念,分数解释、测试质量分析、信度、效度等基础知识与实施技能,也包括课堂试卷设计、非测试评估等以课堂测评为中心的知识与技能。这是本书的主体,是教学重点,要求学生理解掌握并能进行实际操作。

二、背景知识。包括语言测试评估的发展、公平性问题的历史背景等,这部分知识学生了解即可,也可以就有关问题进行讨论。

三、扩展性知识。包括概化理论、项目反应理论、求 Delta 值的方法、等值、DIF 等知识,这部分知识不要求学生掌握,有这方面的概念即可,教师可以介绍,有兴趣的学生可以自学。

这门课程的教学建议是:联系实际,通过听课、读书、讨论让学生掌握基本理论;学生在教师的指导下,完成一些操作性的任务,掌握基本方法,并完成小组作业,在全班展示、讨论。

由于大多数本科生和研究生可能还没有教过留学生,缺少对他们进行测试评估的感性知识,因此,本书使用了大量的例子来讲解原理、说明方法。书中的例子分为以下四类:

一、试题。大多数是考试大纲样题、考试真题或在教学中实际使用过的试题,大部分都是汉语的,也有少量非常典型的英语试题。

二、解释性例子。这是为讲解原理而举的例子,包括很多对留学生进行测试评估的故事,有的来源于一些资料,有的基于真实的事件进行了处理,也有一些是设想的。

三、实例。这些都是实际发生的比较典型的测试评估活动,包括学生的口试录音、作文样本、某一项测试评估活动的过程等，目的是使本书的使用者接触到教学对象真实的语言表现。为了方便使用，我们对实例中有关机构及人员的具体信息作了虚化处理。

四、案例。这是一些供学生们分析的试卷、试题。

关于统计分析，本书作了一些尝试。汉语国际教育专业的同学多数是文科背景，有文科学生的思维特点。曾有人说过，让一个计算机系的人来教计算机，很难教会，因为大量的东西他们都省略掉了，认为不用讲，但对文科学生来说这些恰恰是问题所在。笔者本人是文科出身，结合自己的学习和教学经历，摸索出了一些教文科学生统计分析的方法。在本书中，笔者尝试采用布朗（Brown，2005）在 *Testing in Language Programs: A Comprehensive Guide to English Language Assessment*（《语言项目中的测试与评价》）一书中的方法，对一些重要的统计分析，不是教学生某个公式如何推导，而是一步一步地教学生如何使用通用软件进行操作，以得到所需要的结果。有关统计分析的教学集中在第五章到第七章，对于需要学生掌握的知识，在讲完原理之后有一个"看演示"，详细说明操作步骤，并配有视频；"练一练"给出习题和可供使用的数据，读者可以扫码后进行操作练习。有练习答案供参考。

除了统计分析部分的习题之外，书中还给出了大量的思考题，形成边讲边讨论的学习模式。思考题包括讨论题、案例和数据，学生们可以进行讨论；思考题中也会有一些留学生的作文样本或口试录音样本，学生们可以练习制订评分标准，进行评分。

本书所引用的内容，有的未注明出处，主要是以下几类：第一类是一些常用的公式，很多教材都在用，很难说明是出自哪本教材；第二类是一些观点，这些观点是笔者阅读了很多文献之后自己概括的，逐一注明出处很烦琐，也很难周全，遂简化处理；第三类是一些试题和数据，大部分是笔者在试题研发和教学的过程中积累的非涉密资料；第四类是留学生的测试评估的样本，包括作文、作业、日志、口试录音等，涉及学生较多，难以一一征求学生的意见。

刘超英

目录 Contents

第一章　汉语第二语言测试与评估总论 …………………………………… **1**
　　第一节　测量、测试、评估、评价 ………………………………………… 3
　　第二节　语言测试评估的发展 ……………………………………………… 9
　　第三节　语言测试评估的理论基础 ………………………………………… 22

第二章　测试的种类及试卷设计 …………………………………………… **41**
　　第一节　语言测试的种类 …………………………………………………… 43
　　第二节　试卷设计 …………………………………………………………… 54
　　第三节　试卷设计案例分析 ………………………………………………… 69

第三章　选择型试题的编写 ………………………………………………… **85**
　　第一节　选择型试题的题型和特点 ………………………………………… 87
　　第二节　如何选材和命题 …………………………………………………… 113
　　第三节　案例讨论与题型评价 ……………………………………………… 124

第四章　构造型试题的编写 ………………………………………………… **129**
　　第一节　口　试 ……………………………………………………………… 131
　　第二节　写　作 ……………………………………………………………… 148
　　第三节　小型构造型试题 …………………………………………………… 160
　　第四节　案例讨论与题型评价 ……………………………………………… 177

第五章　测试分数的解释 …………………………………………………… **183**
　　第一节　分数的分布 ………………………………………………………… 185
　　第二节　标准分 ……………………………………………………………… 198
　　第三节　常模参照解释与标准参照解释 …………………………………… 202

第六章 测试的质量分析及控制 …… **217**
- 第一节 相关系数 …… 219
- 第二节 难度和区分度 …… 223
- 第三节 选项分析 …… 240
- 第四节 测试的质量控制 …… 245

第七章 信度及真分数理论的局限 …… **253**
- 第一节 信 度 …… 255
- 第二节 真分数理论的局限 …… 270
- 第三节 概化理论、项目反应理论 …… 272

第八章 效度及测试的使用 …… **285**
- 第一节 效 度 …… 287
- 第二节 公平性 …… 306
- 第三节 测试的使用 …… 316

第九章 非测试评估及综合评价 …… **333**
- 第一节 非测试评估 …… 335
- 第二节 常用的非测试评估方式 …… 340
- 第三节 综合评价 …… 375
- 第四节 基本结构总结 …… 381

索 引 …… **385**
附 录 …… **390**
参考文献 …… **393**
后 记 …… **401**

"练一练"
参考答案

第一章

汉语第二语言测试与评估总论

第一章 汉语第二语言测试与评估总论

本章需要学习的是关于第二语言测试与评估的一些基本概念和问题。内容包括:

1. 什么是测量、测试、评估、评价?
2. 语言测试评估是怎样发展过来的?发展趋向是什么?
3. 汉语测试评估有哪些特点?
4. 为什么巴克曼(Bachman)的理论对交际语言测试非常重要?
5. 什么是形成性评价?什么是为了学习的评价?

第一节 测量、测试、评估、评价

学习语言测试与评估,我们首先需要厘清测量、测试、评估和评价这几个基本概念的含义以及它们之间的关系。

一、测量

1. 定义

美国心理物理学家史蒂文斯(Stevens, 1951)给**测量**(measurement)下的定义是:"测量就是根据法则赋予事物数量。"这个定义怎么理解?我们举个例子。比如,一个东西的重量,掂一掂就知道是轻是重,但这不是量化描述。为了进行量化描述,人们首先需要制定一套规则系统,也就是法则,多重是1斤,多重是1两,是10两相当于1斤还是16两相当于1斤。根据这套规则人们发明了秤。人们用秤称出这个东西是3斤,那个东西是1斤4两。使用秤称东西的过程就是测量。秤是测量工具,称东西就是对东西的重量进行量化描述。

2. 要素: 参照点和单位

(1) **参照点**(reference point)指计量事物量的起点,分为**绝对零点**(absolute zero)和人为指定的**相对零点**(relative zero)。长度单位中的零是绝对零点,其含义是没有长度,不管是公制的尺子还是市制的尺子,零都表示零点,含义相同。而测量温度的单位则不一样,通常使用摄氏度和华氏度。使用摄氏度测量温度时的零度并不意味着没有温度,瑞典科学家摄尔修斯(Celsius)在设定这个零点时是人为地用水结冰的温度表示一个温度上的参照点;而华氏度的零点,则是水银温度计的发明者华伦海特(Fahrenheit)人为确定的,他把一定浓度的盐水凝固时的温度定为零度。这两种零度都是相对零点。在教育测量中,零分在不同的测试中有不同的含义。

 问答

问:史蒂文斯的"赋予事物数量"怎么理解?难道事物数量不是客观存在的吗?

答:"赋予"英文是assign,是赋值、分派的意思。既然测量事物的单位和规则是人为制订的,同样的事物就能进行不同的量化描述。温度的例子就能充分说明这一点。

(2)**单位**(unit)指计量事物的标准量的名称。比如,摄氏度从冰点到沸点分100格,每格1度,华氏度则分180格,每格1度。1度就是一个单位。其实单位也是人为确定的,先确定零点,再定一个高点,在两点之间进行等分,从而确定单位的长度。华氏度最初的100度就是参照人的正常体温设定的,而且因为冰点低,在普通人的生活中不常出现零下的温度。究竟分多少格也经过了多次调整,以满足人们的需要。以上这些都表明,在确定单位时体现了人为的特点。理想的单位应有明确的意义和相等的价值。在教育测量中,分数作为一个测量单位还难以达到这样的精度,选择题得1分和汉字听写得1分意义不同,难题得1分和简单题得1分严格地说价值并不相等。

3. **量表**

量表(scale)是一个具有单位和参照点的连续体,分为以下四种。

(1)**名称量表**(nominal scale)又叫"称名量表""命名量表",只标志事物的类别,没有数量的意义。比如,第1组、第2组、第3组……第2组并不意味着相当于两个第1组,仅仅是一个分类的符号。再比如,运动员的编号只是代表一个人,1号不一定跑得比5号快。

(2)**顺序量表**(ordinal scale)指明类别的大小、等级、顺序,但是不等距。比如,赛跑时第一名(9秒6)、第二名(9秒7)、第三名(10秒),这三位选手速度的差距是不同的,名次只管顺序,不管具体的成绩。名次就是一种顺序量表。教育测量中的排名或A、B、C、D的等级也是顺序量表。

（3）**等距量表**（interval scale）不仅表明类别的大小，而且有相等的单位，但是一般没有绝对零点。比如，三位男士身高分别为150cm、170cm和180cm，cm是相等的单位。因为没有身高是0的人，因此0这个参照点对于评价人的高矮没有意义。要进行有意义的测量，可以把这个地区的平均身高作为相对的零点，即参照点，进而表示某人的身高。假如这个地区男子的平均身高是170cm，我们就可以说第一位男士比平均身高矮20cm，第二位男士不高不矮，第三位男士比平均身高高10cm。这就是等距量表。教育测量中的考试分数一般来说是等距量表，当然，不同的考试所选择的参照点是不同的。

（4）**比率量表**（ratio scale）既有相等的单位又有绝对零点。比如，有三辆汽车，第一辆停着，速度为0，第二辆的速度是40千米/小时，第三辆是80千米/小时。"停"是绝对零点，第三辆车的速度是第二辆的两倍。在教育测量中一般不用比率量表。

测量作为量化描述的手段广泛用于人类社会和自然界的各个方面，教育测量只是其中的一部分。

二、测试

美国心理学家安娜斯塔西（Anastasi）给**测试**（testing）下过一个经典的定义："心理测验实质上是对行为样本的客观的和标准化的测量。"[①]她所说的测验就是测试。

测试是测量的一种，通常是用试题引出被试的答题行为，根据其答题情况，用分数或等级对被试的能力等心理特质或掌握知识的程度进行量化的描述。语言测试则是对学习者的语言水平或语言学习的情况进行量化的描述。在这种测量中，一般使用顺序量表或等距量表。

在安娜斯塔西的定义中有两个概念需要明确：

标准化的测量（standardized measurement）指在试题编制、施测、评分、分数解释四个环节上依据统一标准的测量。这里需要特别澄清一个概

---

① 这个定义是安娜斯塔西1961年在 *Psychological Testing*（2nd Edition）中下的，本书"参考文献"所列的是该书的第七版。

念,标准化考试并不等于多项选择题的考试,比如,口语能力测试(Oral Proficiency Interview,简称OPI)系统是一种标准化的测试,但是并没有选择题。而在市场上销售的那些考试试题集往往是编写者自编的,很难保证依据统一的标准,未必是标准化的考试材料。

行为样本(behavior sample)指对"行为"的有效抽样。语言测试所要测量的语言能力是无形的,我们只能测量有形的语言表现,即"行为",比如说出来的话、写出来的字,或对选择题所作的选择。而语言使用行为又是无限的,一个人可以说无限多的话,写无限多的文字,测不过来,因此需要抽样。

行为样本要有代表性,要能提供足够的有用信息。要想得到可比较的有效抽样,一个重要的方法就是让被试接受有统一标准的刺激,从而得到在同样条件下的不同反应。语言行为样本就是通过被试对试题这一刺激物的反应而获得的。我们在测试过程中向被试呈现一组试题,引发被试的一组语言行为,从而得到语言行为样本。我们对有代表性的样本进行测量,根据测量的结果对被试的整体语言能力或对语言学习内容的掌握程度进行推测。第二语言测试的行为样本一般是被试的目的语行为样本,比如,汉语测试的行为样本即被试用汉语说出来的话,写出来的字,或听、读汉语材料后对选择题作的选择。

由于第二语言测试的运用范围很广,包括大量的课堂测试,试题往往是任课教师根据教学内容和学生的情况给出的,不太可能都要求标准化,因此我们可以把第二语言测试概括为:

第二语言测试是对被试的语言行为样本所作的客观测量。除了潜能测试外,测量中的语言行为样本一般是通过被试对目的语试题的反应获得的。通过这种测量,可以对被试的第二语言能力或对第二语言学习内容的掌握程度进行推断。

汉语第二语言测试是对第一语言非汉语者汉语行为样本的客观测量。

思考题

(1) 为了测试孩子的第二语言能力,让孩子在试卷上的线条画中涂颜色(比如花和叶子)。在测试之前大人已经用母语给孩子们说明了题目应该怎么做,所以测试时他们实际上不必看指令。请使用本节学习的概念,对这一测试行为作一个分析。

(2) 在语言教学中,量表就是测试吗?有不是测试的量表吗?

三、评估

20世纪80年代以前的第二语言教学相关文献中,经常出现的是"语言测试"。但是近几十年来,"评估"这个词在第二语言教学文献中出现得越来越多,因为人们越来越意识到只有测试是不够的,需要一个概括范围更大的词来表示第二语言教学中这一重要组成部分。这个词便是"评估"。

评估(assessment)是收集、分析信息,作出推论的一种系统性的方法。

评估有广义和狭义两种解释。广义的评估是指为决策收集、分析资料并作出解释的过程。测试只是评估的手段之一,除了测试之外,还有不少非测试的评估方式,如访谈、问卷调查等。狭义的评估仅指非测试的评估方式,如学生的自评、互评、教师的评语等。

从测试和评估的关系看,评估既有测试的手段,也有非测试的手段,评估包含测试,大于测试。

从测量与测试、评估的关系看,由于测量是量化描述,测试当然是一种测量,而在非测试评估中也有测量,如问卷调查、结构化的自评表、互评表等,都可以进行量化描述,都可以产生量表,也就是说它们尽管不是测试,但仍属于测量①。但非测试评估中还有很大的一部分,如教师在课堂上的提问、给学生的即时反馈、教师给学生写的评语等,就不必使用量化描述,而是使用语言描述来评估,这些评估就不是测量。

 问答

问:"非测试评估"这个提法有出处吗?

答:"非测试评估"的思想前人已经在很多文献中论述过,我们在前面已说了一些。本书中将"非测试评估"作为术语来使用。

评估、测试与测量的关系可以用图1-1表示:

---

① 结构化的自评在心理学中有时是测试的一种,但是在第二语言测试中不算测试,本书第九章会具体说明。

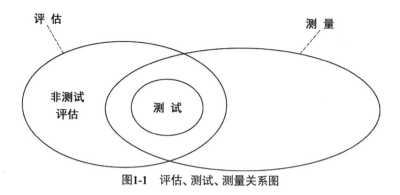

图1-1　评估、测试、测量关系图

四、评价

有人认为评价和评估可以交替使用,但严格地说二者所指不同。

"评价"和英文的"evaluation"都表示价值判断。

张厚粲、龚耀先(2012)指出:"评价是个综合性的名词,其结果需要由数量的说明、质量的描述和价值判断三个部分组成,价值判断是评价的主要特性。"

评价的范围比评估广,生活中的大量评价都不需要使用系统的评估程序,凭印象就可以作出评价。我们所谈的第二语言评价,一般并不是指那些仅凭印象的随意评价,而是指为教学服务的系统评价,其外延和评估基本上是重合的。评价是评估的目的,评估过程是评价过程的一部分,是评价的基础,可以说,**评价**(evaluation)是依据评估的结果所作的价值判断。由于评估和评价的关系非常密切,事实上二者常常交替使用,指整个评估评价过程,在这种情况下,两个词的含义并没有太大的区别。在本书中,考虑到约定俗成的表述习惯,有时这两个词也会交替使用,我们说的评价一般都是指以评估为基础的评价。

我们这门课要研究的其实就是属于"评估"的这一部分,即测试与非测试评估。

 思考题

(1)请看以下几种行为:做笔试题,填选择题的自评表,教师在课堂上对学生的语言表现作出反馈,面对面的口试,平时聊天儿中议论一个人。这几种行为和测量、测试、评估、评价这几个概念是什么关系?
(2)本书书名中的"测试与评估"是并列关系还是包容关系?

第二节 语言测试评估的发展

一、语言测试评估的发展历程

以色列应用语言学家斯波尔斯基(Spolsky)提出,第二语言测试大致经历了三个主要发展阶段。

第一阶段,**科学前阶段**(pre-scientific trend)。20世纪40年代以前的语言测试,由于时间跨度大,并不能归入一种流派,相当庞杂,但仍可归纳出一些主要特征:主要测试学习者对语音、语法规则、词汇的掌握情况;主要考书面语,也有少量的面试;常用的考试形式是翻译、语法分析和写作,也有一些面试;与教学方法中的语法翻译法相关联,母语被用作外语学习以及测试的基础和参照体系;主要目标是激励学生学习,便于政府监控教育,用于选拔公职人员。19世纪末20世纪初,一些教育家已经认识到这种测试的信度有问题,主要是评分者一致性信度不高,使得测试结果不稳定,影响公信力。

第二阶段,**心理测量—结构主义阶段**(psychometric-structuralist trend)。1905年,受法国教育部的委托,法国心理学家比奈(Binet)和西蒙(Simon)合作研制了第一个比较成熟的测智商量表,用于给智力存在问题的孩子分班。(郑日昌,2008)以比奈—西蒙量表(Binet-Simon scale)的出现为标志,心理测量学迅速发展,但开始时的测试是一对一的面试。第一次世界大战期间,由于新式武器的使用,美国军队需要测官兵的智商,为满足大规模测试的需求,美国心理学家特曼(Terman)的研究生奥蒂斯(Otis)设计了团体测验的量表,开始使用多项选择题[①]。两年时间,他们的团体测验量表为两百多万名官兵进行了智力测验。战后这种测验方式转向

---

① 据王佶旻(2011)的资料,多项选择题是凯利(Kelly)于1915年发明的。

民间，直接影响了考试方式的改革。20世纪30年代以后，以结构主义语言学、行为主义学习理论为理论基础，与听说教学法相对应，借鉴心理测量学方法的新的客观考试形式逐渐发展。

结构主义语言学认为语言是一套符号系统，是由层次不同的语言成分构成的。语音、词汇、句法等应分别教，与此相应，分别测试学生对这些成分的掌握情况也就能考查其语言能力。

行为主义学习理论认为学习行为可以分解为最基本的单元：刺激—反应（stimulation-reaction，S-R）的联结。斯金纳（Skinner）把学习过程归纳为辨别刺激—反应—强化刺激（SD-R-SR），从而形成言语习惯。行为主义认为人就是经过这种反复的过程形成习惯才学会了语言。因为习惯必须达到自动快速反应的程度，所以在测试中有速度的要求。由于现实中的刺激—反应情景很复杂，所以行为主义认为测试应注重考查语言形式而不是语义。

听说教学法是第二次世界大战期间美国在军队中使用的教学法，战后在学校的语言教学中推广。其主要特点是听说领先，以句型为中心，反复操练，形成习惯。为了形成习惯，在教学中应排斥、限制母语的使用并及时纠错。

心理测量学是这一阶段设计考试并对考试数据进行统计分析的主要方法。心理测量学有四个特征：考试标准化，力图用准确的数值评价人的行为，试题结构化，关注测试结果。

心理测量—结构主义语言测试的主要代表人物是美国应用语言学家拉多（Lado），他的 *Language Testing: The Construction and Use of Foreign Language Tests*（Lado, 1961）是这一学派的代表作。在某种意义上可以说，从这一阶段开始，语言测试成了一门学科。

从语言测试上看，第二阶段的特点是：采用分立式测试，考语法、词汇、听力、阅读等，每题只考一个点；主要题型是客观选择题，如多项选择题、判断题、搭配题；评分客观，信度高，当时一些学者作了新旧测试方法的比较，证明新的测试信度明显高于第一阶段测试的信度；易于操作，效率高，便于进行大规模考试，使得考试成为一种产业。1962年，托福（TOEFL）的开发就是一个标志，这一方面表明这种测试形式正在走向成熟，另一方面也说明这种测试的技术发展方向是由社会的商业化要求促成的。虽然重视听说能力，但限于客观选择题的考试形式，一般以考听力为主，通过计算相关性来推测说的能力。这种测试主要是在美国发展起来的，也有人把搞这种测试的人称为美国学派，托福是这种测试的一个代表。

但是，从20世纪60年代初一直到20世纪末，这类测试的问题越来越明显，主要是由于考试形式的局限，造成高分低能，说和写这两种产出性的表达能力考不出来，不能有效地测出考生全面的语言交际能力，而语言形式又被过度地测量。为了弥补这一缺点，美国教育考试服务中心（Educational Testing Service，简称ETS）在托福考试中增加了写作，另外开发了英语口语测试（Test of Spoken English，简称TSE），用录音考口试，但与托福总分是分离的。

直接作为这一学派对立面出现的是以美国语言学家奥勒（Oller）为代表的综合测试（或语用测试），所以也有学者把综合测试作为第三阶段，把交际语言测试作为第四阶段。不过，由于综合测试影响的时间比较短，现在其部分成果已经被交际语言测试吸纳，所以我们只把它作为一个过渡阶段。

第三阶段，**心理语言学—社会语言学阶段**（psycho-sociolinguistic trend），也称为交际语言测试阶段。20世纪70年代以后交际语言教学理论影响到语言测试，人们开始探索测试人的语言交际能力的新的考试形式。这种探索实际上是在理论和实践两条路上同时进行并互相影响的。

理论上，受20世纪70年代以海姆斯（Hymes）为代表的社会语言学、以韩礼德（Halliday）为代表的功能语言学的影响，20世纪80年代卡耐尔（Canale）、斯温（Swain）等提出了交际能力模式，而系统的交际语言测试理论体系是巴克曼在20世纪90年代建立的。

美国社会语言学家海姆斯1972年提出了交际能力（communicative competence）的概念，交际能力分为知识（knowledge）和使用能力（ability for use）。使用能力是指语言使用者具有的实现一个形式上可能的、心理上可行的、语境上得体的言语行为的潜能。他认为交际能力应体现在四个方面：形式正确，合理可行，内容得体，能实际使用。如The mouse the cat the dog the man the woman married beat chased ate had a big tail（译为：与那个女人结婚的男人打的那条狗追的那只猫吃的那只老鼠有一条大尾巴）。尽管语法正确，但从心理语言学角度看并不可行，内容不得体，也几乎没有人会这样说，因此不能体现交际能力。

英国语言学家韩礼德1973年提出语言主要表达七种功能，即工具功能、调控功能、交往功能、个人功能、探究功能、想象功能、表达功能，也就是说，同一句话在不同的场合下会有不同的功能，因而会有不同的意思。如见面打招呼问"你去哪儿"，功能不是探究而是交往，这时如果详细回答去哪儿反而很奇怪。这突破了结构主义重结构轻语义尤其是场景的语义的局限，更符合交际的现实。

单一能力假说被否定之后，多数学者都认为语言交际能力是由多种因素构成的。

1980年，卡耐尔提出了一个交际能力模式，他认为交际能力由四个部分构成：语法能力（包括语音、词汇、句法等语言知识）、社会语言能力、语篇能力、交际策略能力。这一模式从结构上看已经比较全面，缺点是没有指出这几种能力之间的关系，其交际策略还仅仅指当交际出现障碍时的一种临时应对策略。

1990年，巴克曼提出了交际语言能力（communicative language ability）的概念并形成了一整套语言交际及语言测试的理论，产生了广泛的影响。

这些理论推动了语言教学中交际法的发展，也推动了人们对交际语言测试的研究兴趣。

在实践上，以剑桥考试系列为代表的英国学派从一开始就与美国学派有所不同，前者注重考查语言交际能力，在考试内容上听说读写兼顾，在形式上采用写作和口试（而且多为面试），在听力、阅读考试中，虽然也以选择题为主，但也使用听写、简答等构造题，综合式的特点明显。这一学派以20世纪80年代开发的雅思（IELTS）和20世纪90年代开发的剑桥商务英语（BEC）为代表，交际语言测试的特点体现得比较充分。称之为英国学派是一般而言，其实在二战期间，美国为了培训士兵的口语能力，也已开始研究口语测试系统，到后来，美国外语教学委员会（American Council on the Teaching of Foreign Languages，简称ACTFL）开发出了OPI，也有交际语言测试的特点。

以托福为代表的美国学派和以雅思为代表的英国学派多年来激烈竞

争,结果很有趣。一方面美国的一些大学已接受雅思成绩,另一方面托福的研发公司美国教育考试服务中心进行了两项重要的改革。一是新托福的推出,在很多方面都否定了原有模式:理论基础由原来的语言能力理论改为交际能力理论,考试项目改为听说读写四项考试,语法、词汇不单独考,在题型上,听说读写互相渗透,打破了严格的分立式结构,显示出综合式的特点(例如口试的6题中有4题、写作的2题中有1题需以阅读或听力材料为基础)。二是每年有300万考生的托业考试(TOEIC)的改版,去掉原来阅读中的挑错题,增加了口试和写作考试,推翻了托业考试一直标榜的"只考听力阅读就可以推测说、写及交际能力"的神话。

问答

问: 我发现这三个阶段研究的测试基本上都是水平测试,成绩测试也是这样发展的吗?

答: 成绩测试或课堂测试的变化可能不完全是这样的,成绩测试的方式更多地和课堂教学相联系,有自身的特点,而课堂教学模式是多样化的。应该说目前的这种概括只是一个方面。

美国语言测试专家布朗(Brown, J. D.)总结了**交际语言测试**的几项要求:

(1)有意义的交际。

(2)情境真实。

(3)语言输入不可预测。

(4)语言输出是创造性的。

(5)四项技能全面考查。　　　　　　　　　　(Brown, 2005)

这几项要求与结构主义测试的要求形成了鲜明的对比,比如第3项、第4项,是对结构主义测试测"快速反应的习惯"这一要求的颠覆。

第三阶段测试所涵盖的测试种类比较广,包括各种形式的角色扮演、基于任务的测试以及综合性的行为测试或行为评估(performance assessment)等。从这个角度看,第三阶段测试目前还处于发展时期。

第三阶段测试也有局限:

(1)在根据考试分数推测考生能力方面,推测的范围不如结构主义测试广(如新托福主要推测考生进入高校学习的语言能力,而不再推测一般的语言能力)。

(2)由于突破严格的分立式结构,加入综合式的因素,提取诊断信息不如结构主义测试便利。

(3)由于加入口语、写作测试,操作较为复杂,考试时间相对较长,例如老托福考两个半小时,新托福要考四个小时,成本比较高,从推广的角度看不如结构主义测试。其实老托福之所以放弃口试、写作,一个重要的考虑就是为了降低成本。

从以上这三个发展阶段中,我们可以看到20世纪以来人们在科学测试语言能力方面的探索经历。不过,从整个第二语言测试评估的范围来看,这只是其中一个部分,另一个很大的部分是课堂教学中的测试评估。作为第二语言的课堂测评,一方面受当时主导测评思想的影响,另一方面又从课堂测评的角度提出问题,探索理论和方法。例如,在20世纪四五十年代,受商业性标准化测试的影响,美国学校里的成绩测试也盲目追求正态分布,以此作为成绩测试质量好的标志,但这一追求渐渐地与全面提高学生水平的教育思想相矛盾。在这种背景下,1962年格莱塞(Glaser)提出了标准参照测量的概念,对此后的测试评估产生了很大的影响。(张凯,2002a)而20世纪六七十年代形成性评价概念的提出,也是由于商业性的标准化测试对课堂教学的负面影响渐渐显现,需要重新从教学的角度来认识测试评估的作用。世纪之交"为了学习的评价"的思想更明确地提出了测试评估在课堂教学中的作用问题。一些国家出台相关政策,取消或限制外部测试,将形成性评价用于高风险目的。例如,芬兰政府通过立法规定,对学生的学习评价只能使用教师设计的测试,不允许使用外部的标准化测试。英国1987年规定全国性的评价将结合教师判断和外部测试。(罗少茜等,2015)从测试到评估的概念的变化是测试评估思想的另一个重要的发展,对语言教学和评估的影响越来越大。

 思考题

(1)三个阶段的划分方法是否符合实际?20世纪之前划为一个科学前阶段是否过于简单化?

(2)语言测试是沿着一条线发展过来的吗?

二、语言测试评估的发展趋向

根据对语言测试历史和现状的观察,我们可以总结出语言测试发展的几个趋向性特点。

第一,从总体趋向上看,语言运用能力是测试的主要目标,其中语言交际能力是最主要的。评价一个人的总体语言能力,以往我们会测他能否读懂很难的古书,或是对每一个语言要素的掌握情况,再整合起来进行判断。现在我们对这个问题不仅有了更深入的认识,而且有了相应的测试手段。但是,由于语言测试的范围相当广泛,不可能也没有必要在一切测试中都体现交际性,尤其是在基础阶段的一些成绩测试中,并不需要体现交际性。

第二,人们对语言测试作用的认识更为客观,从更广的方面将语言测试作为评估的手段之一,需要与非测试评估手段结合起来才能发挥更积极的作用。课堂考试评估重新受到重视,成为研究的重点。人们日益认识到标准化测试的局限性,其功能范围逐渐清晰,作用适当降低,回归到应有的位置上。

第三,语言测试有人文性和技术性两个方面,关于语言、语言习得、语言交际研究的人文知识和心理测量学、统计学、计算机技术等知识是现代语言测试的基础。语言测试中技术的使用是根据语言交际的特点来进行选择的,例如,计算机自适应考试从技术上已经具备由机器自动生成试题的能力,但是由于语言交际人文特点上的复杂性,这种技术在计算机语言测试中就没有被选用。从历史发展看,人们对测试技术的认识经历了从接受到崇拜再到客观分析其局限性的过程,现在的趋向是人文性的回归。人文性是根本,技术性是重要的手段,只有兼顾二者,才能达到科学性。从根本上说,语言测试主要是语言教师的工作,电脑技师只是助手。

第四,语言测试的发展不是直线的,后起的测试并没有取代前一阶段的测试,每一种测试都有其优点和局限性,都能满足不同使用者的需要,因此,各种测试始终处于共存状态,即使是在交际性测试处于主导地位的今天,其他测试仍然在不同领域中发挥着各自的作用。例如,在翻译课或国外的古文献阅读课中,对文章的翻译仍是有效的测试手段。在成绩测试中,结构主义的分立式测试形式仍有用武之地和特有的功能。心理测量学并不仅仅用于结构主义测试,也被用于交际性测试,现在仍然是一个有效的工具。从另一角度看,新开发的测试,在某一方面前进的同时,在其他方面也可能在后退。例如,托福作文测评系统(E-rater)、自动化口语考试,在追求高效率的同时牺牲了交际性测试的一些重要原则,比如有意义交际、互动、语言输出的创造性等原则。总之,在我们评价和选用一个语言测试时,不能仅仅从测试出现的时间先后看,而应该从它所具有的功能上看。

 思考题

(1)对于各种语言测试评估方式的发展和共存,你有什么见解?
(2)你怎么看语言测试中人文性和技术性这两个方面的作用?

三、汉语第二语言测试评估的发展

中国是考试的故乡,如果从汉代"对策"算起,已有两千多年的历史了。隋朝科举制度建立,延续了一千三百多年。(刘海峰等,2002)这一制度不仅影响了中国的考试文化,而且经传教士带到欧洲后,对欧洲文官考试制度的建立起了借鉴作用。不过,中国历史上有记载的考试大多数都是为了选拔官吏、治理国家,考试的内容以儒家经典为主,虽然使用语言文字,但并非语言测试,至于汉语作为第二语言测试的记载就更少了。而汉语第二语言的测试评估并不等于中国对外汉语教学的测试评估,还应包括全球范围内的汉语作为第二语言的测试评估。由于资料相对较少,而范围又很广,我们只能选取几个有代表性的水平测试作为例子。

目前知道的比较早的汉语第二语言测试是在唐朝。当时有大量的外国留学生来学习,主要来自日本、新罗、百济、高丽、天竺等亚洲国家。他们可以进入最高学府国子监学习,费用由唐朝中央政府支付。由于名额有限,需要进行选拔考试,中文便是一项内容。对于中文水平太低的学生,拒绝接收。(张西平,2009)这是典型的选拔性的中文水平考试。

鸦片战争后中国海关实际上被外国人所控制,需要有一大批懂汉语的海关洋员。辛亥革命后海关洋员人数逐渐减少,直到1950年才完全消失。(朱洪,2013)当时的海关制订了一整套带有强制性的有效的学习汉语的制度，将汉语水平从低到高分为三等（C）、二等（B）、头等（A）三个等级，并研制了与之相对应的**汉文考试**。《洋员帮办学习汉文章程》规定："海关之正规语言文字为英文与汉文，汉文考试之目的在于使洋员帮办能够对此二种语言进行互译。"（海关总署《旧中国海关总税务司署通令选编》编译委员会，2003）考试内容分为口语、公文、常规考试三类。口语考试包括大声朗读汉语段落并翻译、与一位中国人谈某一话题并口头翻译。公文考试包括将一段英文公文翻译成中文公文，但并不要求洋员自己写汉字，而是由一位担任文案的中国人代写汉字；到了A级考试，则要求能借助字典把没见过的中文公文翻译成其他文字，能在一个不是语言学家的中国人的帮助下起草中文公文。常规考试主要针对还没获得C级证书的洋员，题型包括发音，用罗马音标给汉字注音，把海关术语翻译成中文以及回答一些常见的问题，如写出上海主要口岸的名称、谁是康有为，等等。（朱洪，2013）这是一个很有针对性、以翻译法为基础、重视汉字认读能力和口头表达能力的综合性的水平考试。

中华人民共和国成立后，很多外国留学生和华裔子女来中国学习汉语，中国也派了不少教师出国教授汉语，但有关考试的记载却很少。改革开放后，来华留学生大量增加，到1987年，全国有63所高校接收外国留学生（张西平，2009），客观上产生了对于一个统一的水平考试的需求。1981年，托福考试进入中国，中国汉语教学界受到启发，要研发中国的"托福"。1984年，北京语言学院成立设计小组开始考试研发。1989年，正式推出**汉语水平考试**，以Hànyǔ Shuǐpíng Kǎoshì的首字母H、S、K作为考试简称。1993年和1997年又向上推出HSK（高等），向下推出HSK（基

图1-2　首版《汉语水平考试大纲》（1989）

图1-3 《商务汉语考试大纲》(2006)

础),原来的HSK作为HSK(初中等),形成了一个考试体系。(赵琪凤,2016)考试发展很快,成为有国际影响力的品牌。

2003年,中国国家汉办①委托北京大学、南京师范大学、上海师范大学、首都师范大学分别研发HSK(商务)、HSK(少儿)、HSK(旅游)、HSK(文秘)考试,作为与原有的主干HSK考试相配合的专项考试。2006年,HSK(商务)更名为**商务汉语考试**(Business Chinese Test,简称BCT),面向职场正式推出,考查被试在商务环境中使用汉语的能力,注重实用性和交际性。②2011年BCT被考查初级水平的新BCT(A)和考查中级水平的新BCT(B)所取代,不过,在新BCT(B)中仍保留了原BCT的部分题型。HSK(少儿)正式推出时更名为**中小学生汉语考试**(Young-learner Chinese Test,简称YCT),2009年改为1—4级,遵循"轻松、活泼、有趣"的原则,目的是使学习者喜欢上汉语。HSK(旅游)、HSK(文秘)考试在完成鉴定后并未推向市场。

2009年,中国国家汉办/孔子学院总部推出了**新汉语水平考试**(张晋军等,2010),以适应汉语学习人群的变化。考试遵循"考教结合"的原则,提出"以考促教""以考促学"。新HSK由笔试和口试两组相对独立的考试组成,笔试分1—6级,口试分初级、中级、高级。新HSK推出后,由于满足了国外大量的不同层次的汉语学习者的需要,考生人数迅速增加,考试规模迅速扩大。后来又增加了网考,与纸笔考试同时进行。几年后,新HSK取代了老HSK。

---

① 2020年7月,国家汉办/孔子学院总部更名为教育部中外语言交流合作中心。

② 本书中所提到的BCT以及所有关于BCT的例题等,均指北京大学受国家汉办委托在2003年开始研发、2006年更名的商务汉语考试。

图1-4　意大利米兰国立大学孔子学院2016年5月举办HSK考试

在中国，除了大陆之外，台湾地区也开发了面向第二语言学习者的中文水平考试，包括**华语文能力测验**（TOCFL）及相关系列考试。

中国的近邻日本有着悠久的学习中文的传统，历史上选拔人才的"登庸试"就是参考唐朝的科举制度建立的。（张西平，2009）20世纪80年代以后，随着汉语学习者人数的迅速增长，日本相关教育机构开发了几个本土的考查汉语能力的考试，规模较大的全国性考试有8个（侯仁锋、申荷丽，2016），其中影响最大、考生人数最多的是汉语检定考试（**中国语检定试验**，即人们常说的"中检"）。1981年，汉语学力认证协会（1985年更名为"日本汉语检定协会"）举办了首次汉语学力认证考试，此后每年定期举行，规模逐渐扩大，1995年，考试改为现在的名称。除了日本全国外，在海外也有"中检"的考点。"中检"规定参加过考试的考生挑战更高级别时，考试费优惠（王承瑾，2013），起到了吸引考生，鼓励学习者不断提高的作用。

"中检"最初有四个等级，由低到高分别为4级、3级、2级、1级，后来陆续增加了准4级、准1级，共六个等级。每个等级考一种试卷。每一级的考试都有听力和笔试，1级考试合格者还需考口试，题型为与汉语母语者会话和口译。"中检"注重考查汉语知识，拼音的读法和拼写，字、词、句的正确使用，重视考查翻译的能力，从最低一级开始笔试就有日汉互译。"中检"是纸笔考试，低级别试卷以选择题为主，级别越高，试卷构造题越多，包括听写、笔译等。

美国虽然从1876年就已经在耶鲁大学开设中文课程，但二战之前主要为培养汉学家服务，注重阅读，忽视听说，太平洋战争后转向注重听说能力。20世纪70年代以后美国学习汉语的人数持续增长,到2006年,汉语已成为美国大学中的第七大外语,并进入了中小学。(张西平,2009)在这种背景下,美国研发了一些本土的汉语测试,如OPI、大学学能测试SAT-Ⅱ中文测试、AP中文(Advanced Placement Chinese Language and Culture)测试等。

我们简单介绍一下OPI。美国外交学院(Foreign Service Institute,简称FSI)在20世纪50年代研发了一种测试外交人员口语能力的考试,采用面谈的形式,将口语能力分为六个等级,其中0级表示不具备在目的语国家生存的能力,3级表示接近母语者,5级表示达到母语者水平。20世纪七八十年代时,美国外语教学委员会在测试大学生的外语水平时采用了这一方法。由于普通的外语学习者能达到3—5级的很少,大量的是初中级考生,因此,把3—5级合为一级作为最高级,0级为初级,1级为中级,2级为高级,后来又在初、中、高级内部各分出三个小的级别,从而形成了ACTFL能力标准。(柯传仁、柳明,1993)OPI目前有七十多个语种的考试,汉语普通话是其中的一种。OPI是一种典型的面试型的口试方式,不过,目前多用电话或电脑进行口试。

此外,法国的语言水平证书(Diplôme de Compétence en Langue,简称DCL)考试中的汉语考试、新加坡的小学离校考试(The Primary School Leaving Examination,简称PSLE)中的华文考试、新加坡中学的O水准华文考试等也都很有特色,分别代表了不同类型的汉语测试。

通过以上不同时代、不同地区考试的发展变化,我们或许能够对汉语测试评估的水平测试有一个大致的概念。然而,水平测试只是整个汉语第二语言测试评估的一个方面,可以把它们比喻为显露在海面上的冰山之顶,海面之下是巨大的冰山主体,即日常的课堂测评。只有将二者联系在一起,才能使我们看到汉语作为第二语言测试评估的发展全貌。

思考题

(1)在网上查一下新HSK和托福的相关信息,谈谈你对这两组考试的印象。
(2)根据你的了解,你认为国外开发的汉语测试和中国开发的汉语测试有哪些不同?

四、汉语第二语言测试评估的特点

汉语第二语言测试评估与其他第二语言测试评估有很多共性,主要基于以下几点理由。

第一,测试评估的对象是外国人,因此在设计时必须考虑外国人的思维方式和使用的便利性,尤其是初级。如果测试评估方式是外国汉语学习者接触过或容易理解的,就比较有利于他们正常发挥。比如,新HSK海外考场主考官可以使用当地的语言发出考试指令。

第二,语言测试评估的一些基本原理是全世界相同的,比如,考试的信度和效度。其实在科举考试中同样存在这些问题,只是当时没有一套理论方法来分析这些现象。国外测试界建立了系统的理论方法,在发展现代的汉语测试评估时就直接借鉴过来了。

第三,汉语第二语言测试评估在某种程度上是在国际测试评估思想的推动下发展起来的。一种是在国外已经有一个测试模型,在开发系列测试的过程中开发了汉语测试,如OPI、SAT-Ⅱ和新加坡O水准考试中的华文考试,其总的考试思想和结构是国外的。还有一种是中国自己开发的考试,直接受到国际上的影响,比如,老HSK直接受到托福的影响。

同时,汉语第二语言测试评估也有鲜明的个性特点。

第一,由于汉语和汉字书写系统的特点,国外的语言能力标准不可能直接照搬过来描述汉语能力。比如,在口语表达能力方面,国外语音标准往往只有一个笼统的发音,而在汉语的口语评价标准中,则需要判断字词发音是否准确、是否有洋腔洋调。"中检"即使是用笔试的方式,也要测考生能否正确辨别声调,抓住了汉语的特点。

第二,由于汉语及汉字的特点,有些题型在汉语测试评估中得以充分发挥作用。比如,在语法测试中,"一个词放在一句话中的哪个位置"这个题型,在一些语序很灵活的语言中根本不可能使用,如英语,而由于语序在汉语中的重要性,这个题型对测试某些汉语结构就很合适。再比如,"听写"这一题型,尽管在其他语言的测试中也使用,但在汉语中如果考生听到发音后能正确写出汉字,我们就能判断考生一定理解了意思。再比如"朗读",对于拼音文字的语言,学生即使有的词不知道意思也有可能读对,对于判断考生语言能力的作用并不大,而在汉语中,由于很多常用汉字并不精确表音,阅读材料也不分词排列,考生只有认识那些词、掌握了语言结构、理解了文章的意思才可能读对,断句不对、读白字都可能成为考生整体语言水平不高的标记。因此"朗读"在汉语中是测试考生整体汉语水平的一种手段。已有研究表明这一题型的效度较高。

有些题型虽然各国的语言测试都在用,但是在汉语测试中可以用得更好,典型的例子是"多项选择题"。至少在英语测试中各个选项是不一样长的,但是由于汉语的特点,在汉语测试中完全可以做到各个选项一样长,这不仅美观,而且给了选项调整以更大的自由空间。同样长的选项已经形成了一种可以称为文体的独特的表达方式,这是汉语水平考试的先行者们对"多项选择题"这一题型的贡献。

第三,由于中国社会文化的独特性,中国社会文化内容是汉语第二语言测试评估的一个特色。无论是老HSK,还是新HSK,到了中高级阶段在听力和阅读中都会选取反映中国社会文化内容的文章或讲话来测评考生的深层语言理解能力。在当代跨文化交际的大环境下,甚至国外开发的汉语测试都重视考生对中国文化的理解、运用能力。典型的例子是美国的AP中文测试,认识中国多元文化是AP中文的五大教学及测试目标之一,目的是测试考生能否在最适当的文化交流情境当中,使用最恰当的语言来达到某种特定的沟通目的。(曾妙芬,2007)

思考题

(1)根据你所知道的中外测试评估,你认为汉语测试评估还有哪些特点?
(2)你认为国外的哪些测试评估手段在汉语测评中难以实现?

第三节 语言测试评估的理论基础

关于语言测试评估的理论有很多,我们只介绍对当代语言测试评估影响比较大的两个理论思想:一个是巴克曼的语言测试模式,另一个是形成性评价及为了学习的评价的思想。前者主要关注人的语言交际能力与测试评估的关系,关注测试评估的设计、论证等问题;后者主要关注教学与测试评估的关系,关注使用测试评估促进学习者学习的问题。

一、巴克曼的语言测试模式

巴克曼是美国加州大学的应用语言学教授。他曾经在泰国教过英语，在那里，他认识了另一位英语教师帕尔默（Palmer），两人开始了第二语言测试方面的研究，合写了不少有影响的专著和论文。他们提出的**交际语言测试模式**（an interactional approach to language testing）在语言测试界产生了广泛的影响。（刘润清、韩宝成，2000）他们的理论体系很庞大，我们介绍几个很有特色的部分：语言使用，语言知识的构成，测试的真实性、交互性、可行性。

1. 语言使用

语言使用（language use）是巴克曼理论中一个非常重要的概念。巴克曼和帕尔默把语言使用定义为在特定的场景中人对话语中意思的表达和理解，这种话语可以是个人的（如在阅读材料中查找信息时），也可以是两人或多人之间的动态意义协商。语言使用涉及两种交互作用，一种是内部交互（internally interactive），指语言使用者大脑中各种特质之间的交互作用；另一种是外部交互（externally interactive），指语言使用者和语言使用场景之间的交互作用，语言使用场景包括其他的语言使用者。如果是个人的语言行为（如阅读），称为非往复性语言使用（non-reciprocal language use）；如果是几个人之间的语言行为，称为往复性语言使用（reciprocal language use）。

图1-5是往复性语言使用的一个例子。"语言知识"（language knowledge）我们将在后面具体介绍。"话题知识"（topical knowledge）指的是语言使用者关于所生活的这个真实世界的知识。"个人特质"（personal

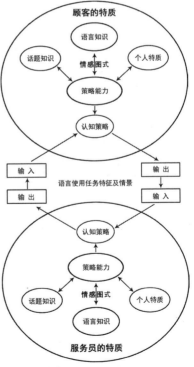

图1-5　往复性语言使用
（Bachman & Palmer, 2010）

attributes）指的是一些对语言交际不可避免要产生影响的个人特点，包括年龄、性别、国籍、身份、母语、受教育程度等。"情感图式"（affective schemata）指的是和某些特定话题知识有关的感情，这些感情因素对某些话题的交流会有促进作用，能使人的语言能力高水平发挥，但也可能会有阻碍作用，影响正常发挥，尤其是在测试中，假如涉及宗教、领土等敏感话题，就可能对考生的语言表达有影响。"策略能力"（strategic competence）是一组提供管理功能的元认知策略，这种能力潜藏在深层，但在语言使用中却处于中心地位。巴克曼理论中的策略能力已不仅仅是交际遇到障碍时的应对手段，而是整个交际活动的总指挥，根据特定的交际场景来确定目标、进行评估、作出计划，决定使用语言知识、话题知识中的哪些要素来完成某个交际任务，再对任务完成的情况进行评估，根据需要调整计划。"认知策略"（cognitive strategies）指的是语言使用者实施交际活动的工作机制，可以说是个干活儿的，要具体实施话语的理解和产出，比如，负责把在大脑里生成的一个句子通过发音器官变成声音，或听的时候用听觉器官接收声音进而变成大脑里的一个句子。"语言使用任务特征及情景"（characteristics of the language use task and situation）是这一理论框架中很有特色的一个部分，巴克曼和帕尔默认为语言交际能力不是静止的，它与特定的语言使用任务以及交际场景有交互关系。他们举过一个例子，"如果你在电话中问我到某地怎么走我无法回答，你需要告诉我你在哪儿"。根据巴克曼理论，语言交际都是在特定的交际场景中进行的，脱离特定的场景无法判断一个孤立的句子在交际上是否正确。

巴克曼和帕尔默举例解释了往复性语言使用是怎样进行的。设想有一位外国女士来到一家泰国餐厅。这位女士会说不少泰语，但阅读能力有限。接待她的是一位泰国服务员。女士见菜单上的菜名太多便决定不再阅读而是请服务员推荐，服务员推荐了一道开胃菜，女士觉得不错。在这个例子中，餐厅是语言使用的场景，任务是点菜，顾客和服务员之间进行的是外部交互。在互动中，顾客分享了服务员的话题知识，用泰语交谈，她是在与服务员的语法、词汇等语言知识打交道。在互动中顾客发现服务员很耐心，对她的个人特质有了了解，这也影响了交谈的情感图式。在进行外部交互的同时，在这两个人的大脑中也进行着内部交互。以顾客为例，她的交际目标是享受美食，她要先调动自己关于泰国饮食的话题知识，评估自己的语言知识,尤其是能看懂多少泰国菜的菜名;她要考虑自己的个人特质——喜欢随心所欲地点菜;考虑自己的情感图式,如果自己点菜点到一半卡住了反而会打击自己的自信心;最后她的策略是请服务员推荐,她用她的语言知识生成句子,认知策略将句子输出。在接下来她和服务员外部交互的整个过程中,她的头脑中的所有相关特质都在进行着类似的内部交互,而这些内部交互活动的总指挥是她的策略能力。

2.语言知识的构成

我们来具体看一下语言知识的构成。

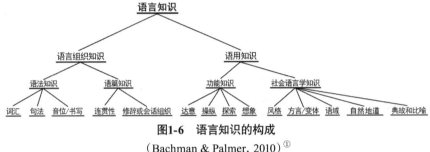

图1-6　语言知识的构成

（Bachman & Palmer, 2010）①

巴克曼和帕尔默把语言知识定义为记忆中的一个信息域,在语言使用时可以用来生成或理解话语。语言知识由两部分构成:语言组织知识（organizational knowledge）和语用知识（pragmatic knowledge）。前者负责组织句子或篇章,后者负责句子篇章与交际场景及目的的联系。在这两个部分的下面又各有两个下位层次。需要注意的是语法知识（grammatical knowledge）的含义,其下层是"词汇"（vocabulary）、"句法"（syntax）、"音位"（phonology）和"书写"（graphology）,此框架中的语法知识是广义的,指语言本体的知识。从这里可以看出,结构主义测试所着重考查的内容在这一框架中只是"语言组织知识"中的一部分,巴克曼和帕尔默认为这一部分

 问答

问:图1-6中,为什么把音位和书写放在一起?这两个差别挺大的。

答:巴克曼和帕尔默的几本书中,对这一点都解释得很简略,可见这不是这个框架的主要部分。如果是汉语,这两个最好分开。

---

① 刘超英翻译成中文时参考了刘润清、韩宝成（2000）的译文。为了节省空间,最后一层各名称中的"知识"省略。

中的各种语言要素需要同"语用知识"中的各个要素互相作用才能进入交际。在这个框架中可以看到卡耐尔交际能力模式的影子,但是巴克曼和帕尔默在那个模式的基础上向前走了一大步,他们把策略能力提升到交际总指挥的位置上,从而解决了卡耐尔没有解决的交际能力模式中各个成分之间的关系问题。巴克曼和帕尔默认为,语言交际能力就是语言知识和在交际场景中运用这些知识的能力。

3. 测试的真实性、交互性、可行性

关于语言测试,巴克曼和帕尔默提出了一整套理论、方法,我们主要以真实性、交互性和可行性这三个概念为例作一个简要的介绍。这三个概念是他们在 *Language Testing in Practice*(《语言测试实践》)一书"测试的有用性原则"中提出的。

真实性(authenticity)指的是语言测试表现与测试之外语言使用的一致性,这是巴克曼整个测试理论的基石。在他的测试模式中有一对最重要的概念:测试和目的语使用(target language use,简称TLU)。巴克曼并不孤立地谈测试本身的真实与否,而是强调它与非测试环境下的实际语言使用是否一致。一致性(correspondence)、测试、目的语使用,这三个概念缺一不可。

巴克曼用一个示意图具体说明这种一致性的关系。

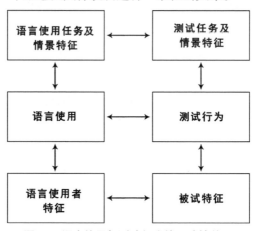

图1-7 语言使用与测试行为的一致性关系
(Bachman, 1990)

巴克曼认为一致性表现为被试与实际的语言使用者一致、测试行为与实际的语言使用一致、测试任务与实际的语言使用任务一致。由于从试题设计的角度我们所要考虑的是出什么题，也就是设计什么测试任务，因此，巴克曼将真实性具体定义为语言测试任务的特征与目的语使用中任务特征的一致性程度。根据这一观点，并非在考试中使用真实语料就是真实，比如，在销售儿童饮料的求职测试中，假如让被试概括一篇考古研究的文章内容，尽管文章本身是真实的，但是不能根据测试表现对被试在销售工作中的语言能力进行推断，因此这一任务就这个测试而言是不真实的。由于语言使用任务十分广泛，千变万化，所以作为设计测试任务的参照对象只能是一些交际任务的类别，巴克曼称之为目的语使用域（TLU domain），比如，点菜就是一个目的语使用域，其中有很多变体。真实性要求把测试任务看作是考场之外的目的语使用域中的一个特例。当然，一致性是一个原则，在实际设计试题时，要求所有的测试任务和目的语使用域一致是不现实的。因此，在具体解释测试任务的编制时，巴克曼和帕尔默2010年又进一步说明，测试任务与目的语使用域有三种关系：一是目的语使用域的任务直接做测试任务；二是稍作修改后做测试任务；三是没有明确的目的语使用域时，需要根据考生特点和考试构念假设一个目的语使用域。

交互性（interactiveness）指的是考生在完成某一测试任务时，其语言交际能力的哪些方面参与了这项测试任务，参与的深度如何。我们在讲语言使用时已经讲到了巴克曼理论中的"交互"这一概念。与真实性原则不同，交互性原则着眼的并不是考场内外两种语言行为的一致性，而是考生与测试任务之间的关系，在考场外则是指语言使用者与语言使用任务之间的关系。前面讲到的那位外国女顾客在泰国餐厅点菜的例子中，她与点菜这个任务之间就是交互性的关系。巴克曼的语言交际能力由策略能力、语言知识、话题知识、个人特质、情感图式及认知策略等几个部分组成。他认为不同类型的试题所调动的考生的知识是不同的，比如，语法选择题，主要调动的是考生对语法结构的判断力，其他部分的知识用得不多，仅根据这一分数，难以对考生的语言交际能力进行推测；而面试中的角色扮演则会调动考生多方面的知识，如语言组织知识、语用知识、策略能力等，在特定的语境中，这些知识都是动态的，根据角色扮演的分数，我们就能对考生的语言交际能力进行一定的推断。

巴克曼和帕尔默用四个例子具体说明真实性和交互性的关系，如表1-1所示。

表1-1　真实性和交互性的四个例子
（Bachman & Palmer, 1996）

	交互性	
	低	高
真实性		
高	A	D
低	C	B

A：被试是一些非英语国家的打字员，他们会打字但英语口语很一般，为了决定录用谁，用人机构考他们打字。这个测试真实性高，因为测试任务和今后工作中要求完成的任务一致，但是交互性低，因为测试其实只考了识别字母和用手操作的能力，考不出语言交际能力。

B：同样是这些打字员，考口试，话题选自日常生活。这个测试交互性高，可以考出被试的语言交际能力，但是真实性低，因为测试任务与今后的工作任务不一致，根据测试结果大概只能知道谁能聊天儿，无法确定谁能胜任工作。

C：被试是将要进入美国大学的外国学生，为了知道谁的英语能力能适应大学的学习，考词汇选择题。这个测试真实性低，因为测试任务与今后大学里的学习任务不一致，同时交互性也低，做词汇选择题需要使用的主要是一些词汇知识，语言交际中其他大量的语言运用知识及策略能力都用不上，所以根据测试结果无法知道谁能适应大学的学习。

D：被试是应聘推销员的人，为了知道谁适合担任推销员，考角色扮演，考官当顾客，请考生来推销一个产品。这个测试真实性和交互性都很高。测试任务与今后的工作任务一致，真实性高；而在测试中被试需要调动其语言交际能力的各个方面，交互性也高。

巴克曼和帕尔默认为，真实性和交互性都是相对的，只有程度的不同。

除此之外，巴克曼和帕尔默还让我们注意测试的可行性。**可行性**（practicality）是指一个测试所需要的资源的可接受性。测试所需的资源包括人力资源（命题人员、评分人员、测试管理人员、技术支持人员等）、物力资源（测试研发设备、试卷印制、考场等）、时间（从测试设计到投入使用的研发时间，具体的考试运作如施测、评分、数据分析等所需要的时间，等等）。如果研发或运作一个测试所需要的人力、物力资源过高，所需要的时间太长，测试就不可行。这虽然是在测试研发层面上的问题，但往往制约着

测试研发的每个阶段,会导致测试方案的修改,甚至可以决定某个测试最终是否会被采用。巴克曼讲过他自己的一个故事:

> 有一次,一位想开发测试的人来请教我,我们一起研究了一个计划。就在我送客的时候顺便问那人研发团队有多少人,当对方回答只有他一个人时,我说"那咱们刚才说的都不算数,要重新研究"。

这个例子生动地说明了可行性在测试研发中的重要性。从测试研发的实践中我们也看到,某一项测试能否生存下来,不仅取决于设计理念是否科学,还取决于该测试是否切实可行。

巴克曼和帕尔默2010年提出一个新的理论框架**测试使用论证**(assessment use argument,简称AUA),这是一个测试的使用者(包括开发者)对测试的合理性使用进行论证的理论框架,既用于指导测试的开发,又用于指导测试的使用,包括效度验证(韩宝成、罗凯洲,2016)。

思考题

(1) 图1-5是巴克曼语言使用的一个模型,解释了人类语言使用的一般机制。假如这是一位双语者,其语言使用模型应该是什么样的?你能否在巴克曼语言使用模型的基础上设计一个双语者的语言使用模型?让我们设想一下那位在泰国餐馆用餐的女顾客,假如她在用餐的过程中碰到一个问题要请服务员解决,她评估了自己的泰语水平后,觉得说不清楚,便问服务员能否说英语,服务员说可以,她就用英语作了清楚的说明,但她发现服务员没懂,她评估服务员的英语还不如她的泰语,于是又改用了泰语。用你设计的模型来解释一下这一现象。

(2) 某机构要开发一个职业汉语考试,为了保证真实性,要求所有的语料都必须出自公开出版物,不能自编,于是命题员在做听力的小对话时就从电视剧、小说中取材。请根据巴克曼的理论,对这一现象进行分析。

二、从形成性评价到为了学习的评价的思想

(一)形成性评价与终结性评价

形成性评价与终结性评价(formative and summative evaluation)这一对概念是Scriven在1967年提出来的,指收集信息对教学大纲的效果作

出评价，进而改进教学大纲。1968年，Bloom 在 Learning for Mastery 一文中使用了这组概念，把形成性评价定义成为了学生而改进教学过程的一个工具。1971年，在与他人合著的 Handbook on Formative and Summative Evaluation of Student Learning 一书中Bloom重新定义形成性评价，其定义已接近目前人们使用的定义，介绍了如何把形成性评价用于多种内容范围的评价，为课堂教学的形成性评价思想奠定了基础。

形成性评价（formative assessment）引起了人们热烈的讨论，罗少茜等（2015）统计的有代表性的定义就有32种。以下是两个权威机构的定义。

中国的《全日制义务教育普通高级中学英语课程标准（实验稿）》的定义是：

形成性评价是教学的重要组成部分和推动因素。形成性评价的任务是对学生日常学习过程中的表现、所取得的成绩以及所反映的情感、态度、策略等方面的发展作出评价。其目的是激励学生学习，帮助学生有效调控自己的学习过程，使学生获得成就感，增强自信心，培养合作精神。形成性评价有利于学生从被动接受评价转变为评价的主体和积极参与者。为了使评价有机地融入教学过程，应建立开放、宽松的评价氛围，以测试和非测试的方式以及个人与小组结合的方式进行评价，鼓励学生、同伴、教师和家长共同参与评价，实现评价主体的多元化。

欧洲语言共同框架[①]的定义是：

形成性评价是一个连续过程，有助于了解学习者的优势和不足之处。教师能利用这些信息组织课程教学，同时将信息反馈给学习者。形成性评价通常是广义的，以便将提问和访谈中获得的无法量化的信息包括进去。

从以上定义，我们可以看到形成性评价的几个要点：

第一，评价阶段是日常学习过程，是一个经常性的连续的过程，是教学的一部分。

---

① 欧洲语言共同框架是欧洲理事会文化合作教育委员会（Council for Cultural Cooperation Education Committee, Council of Europe）在20世纪90年代研制的一个外语学习方面的参考框架，全称为《欧洲语言共同参考框架：学习、教学、评估》（Common European Framework of Reference for Languages: Learning, Teaching, Assessment，简称CEFR）。本书中关于CEFR的内容均引自该书。

第二,评价目的是了解学习者的优势和不足,以便激励学习者学习、调控学习过程,增强自信心,培养合作精神。

第三,评价内容包括学习表现、所取得的成绩以及态度、策略等。

第四,评价方式是基于对学习全过程的持续观察、记录、反思而作出的发展性评价,并且马上反馈给学习者,使其调整学习,使教师调整教学。评价是广义的,可以用测试和非测试手段,反馈的信息不一定需要量化。

第五,评价的主体是多元的,包括学习者自己。关于这一点,CEFR还作了进一步的说明:基本原则是使学习者将自己的感觉与实际情况进行对比,也就是将考查项目表中自己觉得能完成的交际任务与实际情况相对照,鼓励自我评估。

教师在教学中可采取观察、提问、反馈、面谈、学生自评、同伴互评和学习档案袋等多种非测试手段或小测验等测试手段对学生的学习进行评价。形成性评价的呈现形式可以是分数、等级,也可以是书面的评语或口头的即时反馈。

终结性评价(summative assessment)又称为总结性评价。

中国的《全日制义务教育普通高级中学英语课程标准(实验稿)》的定义是:

终结性评价(如期末考试、结业考试等)是检验学生综合语言运用能力发展程度的重要途径,也是反映教学效果、学校办学质量的重要指标之一。终结性评价必须以考查学生综合语言运用能力为目标,力争科学地、全面地考查学生经过一段学习后所具有的语言水平。测试应包括口试、听力考试和笔试等形式,全面考查学生综合语言运用能力。(具体技能要求略)

欧洲语言共同框架的定义是:

终结性评估是指课程结束时对习得的知识进行测验,给学习者打分或排名。此种评估不一定是能力评估。事实上,这种评估常常是定期对学习者进行横向排名的测试,考查的是知识。

从以上定义,我们可以看到不同的权威机构对终结性评价认识上的几个共同点:

第一,终结性评价是在课程结束或学习结束时对学生进行的评价,报告学生的成绩。

第二，终结性评价采用的是考试、测验的形式。

第三，考查的内容是学生在课程期间学习、习得的内容，目的是检查学生是否达到了教学目标的要求，是否取得了预期的学习成果。

不过，从以上两个定义，我们也可以看到对终结性评价的一些不同的理解。考查的内容是综合语言运用能力还是知识，不同的考试设计者会有自己的定义。例如，在对外汉语教学中，期中、期末考试通常考查学生对所学内容的掌握情况；在新加坡的O水准全国性会考中是以综合的语言运用能力为主，兼顾所学的内容。这方面的不同理解恰恰反映了终结性评价的广泛适应性和灵活性。至于是否给学生排名这类具体的实施方式，各评价机构会有各自的要求。

编制终结性试卷通常应该以课程目标为依据，以教学内容为基础。

尽管这一组概念已被越来越多的人所接受，但在实践中仍有不少误区。此外，随着研究的深入，人们对一些概念的理解也有很多分歧。比如，形成性评价是教师主导还是学生主导？形成性评价应该强调计划性还是不限于计划，强调课堂的即时评价？形成性评价究竟是一个工具还是一个过程？形成性评价和终结性评价的关系是什么，哪一个在前？终结性评价的作用是否都是消极的？哪些做法不属于形成性评价？（罗少茜等，2015）

罗少茜等（2015）举了五个假设的例子来说明哪些做法属于形成性评价，哪些不属于形成性评价。

（1）假如教师通过提问、测试、检查表、档案袋等评估手段得到证据，发现现有教材或原有教学计划并不适合该班学生，因而调整了教学，使之适应学生；或学生通过自评、教师对作业的反馈调整了原有的学习策略。这是形成性评价。

（2）假如教师并未使用评估手段来调整教学，仅仅是由于其他原因取得了好的教学效果，这仅仅是好的教学，并不是形成性评价的教学。

（3）假如教师频繁地进行小测验，但只是记个分数，并不给学生必要的反馈或调整自己的教学，这只能算是一系列的终结性评价。

（4）假如学生做了档案袋但没有得到反馈，教师也没有根据档案袋的信息调整教学，这也不能算是形成性评价。构成形成性评价的是信息的使用方式，而不只是评价工具。

（5）假如一个教师通过分析期末考试试卷发现学生对英语动词不定式的用法理解上有偏差，由于教学已结束，便决定在教下一届学生时增加不定式的内容。这种教学反馈的受益者不是正在教的学生，因而也不是形成性评价。形成性评价要求，收集到的信息必须用于提供评价信息的学生。

从以上的界定我们可以看到近年来学界对形成性评价认识上的深化，从简单地看评价的时间到深入地看评价的功能，强调评价的反馈和对教学的调节作用。这与为了学习的评价的思想是相通的。

罗少茜等（2015）将形成性评价定义为一种以评价为导向的课堂活动的新范式。在这种范式中，所有的教学任务都可以是形成性评价的任务。任务本身可以不变，只是形成性评价在看待和处理任务时提供了不同于一般教学的、更接近测试评估的视角和方法。

（二）为了学习的评价与关于学习的评价

Black & Wiliam（1998）在分析形成性评价时提出了可供教师在课堂教学中使用的为了学习的评价的基本策略，第一次提出了"为了学习的评价"的概念。（韩宁，2009）2002年，英国教育学会的评价改革小组（Assessment Reform Group）给**为了学习的评价**（assessment for learning，简称AfL）下了一个正式的定义："为了学习的评价是寻求和阐释证据的过程，这些证据被学习者和教师用来确定学习者们离教学目标有多远、他们需要向哪里去和如何最有效地到达那里。"（转引自韩宁，2009）

根据这个定义，为了学习的评价是师生共同参与的评价行为，首先需要确定学习者目前在哪儿即每个学习者目前的学习状况，应该去哪儿即教学目标，如何更好地达到教学目标，而这第三点每个学习者都不一样。显然，其核心思想是以评价为手段促进学习者的学习。

那么，为了学习的评价与形成性评价是什么关系呢？韩宁（2009）认为在很多研究中为了学习的评价往往是形成性评价的同义词。Laveault & Allal（2016）认为为了学习的评价采纳了形成性评价的核心思想，等同于形成性评价，都是为了支持学习者学习。但也有些学者持不同看法，认为为了学习的评价更加注重学习者在评价中的作用，更加注重学习者应该如何达到目标。无论把为了学习的评价看成是对形成性评价的发展还是形成性评价自身的一种发展,其关注点与最初的形成性评价已大不相同,代表着形成性评价的思想发展趋向。

与为了学习的评价相对的一个概念是**关于学习的评价**(assessment of learning),Laveault & Allal(2016)认为,关于学习的评价与终结性评价相关联,目的是在各种形式的成绩报告中确定学生的等级。维基百科列出了关于学习的评价的四个特点:评价与分数和字母等级伴随,是终结性的;总是把学生成绩与某种标准相比较;评价结果将报告给学生及家长;在学习结束时进行。

从以上观点推断,关于学习的评价相当于终结性评价。

要从理论上解释为了学习的评价,需要运用元认知和调节这两个重要概念。

元认知(metacognition)这一概念是美国心理学家弗拉维尔(Flavell)于1976年提出的。Flavell(1985)将元认知的定义概括为:"个体对自己的认知状态和过程的意识和调节。"由于这是对认知的认知,所以称为元认知。

元认知概念提出之后,很多学者对此进行研究并提出了各自的理论模型,其中布朗(Brown, A. L.)的模型影响很大,如图1-8所示。

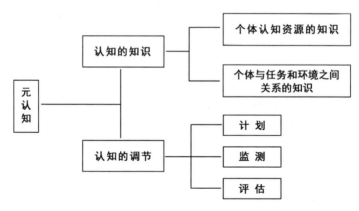

图1-8 布朗的元认知结构示意图
(转引自张雅明,2012)

布朗认为元认知由两个部分组成:认知的知识(knowledge of cognition)和认知的调节(regulation of cognition)。其中前者是较为稳定的陈述性的知识,后者是相对不太稳定的过程性的调节机制,有计划、监测、评估三种功能。这三种功能在形成性评价中是非常重要的。

关于**调节**(regulation)，Allal(2010)是这样定义的：

调节有四个步骤：确定目标，监测达到目标的过程，解释从监测中得到的反馈信息，调整达到目标的行动路线以及对目标本身的定义。

确定目标对学生而言是指确定个人目标。由于学习是在每个人原有的基础上产生的行为，每个学生的学习目的不同，所选课程不同，某一个课程只是每个人目标中的一部分，因此每个学生对某一个课程的具体目标实际上是不同的，需要学生自己去设定。对教师而言，某一个课程有自身的目标，这一目标是依据教学大纲确定的，应该是学习该课程的不同学生的共同部分，同时又应该考虑每个学生各自的发展。正是在这个意义上，经过监控、反馈，学生和教师都会调节对目标本身的定义。

监测达到目标的过程，解释从监测中得到的反馈信息，实际上就是为了学习的评价的信息收集和加工过程，而调整达到目标的行动路线则是评价信息的反馈过程。为了学习的评价极为重视评价信息的反馈，因为其所定义的反馈，并不单单是报告，更多的是对具体学生的有针对性的指导，目的是让学生进行自我调节，发生变化，缩短与目标之间的距离。有的学者甚至强调，如果评价信息不能被用于改变这种差距，就等于没有反馈。

Laveault & Allal(2016)认为，教学中有一系列的调节，有教师对教学活动的调节，有学习者的自我调节(self-regulation)，有同伴之间的调节，调节是互动的，也有人使用共同调节(co-regulation)这个词来描述这种课堂评价。在所有的调节中，学习者的自我调节最重要，为了学习的评价的主要目的就是帮助学习者实现有效的自我调节。

Black & Wiliam(2009)用表1-2这个模型来表述这三个评价主体与三个评价步骤的关系。

表1-2 为了学习的评价模型
(Black & Wiliam, 2009)

评价主体	评价步骤		
	学习者去哪儿	学习者在哪儿	如何达到
教师	明确学习目标和成功标准	设置有效的课堂讨论和其他学习任务，引导学生理解信息	提供反馈，推动学生进步
同伴	理解并分享学习目标和成功标准	激活学生作为彼此的教学资源	

(续表)

评价主体	评价步骤		
	学习者去哪儿	学习者在哪儿	如何达到
学习者	理解学习目标和成功标准	激活学生作为自己学习的主人	

为了学习的评价实际上就是用评价的手段对课堂活动进行有效的调节,通过系统地收集信息,对信息进行解释并反馈,对教师的教和学习者的学进行调节,进而促进学习。

在课堂评价中,形成性评价和终结性评价实际上是有重合部分的,在两种评价之间形成了一个界面。Laveault & Allal (2016) 用图1-9这个示意图,从为了学习的评价的角度描述了这一界面的重合情况。

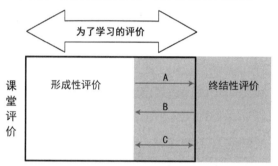

图1-9 形成性评价与终结性评价的界面

(Laveault & Allal, 2006)

在图1-9中,为了学习的评价包含形成性评价的全部和它与终结性评价的重合部分。重合部分有以下三种情况。

(1)形成性评价的信息用于终结性评价。例如,在教师确定学生的终结性评价的等级时也使用了一些学生在形成性评价中的信息,如平时作业、小测验等。这比只是简单计算期末考试分数来报告成绩更为全面。

(2)终结性评价的信息以形成性的方式促进学生学习。例如,在教师定了学生期中考试的等级后分析学生试卷,反馈给学生,促使学生调节自己的学习,同时,教师在此后的教学中也进行相应的调节。这种做法也被称为形成性地使用终结性评价信息。

（3）某种评价活动既包含形成性的功能又包含终结性的功能。例如，写作课的学习档案袋，里面收集了作文的初稿、修改稿，教师和同学的反馈，以及自评与反思报告。作为形成性评价，它促进了学生的学习，展现了学生的进步，同时，作为终结性评价，学习档案袋的评价结果又可以用于确定写作课的等级。

并不是所有的终结性评价信息都有形成性评价的作用，在图1-9中重合部分右边的那一部分终结性评价就很可能没有帮助学生学习的功能。比如，一个外部统考的结果往往只是给一个分数，成绩差的学生可能因此受挫，报告给家长还可能带来惩罚，对学生的进一步学习起不到鼓励作用，学生从评价中也得不到具体的指导。

在评价与教学的关系上，为了学习的评价主张教学的过程就是评价的过程，评价是镶嵌在教学过程中的，评价的作用是使学生及时改进学习，形成"教、学、评"一体化（叶倩、何善亮，2016）。为了学习的评价认为由教师准备的课堂测试是有效的评估手段，因为课堂测试能很好地完成监测、评估、反馈、促使学生调节的任务，而且这些任务能够落实到具体的学生身上。有些研究者认为，不同测试评价方式的精细程度（degree of elaborateness）是不同的。例如，某课的小测验，就是评价学生是否掌握了该课中每个语言点或每个重要生词，目标近，范围窄，内容详细；而在期中考试中，就要考半个学期的学习内容，目标远，范围宽，每课的内容可能只考一小部分。他们称第一种评价为细颗粒评价（fine-grained assessment），第二种为大颗粒评价（large-grained assessment）。有的研究者从教学调整周期（adjustment cycle）的长度方面谈这个问题，认为像小测验这样的评价是一种短周期（short-time cycle）的评价，发现的问题会很快反馈给学生；而期中考试这类评价是长周期（long-time cycle）的评价，教师发现的问题往往要等到学生学习某种知识技能相当一段时间之后才有可能反馈给学生。为了学习的评价尤其重视第一种评价方式，因为这种方式对学生学习的指导作用更为明显，目标更容易实现，更容易帮助学生树立自信心。

在评价方式上，为了学习的评价主张多元评价，除课堂测试外，倡导学生自评、同伴互评、学习档案袋等非传统的评价手段。除了量化评估之外，他们也关注非量化评估，认为在某些方面，后者的效果可能会更好。Black & Wiliam（1998）分析了一个关于反馈方式的实验研究，研究的问题是批改作业时分数和评语哪种反馈方式效果好。这项研究在委内瑞拉的三所学校进行，涉及500个学生、18位数学教师。教师分为三组，实验组的教师批改作业时指出学生的问题，提出改进建议，但不打分；控制组的教师只打分，不写评语；第三组教师的班级一半学生是实验组，另一半是控制组。结果表明，实验组的教学效果明显好于控制组。不仅如此，实验组原来男生在数学上相对于女生的优势也缩小了，学生们对数学的兴趣明显提高。Black和Wiliam认为评语式反馈和让学生自己更正错误等做法都有助于深度学习，其效果都要好于只打分或只给标准答案的浅层学习。

为了学习的评价的相关对象是学生和教师，而不是外部的考试机构。在为了学习的评价的文献中，常常将**课堂评估**（classroom assessment）与**外部评估**（external assessment）作为一组概念提出来进行分析，对大规模标准化测试等外部评估的作用持有不同的看法。由于为了学习的评价是在日常课堂教学中的过程性评价，教师是评价方案的设计者、执行者。根据教学需要，教师可以选用某些标准化的外部测试作为补充，但那不是为了学习的评价的中心评价方式。

问答

问：是不是可以说现在进入了后标准化考试时代？

答：标准化考试并没有过时，只不过是回到了它应有的位置上。如果一定要给现在的时代贴一个标签，我倒是更愿意说这是个多元评价的时代。

形成性评价及为了学习的评价代表了让测试评估的重心返回课堂教学的思想，与标准化测试的思想形成了某种平衡，体现了新的评价范式和评价文化的某些特点，因此，这些思想是当代第二语言测试评估的另一个重要的理论基础。

 思考题

(1) 在你自己学习外语的过程中，形成性评价和终结性评价哪种起到的作用更大？能否和大家分享一下？

(2) 课堂教学与课堂评估究竟是什么关系？两者应该合二为一还是应该各司其职？

(3) 为了学习的评价给教学和评估带来了哪些有启发性的思想？

本章延伸阅读

序号	主题	作者	参考资料	章节
1	测量、测试、评估、评价	张厚粲、龚耀先	《心理测量学》	第一章第一节
2	语言测试的发展	王振亚	《现代语言测试模型》	第二、三、四章
		朱洪	《晚清海关洋员汉语学习初步研究》	第六章
3	巴克曼的理论	Bachman, L. F. & A. S. Palmer	*Language Assessment in Practice: Developing Language Assessments and Justifying Their Use in the Real World*（《语言测评实践：现实世界中的测试开发与使用论证》）	第二章
			Language Testing in Practice（《语言测试实践》）	第二章
		Bachman, L. F.	*Fundamental Considerations in Language Testing*（《语言测试要略》）	第四章
4	形成性评价与终结性评价	罗少茜、黄剑、马晓蕾	《促进学习：二语教学中的形成性评价》	第一、五章

自我评价

第二章

测试的种类及试卷设计

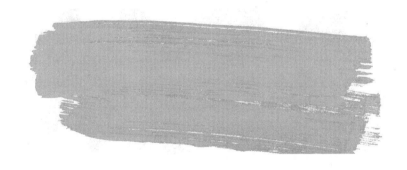

第二章 测试的种类及试卷设计

本章需要学习的是关于第二语言测试的分类和试卷设计的问题。内容包括:

1. 语言测试有哪些种类?它们各自的特点是什么?彼此的关系是什么?
2. 如何根据考试对象、考试目的确定考试类型?
3. 如何作必要的基础研究?
4. 如何进行试卷整体结构的设计和题型设计?
5. 从试卷设计的案例中你能发现些什么?

第一节 语言测试的种类

关于测试,有几个不同的名称,这些名称各有侧重。

考试:这是一个通用词,多用于大型考试,正式,社会权重比较高,风险比较高,如中国的高考,但也用于课堂中一些较小的考试,如期中考试。

测验:社会权重一般比较低,测验结果的指导作用大于社会作用,如心理测验、课堂小测验等。

测试:这是一个学术范畴的词,包括考试、测验及其他各种需要考生作答以检验其能力的考查形式。

examination:社会权重比较高,正式,如GRE。

quiz:社会权重很低,如听写及其他小测验。

test:这是一个通用词,也是学术范畴的词,包括各种测试、测验。既可用于教学评价,也可用于科学研究。

一般来说,考试和examina-

 问答

问:在与心理测量有关的书中,"测验"这个词好像很少指 quiz 吧?

答:对,心理测验一般指的都是 test。不过要注意,我们上一章讲过,在心理测量中填写结构性自评表也叫测验,而在我们汉语测试评估中就不算测验。这两个学科有些词的含义还是有区别的。

tion、测验和quiz、测试和test的含义是比较接近的,当然test往往既可以说考试,也可以说测试。在本书的讲解中,根据约定俗成的用法,考试、测试一般都指test,没有太大的区别。

语言测试可以从以下这些方面进行分类。

一、按用途划分

1. 水平测试

水平测试(proficiency test)是测量考生的某种特定能力的测试。在第二语言测试中,这种特定能力指的是考生当前的目的语实际使用能力。托福、托业、雅思、HSK、BCT、各类入学分班考试等都是水平测试。水平测试可以用于多种目的,如选拔符合某种标准的人才、对员工的水平进行普查以作为职位晋升的一项依据,甚至可以用于政治目的,如有的国家使用语言考试来控制移民的数量和种类等。考试的内容与特定的教学内容一般没有直接联系,覆盖面比较宽。为了有效地甄别和选拔,测试设计者希望拉大考生之间的分数差距,因此在这类考试中考生的分数差别往往很大。考试内容一般着眼于考生未来可能遇到的语言使用场景,比如,托福的内容侧重考生进入使用英语的高校后可能遇到的交际情景及面临的任务。考试分数反映的主要是考生现有的语言实力而不是其努力程度和学习情况。人们通常所说的"考试不能以考生为敌",其实是对于成绩测试而言的,以甄别和选拔为目的的水平测试,实际上是以不想要的那些考生为敌的,目的就是要把那部分考生刷掉,从而实现其选拔的功能,这就是水平测试残酷的一面。

2. 成绩测试

成绩测试(achievement test)是考查学生对所学知识及技能的掌握情况的测试。各种随堂小测验、期中考试、期末考试等,都是典型的成绩测试。考试内容原则上考查的应该都是学生学过的知识或技能,考查的范围一般不超出教材的教学范围。考试的题型与平时课堂练习的形式比较接近,学生比较熟悉,试题难度的差别相对较小,因为在同一个班,教学内容与要求相同,太容易的没必要考,太难的也不会考。与水平测试相比,学生分数的差别一般相对较小,因为在正常的情况下同学之间的水平差距不会很大。

成绩测试和水平测试是两类功能和特点完全不同的考试,但是在实际生活中有一些考试是兼有这两类测试的特点的,如中国的高考,以高中教学内容为基础,具有成绩测试的某些特点,但是其主要功能是选拔高校人才,因此主要是水平测试。有的教师在期中考试和期末考试中会加入一些在课堂上没有学过的内容(如没有学过的阅读文章),以考查学生的语言运用能力,如果这是教学目的之一是可以的,因为其主要功能仍然是在检查学生在能力上是否达到了教学要求,但这类内容在比例和难度上应该严格控制,以区别于一般的水平测试。

3. 诊断测试

诊断测试(diagnostic test)是针对教学过程中某一特定内容而设计的测试,目的是检查学生在学习该教学内容时所存在的问题并查明原因。例如,刚刚教完几个语言点后的小测验就可能有诊断作用。从某种意义上说,诊断测试是通过学生的答题情况来检查教师的教学情况。专门设计的诊断测试,测试内容一般是与教学同步的,考查正在学或刚刚学完的内容。考试形式灵活,题量比较少,最好5至10分钟能做完。这种测试也可以作为一种课堂练习,做完以后当堂对答案,及时发现并纠正学生的问题。

除了专门设计的诊断测试外,分班考试等水平测试、期中考试等成绩测试也都有诊断的功能。通过分析分班考试的试题,可以发现这一批学生的一些问题,但由于学生往往分到不同层次的班,某一个层次学生存在的问题,其他层次的学生不一定存在,指导作用受到限制。成绩测试中反映的问题集中在一个班,便于指导,但由于期中考试考查的面比较宽,对特定语言点难以进行充分的考查,且不能随时进行,因此不能代替专门设计的诊断测试。作为教学过程中的一种测试手段,诊断测试的一个重要特点是能及时将诊断结果用于调整教学。

4. 潜能测试

潜能测试(aptitude test)也称学能测试,是通过测试一些基本能力来预测被试某一方面的潜在能力的测试,比如通过测试推理能力、记忆力、演算能力来预测被试某一方面的学习能力或天分。第二语言测试中的潜能测试是预测考生学习外语的潜在能力的测试。与水平测试的区别是,水平测试测的是考生在目的语上现有的能力,而潜能测试测的是考生潜在的学外语的能力或天分。例如,中国某大学要招收学波兰语的学生,但在中学学过波兰语的学生几乎没有,因此,只能通过其他手段来测试某考生是否具备学好波兰语的潜能。这种考试要测的是学习外语所需要的一些基本能力,收集构成这些基本能力的相关信息。例如,皮姆斯勒(Pimsleur)的"皮姆斯勒语言潜能成套测试"(Pimsleur Language Aptitude Battery,简称PLAB)从外语以外其他学科的平均分、外语学习兴趣、母语词汇、语言分析、声音辨认和音形联系六个方面来考查。而卡罗尔(Carroll)和萨庞(Sapon)的"现代语言潜能测试"(Modern Language Aptitude Test)的考查项目则是语言编码能力和语法敏感性、机械记忆能力和语言归纳能力。有时,测试设计者也会用虚构的语言来测试考生学习外语的潜能。如下例。

本题提供一种虚构语言,请观察每组例句,然后用这种虚构语言翻译所给的汉语句子,在四个答案中选择一个正确答案。

例: 本子在盒子上。　　Pasy hojt zov.
　　盒子在桌子上。　　Pasy deupt hoj.
　　椅子在桌子下。　　Pasy deupf grip.
　　笔在盒子里。　　　Pasy hojc mak.
　　书在椅子下。　　　Pasy gripf tjav.
2. 笔在本子下。
　　A. Pasy hojt mak.　　B. Pasy zovt mak.
　　C. Pasy zovf mak.　　D. Pasy hojf mak.

(舒运祥,1999,节选)

问答

问: 学校要分几个零起点班,请设计一个潜能测试。

答: 分班时加一个面试,根据学生模仿发音的能力给学生分班。

当然,汉语作为第二语言教学是一项普及性的工作,我们的目标是教会各种语言学习者汉语,潜能测试实际上很少使用,但是潜能测试的思想是很有启发性的,能使我们对一个成功的语言学习者应具备的要素有更深的理解,思考如何发掘潜能,开阔我们的研究思路。

二、按分、合的方式划分

卡罗尔1961年提出了分立式测试和综合式测试的区别。

1. 分立式测试

分立式测试(discrete-point test)是将语言要素和技能分为若干小单位而分别进行的测试。这种测试针对语音、词汇、语法等语言要素或听力、阅读等不同的语言技能分别设计试题进行测量,设计者认为分别测试每一个部分之后合起来便是一个人完整的语言能力。这类测试的题量往往比较大,一题只考一个点,通常采用选择题的形式。除了我们比较常见的语法题以外,包括语音在内的其他语言要素都可以用这种方式测试。例如:

听单词,在与重读音节相应的号码上画圈。

impossible
  1 2 3 4

（王振亚,2009）

通过测试考生对最小对立体的辨别能力,考查考生对语言中这一部分的掌握情况。

我们在第一章中讲过,这是结构主义测试经常使用的形式,其理论基础是结构主义语言学、行为主义学习理论和听说教学法。

2. 综合式测试

综合式测试(integrative test)指一个测试同时考查语言的多方面知识和多项技能。综合式测试分为狭义和广义两种。

狭义综合式测试又称"语用测试"(pragmatic test),其理论基础是奥勒的"'语用期待语法'(pragmatic expectancy grammar)假设"和"格式塔心理学"(gestalt psychology)以及建立在此基础上的"单一能力假说"(unitary competence hypothesis)。

根据"语用期待语法"假设,由于语言结构有规律性,在特定的语境中人们可以预测那些还没有说出来的语言成分,听者会推测、补全未说出的部分。我们在生活中经常会观察到这种现象,甲还没说完,乙就说"你的意思是不是……"。如果乙补充得对,甲就会说"没错";如果不对,甲就会纠正,谈话便继续下去。奥勒认为母语者有这种能力,而非母语者则不然。

"语用期待语法"是在语言习得的过程中构建的,语言水平高低取决于这种系统的完善程度。

根据格式塔心理学,整体先于部分而存在并决定着部分的性质和任务,人的头脑具有补全不完整图形的能力,奥勒认为母语者能在语境中补上并未听到的某些音或漏掉的词,而非母语者则不然。基于这种理论,奥勒认为完形填空(包括书面、口头形式)、听写是理想的语言测试形式,除此之外,综合式测试还使用翻译、作文、口头叙述等测试形式。

单一能力假说认为人的语言能力是一个不可分的整体,使用完形填空等测试形式就能测出人的整个语言能力。这一假说走向了极端,后来被证明站不住脚。奥勒使用几种水平测试的成绩与完形填空和听写进行对比研究,用因素分析等方式来支持其假说,但其他学者用类似的材料进行重复研究,却没有得到相同的结论(由于他选取的考生水平差异较大,不能说明问题)。从语言技能发展不平衡的角度看,单一能力假说的局限也很明显,完形填空和听写是一种测试理解性语言技能的手段,用这一测试结果来推断产出性语言技能的情况显然依据不足。

广义综合式测试是指一项考试应该考查考生综合运用语言的能力。

从目前考试研发的实际情况看,分立和综合有互相容纳的趋向。这是比较合理的,因为语言能力的构成是可分的,各项技能的发展是不平衡的。分别测试各项技能无论对教学还是对能力鉴定都有实用价值,因此,分立式测试是必要的。但绝对的分立式测试是难以实现的,每项测试中都包含其他因素,只是侧重点不同。例如,新托福按照听、说、读、写分为四项分测验是分立式,但说的测试中包含听、读,又是综合;新加坡O水准会考听、说两项在一起考,体现了综合的特点。

三、按阅卷方式与答题方式划分

1. 按阅卷方式划分

按阅卷方式可以把测试分为客观题测试和主观题测试。

(1)客观题测试

客观题测试(objectively scored test)通常指答案唯一、可以用机器评分取代人工评分的测试。例如多项选择题、是非题、搭配题等都是常见的客观题题型。客观题测试评分客观，分数受评分者的主观因素影响小，评分过程操作简单，对评分者的要求低，评分效率高，可以机读。

（2）主观题测试

主观题测试（subjectively scored test）通常指必须使用人工评分的测试。例如写作、口试、翻译等，一般只有评分标准而没有唯一的标准答案，对评分者的综合能力以及评分标准的掌握水平要求很高。

问答

问：有的书上客观题测试的英文是objective test，主观题测试是subjective test，您用的名称为什么不一样？

答：我选用的这种名称意思更清楚，不是测试是主观的，只是评分方式是人工的。

这是一种广泛使用的分类方法，但是这种分类有一定的局限性。首先是主观和客观的名称不严密，写作、口试的评分同样要求客观性，给作文评分的E-rater、听写、简答、填空的评分过程都是客观的，听写的答案甚至是唯一的，有人因此把听写等称作半客观题，而这更说明了这种分类的不严密。其次是未能反映受试者作答方式的区别。

2. 按答题方式划分

有些学者从考生答题方式的角度把测试分为选择题测试和构造题测试。

（1）选择题测试

选择题测试（selective response test）指受试者只对提供的答案作出选择，并不自己提供答案的测试。试题是结构化的，答案是封闭的、唯一的。例如多项选择题、是非题等都是选择题测试。这种测试题量大，受试者答题时间短，多用于考查理解性技能。

（2）构造题测试

构造题测试（constructive response test）指受试者须自己提供答案的测试。既包括写作、口试等非结构化的、答案相对开放的、考查产出性技能的测试，又包括听写、填空等结构化的、答案相对封闭的测试，对客观性和产出性技能要求都很高的翻译也可以包括在内。

使用这种划分方法，就不存在半客观题的问题，听写、简答、填空和多数课堂测试的题型都属于构造题测试。

四、按测试的直接性与间接性划分

按测试的直接性和间接性划分,可以把测试分为直接性测试和间接性测试两种形式。

1. 直接性测试

直接性测试(direct test)指测试结果能够直接反映考生某一方面的语言能力的测试。例如用面试考口语能力、用写文章考写作能力、用口头或书面翻译考翻译能力等。

2. 间接性测试

间接性测试(indirect test)指测试结果不能直接反映所要考查的语言能力,但可以提供判断考生语言能力信息的测试。例如对语法能力的测试、用笔试考语音、用选择题考写的能力、用笔试考说的能力等。

对于语言测试中是否存在直接性测试是有争议的,因为根据心理测量学的定义,"对心理特质的测量是间接的,心理特质本身是抽象的,仅能间接测量可观察到的行为,或根据在测验上的行为表现而推论之"(张厚粲、龚耀先,2012)。我们认为,语言测试需要有行为表现,如果一个人不说话,我们就无法判断其说话能力,就这一点而言,我们同意所有的语言测试都是间接测量。但是,就语言测试本身而言,直接性测试和间接性测试的区别是客观存在的。直接性测试也需要推测,但那是用有限的行为样本推测被试的同一种性质的整个能力,而间接性测试则是用一种行为样本推测另一种能力。比如,我们给考生说的一段话评分,根据考生在这段话上的得分,推断该考生在一般情况下的说的能力。说,本身就是一种行为表现,评分就是一种测量,我们测量的就是说的质量如何,并不想进一步推测其他的心理特质。从这个角度来讲,把面试这样的测试称为直接性测试是说得通的。但语法测试则不同,因为语法能力是一种看不见的心理特质,而我们测的只能是一种行为表现,比如,写一段话或对语法内容的试题作选择,我们只能根据考生在这些试题上的得分来推测其语法能力,这就是间接性测试。心理测量学通常所测的智力、人格等都是看不见的心理特质,所以称那些测量为间接测量是合理的。

五、按与日常教学及管理的关系划分

按与日常教学及管理的关系划分,可以把测试分为校内测试和外部测试两种形式。

1. 校内测试

校内测试(school test)指教学机构在教学过程中根据实际需要设计、进行的相关测试,包括自主招生考试、入学分班测试、各种课堂测试等。校内测试是教学的一部分,在整个教学过程中有着不同的功能。校内测试的命题人主要是任课教师和直接为特定教学机构的管理服务的测试工作者。由于他们是根据特定的教学管理要求、特定的教学内容及学生的情况来开发测试的,因此,校内测试的针对性很强,不确定性较小,用途专一,是语言教学及教学管理中使用最多的测试。其中的课堂测试在形成性评价中起着重要的作用。在校内测试中,有的测试风险程度较高,如自主招生考试、决定能否入系及免修语言课的考试、结业考试等;有的测试风险程度比较低,如课堂小测验等;分班测试由于通常有调整的余地,风险程度一般处于中等。

2. 外部测试

外部测试(external test)指在日常教学及管理之外的某种统一的测试,包括跨院校的统考、会考、高考以及商业性的大规模标准化考试。外部测试与课堂教学和特定教学机构的管理没有直接的关系,不针对特定的教学对象和教学内容,一般以某种统一的标准进行命题和评价。由于采用统一的标准,评分相对客观,往往具有比较高的权威性,可以对大范围同类考生某一方面的语言水平进行比较。这类测试的社会权重比较高,往往是高风险考试。外部测试的设计、研发者一般是测试专业人员。这类测试一般有多种用途,但就某一特定用途而言,不确定性较大,针对性不够强。

校内评估(校内评价)[①]除了测试外还包括非测试评估,外部评估(外部评价)一般就是指外部测试。

[①] 广义的校内评估还应包括学生对教师的教学评估,本书中仅指对学生语言能力和学习情况的评估。

六、按学习阶段划分

在校内测试中,按照学习阶段又可以进一步分为四种测试。

1. 分班考试

分班考试(placement test)也叫编班考试、分级考试、安置考试,是在教学活动开始前对学生现有语言水平的测试,目的是把学生安置在与其语言水平相应的班级中学习。例如教学机构的入学分班考试,形式可以是笔试,也可以是口试。这类考试的特点是,试题内容是综合性的,一般与教材没有直接关系,因为学生一般都没有学过那些教材。有人认为既然分班考试是为了决定学生适合学习哪种教材,就应该选取教材的内容。这实际上很难做到,因为教材的层次很多,又会有变化,很难兼顾。更主要的是分班考试是水平测试,只需要判定学生的水平在哪一段、是否具备学习该段教材的汉语能力即可。通常分班考试全卷试题难度分布比较宽,学生分数的分布比较广。例如,某大学的一次开学分班考试,参加考试者共318人,试卷总分160分,分数分布是2—151分。由于学生的水平差距很大,分班测试通常使用一张试卷作跨度测量,而不宜使用多张试卷作精度测量,因为测试者根本不知道谁应该做哪一级的试卷。当然,如果已知某一批学生的水平大致在哪一段,就可以选一份难度相当的试卷,进而细分。总之,要根据实际情况灵活选用合适的形式。

 问答
问:分班只能采用测试的形式吗?
答:除了测试以外,还可以使用非测试评估。

2. 课堂小测验

课堂小测验(classroom test, quiz)是教学过程中最常用的小型测试,包括听写、每课之后的小测验、单元测验(也称为小考)等。试题一般都是任课教师根据教学情况编写的,以督促并及时检查学生的学习。小测验的特点是学什么考什么,严格控制测验的范围。测验内容较为单一,针对性较强,测验结果更多的是反映学生的努力程度,而不是语言水平。一个基础差但努力的学生,其分数比基础好但不用功的学生高是很正常的。测验的目的往往是肯定学生的小进步,及时发现学生的问题,并反馈给学生。由于这种测试形式与课堂教学的关系最为密切,能充分体现以测促学的原则,所以是形成性评价的一个重要手段,目前在教育测评中,越来越受到重视。

3. 期中考试

期中考试（mid-term exam）是在学期中间进行的比较系统的阶段性的总结性考试，有的教学机构采用的月考，也属于这一类考试。期中考试由任课教师编制，特点也是学什么考什么，但考查的范围比小测验大，通常是考查一两个月或半个学期的学习内容，目的是督促学生复习、巩固所学内容，检查该阶段的学习情况，发现问题，并反馈给学生。与课堂小测验不同的是期中考试具有总结性，考查的是某个阶段中最重要的学习内容，是有选择、有重点的。与期末考试不同的是学习并没有结束，发现的问题可以反馈给学生，帮助教师和学生调整下一阶段的教和学。因此它是一种阶段性的终结性评价，又是一种形成性评价。围绕期中考试的复习是学生对该阶段的学习内容进行系统化整理及消化的过程，可以促进学生学习，这也是考试的目的之一。

4. 期末考试

期末考试（final exam）是学期结束时比较系统的总结性考试，其特点也是学什么考什么，除了期中以后的教学内容以外，还可以考一定比例的前半学期的教学内容。期末考试的试卷通常都是任课教师个人或几位教同一课程的教师编制的，考试的目的是复习、巩固、检查整个学期的学习情况，看有没有达到教学目标，记录学生在学习结束时的成绩。期末考试是终结性评价的重要手段。由于期末考试后课程就结束了，学生甚至都看不到自己考试的具体情况及问题，因此，期末考试一般很难具有形成性评价的功能。

以上分类其实只是从不同的角度来说明考试的各种性质，具体到某一个考试，往往具有多重特点。比如，期中考试属于成绩测试、校内测试，口试是主观题测试、构造题测试、直接性测试。

 思考题

（1）分完班开始上课之后，有的学生提出现在的教材太容易，要向上换班。为了镇住这些学生，有的学校会让这些学生做一份这本教材的期末考试试卷，如果学生能达到合格的要求就给他换。绝大多数学生的成绩一般都不会好。但有些学生仍执意要换，最后可能也会给他们换。请你从测试种类的角度对这一现象进行分析。
(2) 请给以下这些考试分类：
雅思，美国的大学入学考试（SAT），课堂单元测验（题型：改写、完成句子），预科项目结束前的汉语能力测试（题型：选择题、写作题），面试型口语能力测试。

第二节 试卷设计

设计一份试卷或者一个考试，应该从哪些方面来考虑？做哪些工作？首先是根据考试对象、考试目的确定考试类型，其次是进行必要的基础研究工作，最后是试卷整体结构的设计。

一、根据考试对象、考试目的确定考试类型

在设计一个考试时，首先要考虑的问题是考试对象是谁，考试目的是什么。世界上之所以会有无数的语言测试，实际上就是因为没有一个测试能够适合任何考试对象、针对任何考试目的。无论一个考试设计得多么好，只要不符合特定考生的情况，不符合特定考试目的的要求，都可能是无用的。因此，考试设计的首要工作就是明确考试对象和考试目的，在此基础上确定考试类型、内容范围和总体难度。

1. 水平测试

大规模的标准化水平测试常会给人一种错觉，认为这种测试是适合一切人，能用于各种目的的。但事实上并非如此。我们用新、老HSK[①]的实例来具体看一下这个问题。

我们在第一章介绍过，老HSK最初的考试对象是准备进入中国高校学习的外国留学生，比如说，一些来到中国的零起点外国留学生，经过大约两年的汉语预备学习，准备到中国高校进行专业学习。考试目的就是要鉴

---

① 老HSK是指1984年开始由北京语言学院负责研发的汉语水平考试；新HSK是指2009年推出的由国家汉办/孔子学院总部负责研发的汉语水平考试。

定一下他们的汉语水平能否进入中国的高校学习,因此考试类型是水平测试。内容范围除了一般的中国社会生活外,还有意识地包含了一部分高校学习的内容,如一些人文社科和科普类的文章。随着考生成分的多样化,最初只有一张试卷的HSK无法满足更高水平考生的要求,便又开发了HSK(高等)考试,同时,最初的HSK对低水平考生来说又太难,于是,又开发了HSK(基础)考试,从而形成了基础、初中等、高等三张试卷的考试结构,各卷的词语范围大致为400—3000、2000—5000、5000—8000词(张晋军等,2010),这样的考试难度应该符合进入高校本科学习的基本难度,便于选拔。但是,随着考试的发展,HSK的使用范围扩大了,当扩大到海外时,尤其是非汉字圈地区时,问题就显现出来了,主要是难度太高,与海外大多数汉语学习者的实际情况有很大的距离。一些海外考生考分偏低,因而害怕参加考试,甚至有些海外汉语教师也不鼓励自己的学生考HSK,怕分数太低让自己难堪。其实,严格来说,这并不完全是老HSK本身的问题,而是考试对象和考试目的转移所带来的问题。正是在这样一个背景下,孔子学院总部决定开发新HSK。新HSK的考试对象主要是广大海外地区的汉语学习者,尤其是孔子学院的汉语学习者,他们多数是初级水平,也有一些中级水平的,他们学汉语但却并不一定要来中国的高校学习某个专业。如果没有考试,来学习的人多,但是中途放弃学习的人也多,所以,新HSK考试的目的主要是肯定学习者的进步,鼓励学习者继续学习汉语,中、高级别HSK(4级、5级、6级)应该兼顾鉴定留学生进入中国高校学习应达到的汉语能力的功能,这样就确定了考试类型是水平测试,共分六个级别,一级一张试卷。考试的内容范围主要是日常生活和学习生活,到了中、高级别(4级、5级、6级)增加一些人文科学及社会方面的内容。各级的词语范围为150、300、600、1200、2500、5000词及以上(张晋军等,2010),起点很低,尤其是1级、2级,完全是鼓励性的考试。由于考试的对象主要是海外考生,目的主要是"以考促教、以考促学",考试的设计应该说是与此相符的。从表2-1中可以看出老HSK和新HSK是如何根据考试对象和考试目的确定考试类型、总体难度的。

表2-1　老HSK与新HSK试卷、等级、词汇量对照表

老HSK			新HSK		
试卷	等级	词汇量	试卷	等级	词汇量
HSK（高等）	11级	5000—8000			
HSK（高等）	10级	5000—8000			
HSK（高等）	9级	5000—8000	HSK（六级）	6级	5000以上
HSK（初中等）	8级	2000—5000			
HSK（初中等）	7级	2000—5000			
HSK（初中等）	6级	2000—5000			
HSK（初中等）	5级	2000—5000			
HSK（初中等）	4级	2000—5000	HSK（五级）	5级	2500
HSK（基础）	3级	400—3000			
HSK（基础）	3级	400—3000	HSK（四级）	4级	1200
HSK（基础）	2级	400—3000			
HSK（基础）	1级	400—3000	HSK（三级）	3级	600
			HSK（二级）	2级	300
			HSK（一级）	1级	150

从表2-1中可以看出，老HSK全部考试由三张试卷构成，每张试卷内分若干等级，由于主要目标是鉴别进入大学学习的能力，因此对中高级区分比较细，对初学者区分相对不是很细。而新HSK是每一级一张试卷，这样初级水平的考生就不必做难题，高级水平的考生也不必做太容易的题。由于海外多数考生是初级水平，因此对初级区分比较细，对中高级区分不是很细。

2. 成绩测试

成绩测试的考试对象通常是特定班级的学生，考试目的是检查学生对某一阶段学习内容的掌握情况。我们以中国某大学汉语1班的月考和新加坡某些中学的期中考试为例，来看一下在成绩测试中应该如何根据考试对象和考试目的确定考试类型。

某大学汉语1班第一次月考，考试对象是学了一个月汉语的基础班学生，教材是《博雅汉语·初级起步篇Ⅰ（第二版）》（任雪梅、徐晶凝，2013），考试目的是考查这些学生对这一个月所学内容的掌握情况，因此考

试类型是成绩测试,具体形式是月考,考试内容是第1—9课的学习内容,难度是初级。

表面上看,对课堂考试来讲,上述问题的答案是现成的,但在实际操作中却仍然可能出现问题,例如,在新加坡的某些中学,华文课的期中考试有听力的内容,有些教师感到制作听力试题太费时间,而自己录音的发音又不标准,便去一些经营应试材料的公司购买会考的模拟试题。会考试题的考试对象是宽泛的,与这些教师的教学对象并不一致;会考试题的考试目的也不是考查学生对半个学期所学内容的掌握情况,内容范围和难度也不一样;至于考试类型,会考兼有成绩测试和水平测试的特点,但其成绩测试是宽泛的,不同于特定教学班在特定教学阶段的成绩测试。考试内容与考试对象、考试目的出现了一定程度的错位。由此可见,课堂考试必须由任课教师根据自己的教学对象来专门设计,即使部分借用其他的考试材料,也应该进行必要的修改。

 思考题

(1) 初级听力课的期末考试,一位老师感到难度和新HSK三级的难度差不多,就用新HSK三级的模拟题来考。对这一现象应如何分析?

(2) 日本的"大学入学考试—中国语"的考试目的是考查日本中学生的汉语水平,但近年有不少在日本的汉语母语者参加了这一考试,使得中国语考试的平均分大大高于其他外语考试。为解决这个问题,命题者在汉译日和日译汉的题目里增大了日文的难度。例如:

汉译日翻译题

问1 Tā néng shuō huì dào, shéi dōu shuōbuguò tā.

① 彼は弁が立つので、みんな丸めこまれてしまう。

② 彼はよくしゃべるので、誰も口を挟めない。

③ 彼は口が達者なので、みんな言い負かされてしまう。

④ 彼はとてもいい訳がうまいので、叱りようがない。

(2010年第三部分C)

研究汉语教学的小川典子(2017)指出,各选项的日语中都使用了惯用语,对日本人都有难度,对非日语母语者来说能看懂的就更少了。

日译汉翻译题

问1 子供のころから彼女とは馬が合う。

① wǒ hé tā cóngxiǎo jiù hédelái.

② wǒ hé tā cóngxiǎo jiù shì hǎo péngyou.

> ③ wǒ xiǎoshíhou hé tā cháng zài yīqǐ wánr.
> ④ wǒ xiǎoshíhou gēn tā hěn hédelái.
>
> （2015年第三部分B）
>
> 小川典子解释说，题干的日语是一种俗语，对于非日语母语者来说还是很难的。这一做法实施后，中国语考试的平均分便降了下来。①
>
> 对这一现象应如何分析？

二、基础研究工作

基础研究工作是指考试设计的前期准备工作，包括需求分析，确定考试的理论，研制等级标准，研制词汇、语法、功能表，等等。尤其是大规模的标准化水平测试，这项工作必不可少。只有有了这个基础，考试设计及分数解释才能有依据。

1. 基础研究工作的类型

考试的基础研究工作一般有两种类型。

一种是研究如何使用现有的基础研究成果。往往是某一项基础研究工作已经作为一个独立的项目研究出来了，测试评价理念相同的考试就研究如何直接使用现有的成果。我们举一个与欧洲语言共同框架有关的例子。

欧洲语言共同框架用于制订外语教学大纲、制订外语水平等级证书（欧洲各成员国之间外语资质互相承认）、建立自主学习体系，以便实现语言多元化的目标。这个框架将外语学习者的语言能力分为三等六级：A初级阶段（A1入门级，A2初级）、B独立阶段（B1中级，B2中高级）、C精通阶段（C1高级，C2精通级）。

初级阶段、独立阶段、精通阶段为三等，每一等里面又分出上、下两级。A1为最初级，C2为最高级。

框架使用一系列能做量表，从语言使用的各个方面陈述语言使用者在每一级能做什么。这些量表可以用于学习者自评，也可以用于教师对学习者进行评估。

欧洲某机构开发了一个叫诊断性语言测试（Diagnostic Language

---

① 本资料引自小川典子（2017）。

Tests,即DIALAG)的评估系统,这个系统的理念与欧洲语言共同框架是一致的。该系统包括自我评估、语言测试和信息反馈三大板块。在设计自评表时,研发者从欧洲语言共同框架中选取了最为简明具体的100项,对其中的人称、语句作了必要的修改。这个系统的自评和测试是配套的,由于没有口语测试,因此未设口语自评。另外,由于这个系统涵盖欧洲14种语言,自评项目将英语翻译成13种语言。欧洲的不少语言测试尽管在考试设计上各不相同,但都使用欧洲语言共同框架的六个等级作为各自的等级标准。欧洲语言共同框架等级的使用已扩大到欧洲之外。

课堂的成绩测试通常也是这种类型。由于成绩测试考查的是学习者对所学内容的掌握情况,命题依据的是教材及教学大纲,因此,成绩测试命题时需要研究的是如何使测试更好地体现大纲的教学目标及教学重点。例如,某校高级商务汉语课的教学目标包括两方面:第一,全面提高在汉语环境中进行商务活动所需要的听、说、读、写能力;第二,加深对中国的经济生活以及与商务有关的社会文化的了解。其中有一课的内容涉及企业注册,由于中国发展很快,目前的企业注册方式已与课文中不同,但其词汇及语言表达方式仍然很有用。因此,在研究之后,任课教师决定在教学时补充最新材料,但考试时只考词汇及语言点,不考课文内容。

另一种情况是为研发考试专门作基础研究,老HSK、新HSK、BCT都是这种类型。老HSK在初创期就将建立几种较为稳定、准确的标准作为一个目标(赵琪凤,2016),研制了《汉语水平等级标准和语法等级大纲》《汉语水平词汇与汉字等级大纲》,其中的词汇大纲所确定的甲乙丙丁词在对外汉语教材编写等方面被广泛使用,其作用超出了考试研发的范围。新HSK的前期研究工作也是确定各等级的词表。由于新HSK的六个等级的考试是整体同时设计的,所以其词表可以与各级考试一一对应,并且在命题时比较严格地控制各级的词汇,以词汇控制各级考试的难度,这一点很成功。下面我们通过一个实例来具体看一下基础研究工作是怎么进行的。

BCT的基础研究工作是在**需求分析**(needs analysis)的基础上确定考试理念,研制商务汉语等级标准、商务汉语交际功能项目和常用词语表等几个基础文件。在对商务人员及其汉语教师作需求分析时,研发人员发现,商务人员需要的商务汉语分为两类：一类是业务方面的，另一类是生活、社交方面的。而生活社交方面的汉语受他们活动范围的影响，与一般的留学生又有所不同。结合理论研究，研发人员确定了商务汉语交际能力的构成及考试内容的构成。

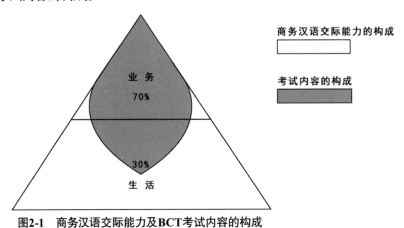

图2-1　商务汉语交际能力及BCT考试内容的构成
［HSK（商务）研发办公室，2005］

商务汉语交际能力呈金字塔型，底部是生活方面的交际能力，上部是业务方面的交际能力。在生活交际能力中，最底部是最基础的普通汉语交际能力，这可以不纳入商务汉语考试范围。但在生活交际能力的上部是与商务活动有关的生活、社交方面的汉语交际能力，这是商务汉语考试应该考的内容。根据这一理念，研发人员将"商务汉语交际功能项目"分为两类：生活类和业务类；"常用词语表"也分为两个表：生活、社交及普通工作类（如"出差""规定"等）和业务

 问答

问：商务汉语交际能力是金字塔型的，为什么考试内容的构成是橄榄型的呢？这样不是不一致了吗？

答："生活"这一部分，从能力上说应该是越到底层越大，但从测试研发的角度看，越到底层普通汉语的成分越多，商务汉语的特点越少。考试内容的这种构成正是为了突出商务汉语的特色。

类（如"贬值""不可撤销信用证"等）。

基础研究工作通常是在考试开发之前完成，因此一般也称为前期工作。不过，由于这方面的研究往往需要比较长的时间，或随着命题工作的

进行,对某一种基础文件的需要上升了,有些基础研究工作也会在考试推出之后再补上。例如,新HSK在刚刚推出时,只有1—3级有语法项目表,在五年之后的新版考试大纲中才补上4—6级的语言点项目,此外,各个级别还增加了话题大纲和任务大纲。

2. 研究步骤

基础研究工作的方法很多,但一般有如下这些步骤。

第一,提出构想和初步的框架。如果是为了考试专门进行基础研究,研发人员必须根据考试目标和类型首先提出一个初步的框架,哪怕这个框架有一定的主观性、不全面,否则研究工作就会失去目标。例如BCT在研究初期曾提出过一个九级的等级标准,在后来的研究中发现这个等级太细,调整为五级,但最初的等级标准对于能力等级的确定仍起了很大的作用。

第二,进行相关的需求分析及相关资料的定量分析与定性分析。进行哪一种分析由研究的性质决定。比如,BCT的研发人员都是高校的教师,对国内外企业员工以及国外的商务人员实际使用汉语的情况的直接观察不够,因此就必须进行需求分析。再比如,老HSK的研发人员进行词汇等级大纲的研究时,进行了一项大规模的动态字词频度统计工作,将定量分析的结果作为确定词汇大纲的参照。有的研究则需要使用定性分析,例如,雅思在确定各级能力指标时,请有经验的阅卷老师提供各级的关键考卷样本,找到每一级得分或丢分的关键点,然后确定下来。

第三,专家干预。在第二语言测试评估的基础研究中,专家的作用非常重要。我们所说的专家是指第二语言教学领域有丰富教学经验的教师、从事语言研究及语言习得研究的学者、心理测量方面的学者。在欧洲语言共同框架文件中谈到的第一个研究方法就是"直观法"(intuitional method),解读专家的经验是制订CEFR分级系统首先使用的方法。有人可能会认为一位专家的教学经验主观,但一组专家独立作出的判断所形成的群体直觉就具有客观性,各自独立的集体主观是这类研究中很多方法的基础。例如,老HSK词汇大纲的研制,在基于词频统计的词表出来后进行了三次专家人工干预,专家是33位长期从事对外汉语教学的教授、副教授,有的词表要求他们定向删除若干数量的词,比如删掉像"馏""根式"等高频词,有的词表要求他们定性增加若干数量的词,比如增加像"汉字""签证"这些在教学中很常用但并未进入最高频词的词语（刘英林、宋绍周，1992）。

第四，根据考试的定位选择最佳方案。从需求分析或定量分析中得到的信息往往会纠正我们最初设想中的一些错误估计，调整后的方案会更切实可行。不过，由于需求分析、定量分析的样本量往往有限，而且反映的一般是当前的情况，不一定有前瞻性，因此，在确定方案时应综合分析。BCT研发人员在进行需求分析时发现，外籍商务人员在工作中使用最多的语言其实是英语，尤其是在重要的商务谈判中，他们即使会说一些汉语，也会请公司里的中国员工翻译，至于起草合同等工作更是交给中国员工做。他们反倒是在和中国员工聊天儿联络感情时使用汉语更多。应该承认这是现实情况，但如果完全按照需求分析的信息来设计就会得出这样的结论：BCT的考试内容应该以生活内容为主。而假如那样做，与普通的汉语水平考试就区别不大，甚至会得出更荒谬的结论，即BCT没必要研发。但事实上考试用户尤其是一些企业用户又确实需要一个商务汉语考试。研发人员在进一步的访谈中又发现，外籍商务人员其实还是希望能在工作中使用汉语。比如，有的商务人员说，在谈判时尽管有翻译，但他们仍希望能听懂译员的翻译以确定其翻译得是否正确；如果他们能读懂合同，就能检查中文表达是否准确。因此，研发人员得出结论，从发展方向上看，外籍商务人员在工作中使用汉语会越来越多，BCT的考试内容仍然应该以业务类为主，以生活类为辅。考试推出之后，研发人员去新加坡继续进行需求分析时发现，那里的职场人员在工作中大量使用商务汉语。后来的考试情况也表明在世界其他地区也都有一些高水平的商务人员取得了好成绩。很多用户认为BCT有商务特色。研发人员由此得出结论，他们的决定是正确的。

 思考题

(1) 如果你发现有几个测评理念并不相同的考试都声称自己与欧洲语言共同框架的等级挂钩，这一现象能说明什么？

(2) 假如你负责一个大学预科项目，结业前需要设计一个考试来预测哪些留学生可以入系，并且能够和中国学生一起上课，你首先要做什么？

三、试卷整体结构的设计

明确了考试对象、考试目的,有了基础研究的准备,确定了考试的类别、内容范围、总体难度后,下一步就是具体设计试卷的整体结构。在设计时应考虑以下几个方面。

1. 试卷构成

根据考试目的,决定整份试卷由几个部分构成,确定题型。

(1) 水平测试

大规模标准化测试的试卷设计实际上是整个考试结构的设计,包括在纵向上有几个等级的考试(俗称有几张试卷),横向上有几个部分的分测验、每个分测验的题型是什么等。

例如,老HSK的考试目的是检验学生进入高校学习的汉语能力,从进入高校学习的角度看,最需要的能力是听懂专业课、读懂专业书,所以,当时的考试设计者在设计试卷构成时设计了听力理解、阅读理解、语法、综合,而没有设计口语和写作考试。这种设计明显受到老托福考试的影响,也是为了便于操作,对于当时中国高校的学习模式而言,听读能力确实用得要比说写能力多,强调听读有一定的道理。而新HSK就不同了,由于考试目的是肯定广大海外地区汉语学习者的进步,鼓励学习者继续学习汉语,极力避免挫伤学习者的学习积极性,所以,在纵向上,一级一张试卷,分级时越向下越细分,越向上越粗分;在横向上,1—2级只有听力、阅读、单独的口语考试,不考书写汉字,也不单独考语法。

在题型方面,老HSK主要采用的是四个选项的多项选择题,在HSK(高等)中,为了测快速阅读的能力,还增加了有时间要求的阅读简答题。新HSK由于主要目的是鼓励学汉语,所以在初级的考试中使用了不少是非题,降低难度,这在一般大规模的标准化测试中是很少使用的。新HSK从三级开始考查写的能力,但有的题型只是要求考生用给出的词写一个句子,考的实际上是抄写汉字的能力;有的题型要求根据拼音填写一个最常用的汉字,比如"年",所以在新HSK里"写"的这一部分不叫"写作",而叫"书写"。

再如,BCT在世界上多数地区的试卷构成是听读、说写的组合,因为听读是考查理解能力的测试,答案是客观的,以选择题为主,说写是考查产出能力的测试,答案是开放的,都是构造型试题,施测时容易操作,用两种方式评分较为方便。但在新加坡,当地的标准化水平测试的传统是听说、阅读、写作组合,为了适应当地的特点,满足用户需要,在新加坡的BCT也采用了听说、阅读、写作的组合。在题型上,为了测试在商务环境中实际的语言交际能力,在听、说、读、写中都使用了一些任务式测试的题型设计(在第三、第四章中将具体讲解)。

(2)成绩测试

课堂的成绩测试主要是根据教学内容和学生的特点,设计相应的试卷结构和题型。

例如某大学口语32班月考的试卷设计。由于32班是高级班,学生入学时口头表达都已经有相当的基础,口试的考试时间又相对有限,只考口试难以反映学生对教学内容的掌握情况,所以口语考试采用口试、笔试两份试卷。在题型上,口试包括朗读、解释画线词语、成段表达(要求用相关的词语和句式);笔试包括写出词语的拼音、根据解释写成语、根据拼音填空、完成对话、回答问题(要求用相关的词语和句式)。全都是构造型的题型。用笔试考口语属于间接性测试,交互性肯定不如口试,在某些情况下把它作为口试的补充或许有一定的道理,但如果用它取代口试就难以接受了。

2. 比重

决定试卷构成后,接下来要决定各部分的比重。试卷中各部分的比重是考试设计者根据考试内容中各部分的重要性决定的,体现了考试设计者对能力构成及教学目标、教学重点的理解。

(1)水平测试

在水平测试中设计各个部分的比重时主要应考虑各个部分所测试的能力在整体能力中的重要性,因为这会直接影响总分的构成。

例如,老HSK,由于考试设计者认为学生在进入高校学习时听力、阅读能力最重要,所以在HSK(初中等)中这两部分的试题比重最大,各50题,语法结构的比例最小,为30题;新HSK根据当前海外汉语学习者的情况,定下"重听说,轻读写"的原则,二级、三级、四级听力的试题比重都大于阅读的比重(其中二级听力35题,阅读20题;三级听力40题,阅读30题;四级听力45题,阅读40题)。

(2) 成绩测试

和水平测试比起来，课堂考试的试卷比例要考虑的因素就更多，可变化的余地也更大。

例如，某大学5班、6班的初级汉语听力课，在期中、期末考试中，听写词语占20%，听力理解的选择题占60%，听力理解的简答题占20%。这是考虑到听力考试的重点是考理解，因此词语听写的比例不能大；在理解性测试中，选择题的答题速度快，题量大，所以比例最大；简答题考综合能力，但答题速度相对较慢，所以比例较小。

再如，某大学口语32班的月考，虽然是由口试和笔试两份试卷构成，但在比例分配上，口试占35分，笔试占25分，更强调口试的重要性。

3. 题量

要根据考试时间确定题量。在汉语作为第二语言的测试中，测试的题量一般应该是目标考生能够做完。不过，由于测试目的及功能的不同，水平测试与成绩测试确定题量的着眼点有所不同。

(1) 水平测试

由于水平测试往往是为了尽可能充分地拉开不同考生的水平差距，因此，在考试时间允许的条件下，一般倾向于增加题量，以便使考生的优点和弱点能有机会充分显露出来。当然，不同的水平测试掌握的尺度有所不同。在时间一定的情况下，题量的差别体现了难度的差别。

例如，老HSK（初中等）的题量是170题，145分钟；新HSK五级100题（听、读、写），125分钟，考试题量明显减少了。这在一定程度上反映了新、老HSK在目标考生和考试功能上的某些区别。

(2) 成绩测试

由于课堂成绩测试的目的是检查考生对所学内容的掌握情况，一般需要给考生充足的答题时间，应该是确保大多数考生能够从容地做完，学得很好的能提前做完。课堂测试的答题时间通常最多是一次课，期中、期末考试的题量就应该根据这一时间设计。例如某大学汉语1班第一次月考，共59题，100分钟。

期中、期末考试由于考查的内容比较多，在多数考生能做完的前提下，适当增加一些题量能扩大考试的覆盖面，增加考试的稳定性，减少偶然因素的影响，更能全面反映考生的实际水平，但是要注意限度，避免考生疲劳。例如某大学5班、6班的初级汉语听力考试，学生原则上可以做100分钟，但是连续听这么长时间会产生疲劳感，所以这份试卷80题，实际做70分钟，基本上已经达到上限了。

小测验可能只考十几分钟，听写则可能不到十分钟，因此，题量一般不大。例如，中级汉语精读课的某一课共49个生词，10个专名。专名不听写，49个生词分两次学习，每次选取最重要的10个词或词组进行听写，时间不到十分钟。

4. 确定分数、分值

根据每一部分试题的重要性及特点确定分数和分值。在一份试卷中，各部分的分数和分值往往是不同的。**分数**指每一部分一共有多少分，**分值**指每一题有几分。分数和分值的不同首先与每一部分的重要性有关。

例如，老HSK为了体现听力、阅读的重要性，不仅给这两部分分配了最多的分数，各50分，而且提高了这两部分在总分中的分数权重，即同样答对一道题，答对一道阅读题比答对一道语法题在总分中所占的分数要多，相当于提高了这两部分的分值。

分值的大小除了与每部分的重要性有关，也与不同试题的特点有关。一般来说，选择题的分值1分最好，因为选择题对就全对，错就全错，分值高了也没用。但是构造型试题的分值可以有较大的变化余地，考试中会存在半对的情况，每题2分就可以发挥作用。

例如某大学5班、6班的初级汉语听力考试，选择题都是每题1分，听写和简答是每题2分，这样听写如果两个字错1个就可以扣1分，简答题答对一部分也可以给1分，更为合理。

再如某大学汉语1班第一次月考，各题型的分值根据难度不同分别为每题0.5分、1分、1.5分、6分，即选词填空每题0.5分，写拼音、写汉字每题1分，提问和完成对话每题1.5分，写一段话6分。

一般来说，在大规模的标准化水平测试中，为了便于统计，原始分用每题1分的更多，如果需要改变某一部分的分值，可以采用后期改变权重的办法来处理。而课堂成绩测试，一般可以每一部分试题定一种分值。

思考题

(1) 分值一定要固定吗? 能否根据试题的实际难度, 难题分值提高, 容易题分值降低?

(2) 假如你现在正在教一批外国留学生, 要出一份单元考试或期中考试的试卷, 你将怎么设计? 考生情况及使用的汉语教材由你来设定。

5. 考试蓝图

在进行试卷的整体设计时, 可以将上述的这些试卷设计的思想用一个考试蓝图的表格表示出来, 这样一目了然, 容易发现问题, 便于调整和检查。这种做法其实要比整个试卷都出完之后再重新调整试卷省力气。

我们以新加坡中学华文课程期末考试的试卷蓝图为例 (如表2-2所示), 看一下考试蓝图表的编制方法。

表2-2 中学"华文B(上)"期末考试试卷蓝图[①]

考查对象: 中一修读"华文B(上)"的学生

考查目的: 考查学生是否掌握了"华文B(上)"的有关学习点, 其语言交际能力是否达到了本教材教学目标的要求

考查内容范围: 《中学华文B(上)》第1—6课

考查时间: 2011年5月

试卷/时间	考查项目		考查方式	题数(个)	分数(分)	比重(%)
试卷一/ 50分钟	作文	写电邮	实用文写作	2选1	20	20.0
		看图作文	记叙文写作			
试卷二/ 60分钟	语文理解与应用	词语一	选词填空	5	5	30.0
		词语二	完成句子	5	10	
		词语三	短文填空	5	5	
		阅读理解一 (2个篇章)	三项选择题	3	6	
		阅读理解二 (1个篇章)	四项选择题	2	4	

---

① 本考试试卷蓝图是笔者2011年在新加坡华文教研中心进行师资培训时使用的一个样例, 略有删改。"华文B"是新加坡中学的一门华文课程。

(续表)

试卷/时间	考查项目	考查方式	题数(个)	分数(分)	比重(%)
试卷三/40分钟	口试与听力	口试	朗读文章	1	10	50.0
			看图说话(说一件事,包括原因、经过、结果、细节)	1	10	
			会话	1	10	
		听力理解	是非题	5	5	
			搭配题	5	5	
			三项选择题	5	10	
共计150分钟				100	100

在这个考试蓝图中,首先列出了"考查对象""考查目的""考查内容范围"等几个最主要的点。通常还应该有一个点是"考试类型",由于成绩测试是默认的,表中未列。有了这几个点,考试的定位就基本明确了。

表中的第一列"试卷/时间",列出了考试的几个分测验及其规定的考试时间;第二列"考查项目",列的是每个分测验的组成部分及每部分的内容;第三列"考查方式",列的是每部分的题型;后面的三列分别列出了每个部分的题数、分数和在全卷中的比重。有了这样一个表,试卷的整体设计就很清楚了。

 思考题

假如你已经设想好了一份单元考试或期中考试的试卷,能否把你的设计意图用一个考试蓝图的形式清楚地表示出来?

第三节 试卷设计案例分析

下面我们来分析一些汉语作为第二语言的试卷设计案例，归纳一下分班考试、课堂小测验、期中考试、诊断测试、行为测试等测试形式的试卷设计要求。

一、分班考试

案例1

表2-3是某大学入学分班考试的案例。

表2-3 某大学入学分班考试蓝图

考试对象：某大学刚入学的留学生
考试目的：入系、分班
考试类型：水平测试

部分/时间	考查项目	考查方式	题数（个）	分数（分）	比重（%）
听力/ 约30分钟	看图听句子	四项选择	50	50	31.3
	听问题选回答	三项选择			
	听短对话	四项选择			
	听短文	四项选择			
语法与词汇/ 25分钟	语法选词填空	四项选择	40	40	25.0
	选择词的位置	四项选择			
	选词语的意思	四项选择			
阅读/ 35分钟	阅读拼音句子	四项选择	30	30	18.7
	阅读短文	四项选择			
写作/ 30分钟	读短文填空	填写汉字	15+1	40	25.0
	看图写故事	用汉字写作			
共计 120分钟			136	160	100

这一类高校入学分班考试,具有检验留学生能否入系和给学汉语的学生分班的双重任务,因此题量比较大,考查的面比较宽,试题难度跨度较大,从不需要写汉字的试题到有一定难度的短文读写,不同难度的试题均有一定的比例。题型主要是选择题,也有填空、写作题等构造型试题。除写作答卷以外都用机器读卡阅卷。这一试卷的优点是考查的面相对比较宽,除了说的技能以外,其他三项技能都考了,操作比较便捷,能较快出成绩;缺点是对于水平很低的学生多数题不合适,而对于希望入系的高水平考生有相当一部分试题又偏容易。此外,两个小时的考试时间还是偏长。

○ 案例2

表2-4是某大学口语分班考试的案例。

表2-4 某大学口语分班考试蓝图

考试对象:某大学刚入学的留学生

考试目的:口语分班

考试类型:水平测试

部分	考查项目	考查方式	题数(个)	分数(分)	比重(%)
简单问答	考官和考生简单交谈	面试	1	10	28.6
朗读	读短文	面试	1+5	10	28.6
	读词	面试			
听后说	听后重复	面试	2	5	14.2
成段表达	看图讲故事	面试	1	10	28.6
共计			10	35	100

该校口语课单独分班,为了合理地分出口语班,采用了面试的直接测试法,由考官和学生面对面谈话。测试共四个部分,每个考生的面试时间约7—8分钟。"简单问答"是考官问考生一些有关学习、生活、爱好等方面的问题,问题的难度可以根据考生的实际表达情况调整,目的一是热身、缓解考生的紧张感,二是考查考生一般的对话能力。"读短文"是让考生读一段难度不高的普通话题的语段,目的是考查考生的汉字认读能力、语音语调的准确性及流利性。"读词"要求考生读几个难度不同的词,目

的是在一定程度上检查考生的词汇量。"听后重复"是考官说一个句子，要求考生重复听到的句子。例如，考官说"我的朋友每天都去打球"，考生重复这句话。然后考官增加难度，说"要是不快走的话，就来不及了"，考生重复，以此考查考生的听力、复述能力以及强记能力（李海燕等，2003）。"看图讲故事"是给考生看一组图片，要求学生讲里面的故事，考官边问边观察边打分。通过这些试题，从几个方面对考生的口语能力进行考查。

现在我们听一段"简单问答"的录音。

简单问答

这是考官与考生之间一段非常自然的对话，但考官的设问都是有用意的。在考生简单介绍自己情况的过程中，考官已经大致估出了考生的汉语水平的层次，针对这一层次的考生，考官想观察其进行比较和描述的能力。考生喜欢唱歌，考官就让她比较日本和中国的歌；考生以前来过中国，考官就让她比较中国的变化；知道考生住在校内，考官就让她描述她的同屋和房间。根据考生完成任务的情况及其语音、语法、词汇的情况，综合起来给该考生打分。

这种考试设计的优点是交互性好，考试形式有人情味，能考出考生说的能力和部分听、读的能力；缺点是非常耗费人力，所以实行了几年后被取消了。

分班考试设计有以下几方面具体的要求。

第一，要根据具体的考试目的、考生情况和课程情况灵活决定考试的形式及难度。适合一种课程或考生的考试很可能不适合另一种，要具体分析。对于水平跨度大的考生群体，试题应有难有易，各种难度的试题均有一定的比例。对于水平接近的考生团体，试题的难度可以相对比较接近。

第二，只针对需要区分的能力对考生的汉语水平进行考查即可，并不要求全面考查。比如对于一个只希望提高听说能力的短期项目，就不必考写，读也不必多考；而对于一个大学人系的筛选测试，试卷的总体难度就应以中高难度试题为主，提高中高水平的测试精度，对初级水平的测试精度则可以忽略。

第三，分班考试的考试长度在水平测试中相对较短，在保证信度的前提下可适当缩短考试长度，一般不超过两小时。

第四，评分标准应明确、客观，易于操作，以便快速取得分数。

第五，切实可行，尽量节省人力。不管有多少优点，一种考试方式只要费时费力，一般就难以用于分班考试。

二、课堂小测验

● 案例3

这是一个汉语课堂小测验的案例。

考试对象：某大学中级汉语精读课的留学生

考试目的：检查学生对该课所学语言点的掌握情况

考试类型：成绩测试

考试时间：10分钟

汉语课第三课小测验

一、改写（Rewrite the sentence with the given words）（2分）

听了这件事，每个人都很生气。

_____（不是不 / 没有不）

二、完成句子（Complete the following sentences with the given words）（4分）

1. 他们都很年轻，_____。（来）

2. _____，我认识了几个中国朋友。（趁）

三、完成对话（Complete the following dialogues with the given words）（4分）

1. A: 在你们国家，多少岁可以开车？

   B: _____。（以上 / 以下）

2. A: 你喜欢一个人旅游还是和别人一起旅游？

   B: _____。（倒是）

（中级汉语精读课小测验）

这是中级汉语精读课的一份小测验试卷，使用的教材是《博雅汉语·准中级加速篇Ⅱ（第二版）》（钱旭菁、黄立，2013）。在第三课学完之

后用10分钟时间在课上做一个小测验,考查该课学习的五个语言点,事先已通知学生复习。小测验中使用的题型都是学生在课上练习或课下作业中做过的熟悉题型。每一个语言点都在课堂上口头练过,又要求学生在课后作业中写过。小测验中的题目有的只是换了一下具体的情景或词句,如前三个;有的是变换了一下任务的形式,比如课上是口头练习,要求学生采访搭档,然后把答案告诉同学们,像"你们国家的法律对买酒、喝酒的人有没有要求?抽烟呢",要求用上"以上"或"以下",小测验就改为笔头的完成对话"在你们国家,多少岁可以开车",要求相同。

由于语言点都是刚刚学过的,学生又都练习过,认真学习的学生都应该能做出来,而如果做错,正好暴露了问题,教师能及时发现学生的问题并通过多种方式反馈给学生。学生把小测验收入档案袋,在此后的学习中,尤其是期中或期末考试前还可以复习,可以起到形成性评价的作用。由于题型与练习的形式相似,便于学生复习。另外,小测验花的时间不多,也不会影响课程进度。

课堂小测验的设计有以下几方面具体的要求。

第一,小测验应针对课堂所学内容及时进行。按照为了学习的评价倡导者的观点,小测验是一种细颗粒、短周期的评价方式,可以一课一测或一单元一测。如果是听写,可以一课多测。通常是在学完某项内容之后进行,但有的教师为了督促学生预习生词,在事先告知学生的情况下,也可以在学习生词之前听写生词。

第二,小测验的形式多样,如语言点小测验、语音小测验、生词听写等。可以直接使用课上练习的题型,也可以是其他题型,但应该是学生接触过的,最好是比较熟悉的。

第三,小测验是课堂教学的一个部分,通常在课上进行。为了不过多占用上课时间,不给学生太大的压力,小测验的题目不宜过多,一般最好在半小时之内完成,否则学生就会把它当作正式的考试,而正式考试太多会给学生造成不必要的压力。有的教师要求学生每课背诵一小段课文,最好放在课后答疑时间检查,这样学生单个进行不占用大家的时间,学生也不必担心背不好丢面子。

第四,小测验的评价结果一定要及时反馈给学生,这样学生才能及时调整。反馈的方式很多,通常是教师把学生错的地方改过来,但有些错误也可以画出来让学生自己改，再交给教师检查，如听写时写错的字。对于小测验中暴露出来的一些共同问题，尤其是理解性的问题则应该在课上及时分析。例如，要求用"随着"改写"他的听力水平提高了，看汉语电视节目不明白的地方越来越少"，很多学生都写成"随着他的听力水平提高了，看汉语电视节目不明白的地方越来越少"。教师即使在试卷上作了修改，学生也可能会理解为仅仅是这一个句子的问题，抓不住这个结构的要求，因此，教师应该在课上及时分析。

  小测验是形成性评价的重要的手段，同时，小测验的分数可以作为期中或期末总评的一部分，使得终结性的综合评价更加全面。

三、期中考试

案例4

这是一个汉语课期中考试的案例。

考试对象：某大学中级商务汉语选修课的留学生
考试目的：检查学生对该阶段所学内容的掌握情况
考试类型：成绩测试
考试构成：六个大题，共70分
试卷内容如下：

中级商务汉语期中考试试卷（节选）

一、看汉字，写拼音（10分）

 1. 企业（ ） 2. 投诉（ ）

 3. 竞争（ ） 4. 利润（ ）

 ……

（共10个词，每词1分）

二、看拼音，写汉字（10分）

 1. quēfá（ ） 2. miànjī（ ）

 3. dànjì（ ） 4. chǎnliàng（ ）

 ……

（共10个词，每词1分）

三、填空(10分)

今天北京五星电器集团的王经理来电话(　　)他们公司新研发的冰箱。这(　　)冰箱刚(　　)不久,最大的优点是(　　),和(　　)产品比可以省电20%。另外,设计也很(　　),很受(　　)欢迎。我对他们的新产品很感兴趣,请他们给我寄一份产品(　　)和说明书。如果一切(　　),我想马上(　　)。

(一段短文10个空,每空1分)

四、请完成对话,用上给出的词(15分)

1. A: _____？(贵)

   B: 我们公司是1980年成立的。

   A: 那条生产线是进口的还是国产的?

   B: _____ (引进)

2. A: 你们的产品有什么特点?

   B: _____ (设计)

   A: 你们的产品出口吗?

   B: _____ (销往)

3. A: 他们认为应该降价销售,您的看法呢?

   B: _____ (主张)

   A: 这个产品怎么样?

   B: _____ (性价比)

   ……

(共10个句子,每个句子1.5分)

五、看图表,回答问题(15分)

1. 2020年,电子词典各品牌的国内市场占有率怎么样? 哪家企业排在第一位?

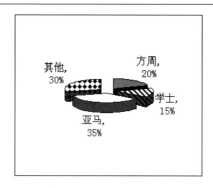

2. 请说明某公司这几年的销售情况。

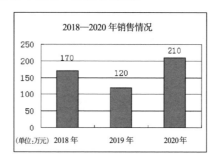

3. 请说明A公司和B公司的利润情况。

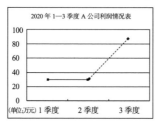 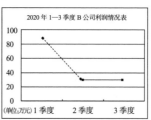

4. 请说明以下三家公司的市场占有率情况。

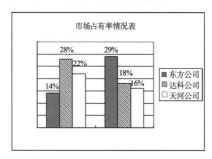

(共5个图表,每个图表3分)

> 六、你想去东方公司找工作，请给这个公司的人事部李部长写一封短信，你应该写：
> - 你想做什么工作
> - 介绍你自己
>
> （请注意书信格式）（10分）
> （中级商务汉语课期中考试试卷）

中级商务汉语课是一门为中级学生开设的选修课，使用的教材是《新丝路——中级速成商务汉语Ⅱ》（崔华山，2009）。期中考试的内容是教材中1—3课的学习内容，任课教师在考试前就告诉了学生考试的题型及各个部分的复习方法，引导学生去复习要求掌握的词语、课文中的表达方式以及各课的任务点。"写拼音""写汉字"的词语都是听写过的重点要求掌握的词语，引导学生去看原来的听写，注意当初写错或写不出来的词语。"填空"中的短文是课文中对话的陈述形式，也是课上的一种练习形式。考虑到一些学生仍不能正确朗读学过的课文，或对课文的意思仍然一知半解，教师用这个题型督促学生在复习时多读课文。需要填空的词语一般都是要求掌握的重点词语，如"这（　　）冰箱刚（　　）不久"中的"款"和"上市"，考试时教师会把短文读一遍，并不需要学生死记。"完成对话"考的是每课要求掌握的一些有商务特点的表达方式，要求在特定的对话情况中使用，每组小对话设计两个话轮。在课堂上这种练习是两人一组的口头练习，考虑到商务汉语选修课人数太多，口试不易操作，教师采用了间接考法。"看图表，回答问题"是课上学习过的一个重要的任务点，学生应该会使用"上升""下降""持平"等词语描述折线图，使用"比""增加""减少"等词语说明柱状图中的产品销售量，或用饼图说明市场占有率等，因此教师要求学生复习有关的表达方式，在期中考试中考查这方面的内容。商务书信的格式是这一阶段写作的一个教学重点，学生已经写过作文并得到了教师的反馈。复习时，教师要求学生再看一看自己写过的作文，注意教师的修改意见，在期中考试中会换个题目考查。

这份试卷的题型与平时的教学内容结合得比较紧密，分值的设定比较合理，有商务汉语的特色。缺点是图表题比例太大，有的题只是图表的形式不同，表达时需要使用的词句基本上一样。使用完成对话的形式间接考查商务对话能力虽然是不得已而为之，真实性和交互性毕竟比不上面试。有的教师将期中考试分为口试和笔试两次考，效果应该好很多。此外，作为期中考试，试卷的题量还应该加大。

期中考试设计有以下几方面的要求。

第一，考试的内容范围应该是该阶段的教学范围。内容分布要合理，覆盖面要广。对于中高级阶段的课程，如果要考查对相关技能的掌握情况，在考试内容中可以有部分未学过的材料，但应控制比例，比例大了，就容易将成绩测试混同于水平测试。对于初级阶段的课程，考试内容一般就是所学的内容，只是语句上稍有变动。考教材中的内容能引导学生去复习教材，去检查自己做过的作业，掌握重点。

第二，考试的题型最好与教材中练习的题型接近，一般从练习的题型中选用，或加以改造。这样能使学生更重视平时的练习，容易适应考试。教材练习中有些题型是为课堂活动设计的，互动较多，不适用于笔试，需要适当改造。

第三，考试长度一般为一次课的长度。如果考试形式比较费时，例如，口语课的面试在人多的情况下时间会拖得很长，就应适当压缩题目或采用其他方式。任何考试都是抽样，不必求全。

第四，试卷各部分的比例应根据教学重点确定，各部分的分值应根据题型的难度及特点确定。应注意试题内容的合理分布，在一般情况下，避免相同考点的重复。

第五，从促进学生学习的角度看，复习期间，出于想取得好成绩的动机，学生会更努力地学习。如果引导得当，学生在这一段时间里会在二次记忆中强化已学的知识技能，厘清相关的概念，有一个比较明显的进步。因此，在设计试卷时也要考虑是否能促进学生复习。假如有较多的内容不在教材中，学生就难以复习。从这个角度看，对于初级或准中级阶段的学生，多利用课文或副课文的材料，变换题目考查阅读能力，其实要比考一篇学生没见过的文章，促学效果更好。当然，在中高级阶段，如果多阅读课外读物是教学要求，那么，使用与所学材料接近的新材料可能更合适。

月考的命题要求与期中考试基本相同，只是月考的考试周期更短一些，内容范围更集中一些。期末考试的命题、组卷方式可以与期中考试基本相同，只是期末考试的内容可以更多，范围更宽。

四、诊断测试

● 案例5

这是一个汉语学历教育留学生诊断测试的案例。

测试对象：某大学汉语学院四年级留学生，33人
测试目的：诊断成段表达中的局部连贯障碍
测试类型：诊断测试

被试学生有一定的成段表达能力，但在句子的连接上还有问题。测试设计者想诊断一下问题是否出在局部连贯上，局部连贯是指前后相连的句子之间的形式和意义方面的联系。设计者选用一组排列句子顺序的题目组成了一份小的诊断试卷。共四份材料，四道题，每道题为一种类型的问题，让学生重新排列句子，只需写四个字母，每题1分钟左右。把学生的答案输入电脑，便可得到表2-5所示的结果。

表2-5 错误连贯的排列方式及其分布（被试总人数：33人）

材料类型	错序人数及百分比	排列方式	方式合计	标准答案
一	7人（21.2%）	DBCA 5人；DACB 1人；BCAD 1人	3	DCAB
二	26人（78.8%）	BDAC 21人；BACD 4人；ACBD 1人	3	BDCA
三	4人（12.1%）	ADBC 2人；CABD 1人；ACDB 1人	3	ACBD
四	13人（39.4%）	DABC 3人；DBAC 2人；DBCA 2人；BDAC 2人；DCBA 1人；BCDA 1人；BACD 1人；BDCA 1人	8	BADC

以下是第2题和第4题的试题材料：
材料二
A. 主要是因为它有一双机能优秀的大眼睛
B. 你如果看过科教片《保护青蛙》

> C. 青蛙所以能具有这样一套特殊本领
> D. 一定会为青蛙动作的敏捷、捕食的准确而赞叹不已
>
> 材料四
> A. 那么,生活在水中的鱼类会不会发出声音呢
> B. 生活在陆地上的各种动物,绝大多数都会发出各种各样的叫声
> C. 不但不同的鱼会发出不同的声音,就是同一种鱼在不同的情况下发出的声音也不相同
> D. 科学研究和生产经验告诉我们,生活在水中的鱼类有许多是会发声的
>
> (杨翼,2010)

第2题和第4题错得比较多。第2题集中在AC和CA的顺序上,说明学生对"所以……是因为"这组关联词掌握得不好;第4题的问题是排列方式多(8种),说明学生对于长句子把握得不好。

从试卷设计的角度看,这份诊断试卷目标明确,题目不多,但是每一题都代表一种类型,所以从结果中可以发现问题。

诊断测试设计有以下几方面的要求。

第一,明确诊断目的,针对性要强。

第二,试题应能够诱发学生暴露相关的问题,以获得所需要的诊断信息。如果感觉学生在某方面有问题,但是测试的结果却是大家都做对了,很可能是试卷设计得不好。在这方面,诊断测试和成绩测试的着眼点正好相反,成绩测试希望看到学生会什么,诊断测试希望发现学生不会什么并找到原因。

第三,形式灵活,各种题型都可以使用,包括各种选择题、构造题。

第四,考试长度要短,尽量少占用课堂时间。

第五,可采用练习等非正式形式,这样学生做题时放松,能更好地反映实际情况,效果更好。

第六,对测试结果要进行及时的分析,以便及时调整教学,不要等到教学过程结束之后再作分析,那样即使找出了问题及原因,对教学也起不到作用了。形成性评价的发现问题并调整教学的作用在诊断测试中表现得最为明显,要做到这一点,及时反馈和调整是关键。

五、行为测试

行为测试或**行为评估**(performance assessment)是根据考生在完成某个任务中的具体表现来直接测试评估考生语言交际能力的测试评估形式。

DCL考试是法国教育部组织开发的国家级语言水平证书考试。考试包括多种语言,汉语是考查的语种之一。

DCL考试完全把考生置于一种典型的工作环境中,通过完成一个特定的任务,从听力、阅读、交谈、陈述、写作五个方面综合考查考生的语言应用能力。考生需要完成基于脚本(scenario)的任务,考官根据考生完成任务的过程及结果进行直接评测。以下是一个具体案例。

案例6[①]

这是汉语作为第二语言的一个行为测试的案例。

> 测试对象:任何愿意提高其语言技能的成人
> 测试目的:考查应试者在实际生活和工作中的语言实际应用能力
> 测试类型:水平测试
>
> 　　假定考生的角色是中国控烟协会的工作人员,任务是去一所中学进行一次有关戒烟的宣传活动。
> 　　第一部分:阅读。读五份文字材料,分析要点,填入表格。
> 　　第二部分:听力。听三段广播录音,主持人采访戒烟者、医生等,有的录音有嘈杂的背景音。考生边听边做笔记,将要点填入表格。
> 　　第三、四部分:口头陈述及交谈。考生给模拟的校长(由考官扮演)打电话。先做自我介绍,然后向校长建议为学生做一个关于戒烟的报告。在交谈时需要就缺失的信息向对方提问,提出初步的方案,通过商谈修改并最终确定方案。
> 　　第五部分:写作。用书面形式正式将方案写给校长。(手写或电脑输入由考生选择)

---

① 此案例采自罗莲、白乐桑(2013)。

表2-6是DCL汉语的试卷结构。

表2-6　DCL汉语试卷结构（节录）

序号	部分	任务	时间
1	第一部分	阅读写作文件	1小时30分钟，包括准备时间 3/4
2	第二部分	听力文件声音	
3	准备口语面试	口语面试笔记	
4	第三部分	发言	20分钟
5	第四部分	讨论与质疑	
6	第五部分	写作	40分钟

DCL是一个比较典型的行为测试，考生的测试行为与其在实际工作中完成类似任务行为的一致性程度比较高，考试从听、说、读、写几个方面对考生进行综合考查。完成测试任务需要调动考生多方面的语言交际能力，可以说体现了巴克曼和帕尔默关于语言测试真实性和交互性的原则，能测出传统测试测不出的一些交际能力。当然，这种测试对命题、施测过程、评分都有很高的要求，操作相对比较复杂，也比较耗费人力。由于行为测试在设计理念、命题、测试方式及评分方式上与一般的以选择题为主的标准化测试很不相同，也有人将行为测试归入另类评价（alternative assessment），但行为测试仍然属于测试，与另类评价中的非测试评估是不同的。

行为测试设计有以下几方面的要求。

第一，明确测试目的与测试对象。每一种行为测试一般都只能针对某一类人在某一种特定的语言使用域进行设计。比如DCL是针对需要使用汉语的职场设计的，考生是成年人。

第二，处理好测试任务的真实性和虚拟性的关系。尽管测试任务的真实性是行为测试的特征，但测试行为毕竟是一种虚拟的语言应用行为，这一点其实考生心里是很清楚的。因此，一方面测试任务要尽可能真实，即该任务是在实际生活中可能出现的，合情合理的；另一方面又需要从考试的角度对任务、材料等进行选择和一定的处理。

第三，对于测试程序、时间等需要有统一的要求，这样才能使考生之间具有可比性。

第四,评分应制订细则,由多人担任,将过程评分和结果评分结合起来。

思考题

(1) 期中考试按照所学内容设计试卷,如果某个班的学生都很努力,结果考得都很好,怎么办?为了不让所有学生都得高分,要不要增加试卷难度来进行控制?

(2) 有的学校分班的时候,只读一篇短文让学生听写,这样是不是也能分班?这样进行分班测试的优点和缺点是什么?

(3) DCL是一种国家级的测试,你认为在汉语课堂测试中是否也能使用行为测试?如果可以,在设计时应有哪些区别?

本章延伸阅读

序号	主题	作者	参考资料	章节
1	测试的分类	舒运祥	《外语测试的理论与方法》	第二章
2	考试的基础研究	Council for Cultural Cooperation Education Committee, Council of Europe	*Common European Framework of Reference for Languages: Learning, Teaching, Assessment*(《欧洲语言共同参考框架:学习、教学、评估》)	第三章
3	试卷设计	李筱菊	《语言测试科学与艺术》	第三章

自我评价

第三章

选择型试题的编写

第三章 选择型试题的编写

试题分为选择型试题和构造型试题两大类,本章需要学习的是关于选择型试题的编写问题。内容包括:

1. 选择型试题的题型和特点是什么?
2. 如何选材和命题?
3. 讨论一些试题案例并对选择型试题作一个总的评价。

第一节 选择型试题的题型和特点

选择型试题的题型很多,在语言测试中最常用的有多项选择题、选择完形填空题、搭配题、是非题等。

一、多项选择题

多项选择题(multiple-choice items,简称MC)是向考生提供若干个选项,要求考生从中作出选择的试题。多项选择题一般由**题干**(stem)和**选项**(options)组成,选项中有**答案**(key)和**干扰项**(distractors)。

例如:

(《汉语水平考试大纲》样题,1989)

在多个选项中,只有一个答案的题叫多项单选题,有多个答案且要求都选对的题叫多项多选题。在语言测试中所说的多项选择题通常指的是多项单选题。

在语言测试中,选项通常为3—5个,选项越多考生答题时间就越长,难度就会增加,虽然猜测率会降低,但命题的难度也会增加,因此4个选项最为常见。

1. 多项选择题的应用范围

多项选择题的应用范围非常宽,在语法、词汇、阅读、听力考试中均有使用。

(1)考语法

用多项选择题考语法有多种形式,通常是一道题考一个语法点。

例如:

她A已B决定不C回家D住了。

再

(《汉语水平考试大纲》样题,1989)

通过选择某个副词、介词、动词等在句子中的位置来考查考生是否掌握了该词的语法特点或考生对语序的掌握情况。

再如:

<u>周荣马上恢复了总经理的派头</u>,<u>吩咐秘书派车送我回去</u>,<u>我家从公司很</u>
　　　　　　A　　　　　　　　　　　　B　　　　　　　　　　C

<u>远,我毫不客气地坐上车走了</u>。
　　　　D

(《HSK中国汉语水平考试大纲[高等]》样题,1995)

通过挑出一段话中有错误的部分考查考生是否掌握了某个语法结构。

(2)考词汇

多项选择题可以用来考词汇,考某个词的词义或近义词等。

例如:

办喜事时,他们的<u>新房</u>很简陋。

A. 新盖的房子

B. 新买的房子

C. 刚刷过的房子

D. 结婚用的房子

(《汉语水平考试大纲》样题,1989)

 问答

问:现在汉语水平考试的发展趋向是不单独考语法、词汇的,为什么我们还要学这种用法?

答:如果要考综合的语言交际能力,把语法、词汇放进四项技能中考比较好,但在教学中,如果只想考学生对语法点和词汇的掌握情况,仍可以单独考语法、词汇。

通过选择对画线词语的解释考查考生是否掌握该词的语境义。

(3) 考阅读

多项选择题很适合考查阅读理解能力，包括以下几个方面：

① 能理解阅读材料的中心意思；

② 能抓住某些重要细节；

③ 能根据所读材料进行推断；

④ 能领会作者的态度和写作意图；

⑤ 能从实用性的文字材料中获得所需信息，完成某一交际任务。

根据需要，可以有多种具体的试题设计形式。

例如：

苏州是中国有名的旅游城市，位于长江三角洲的南边，太湖的东边，是美丽的江南水城，有"东方威尼斯"之称。

这段话介绍了苏州哪方面的情况？

A. 历史 　　　　　　　　　B. 气候

C. 名胜古迹 　　　　　　　D. 地理位置

(《汉语水平考试大纲》样题，1989)

这是最常见的形式，在阅读材料之后设问，列出选项。这个例子考的是理解中心意思的能力。

例如：

这是一本十分有趣的书，书中讲了12个关于胆小鬼的故事。它希望让孩子明白一个道理：要想干成事情，首先就得克服胆子小的毛病。为了给孩子们的阅读带来更大的乐趣和方便，书中还配有大量插图和汉语拼音。

A. 这本书配有光盘 　　　　B. 作者小时候胆子很小

C. 这本书的读者是孩子 　　D. 这本书里有12个人物

(《新汉语水平考试真题集HSK五级》H51004，2010)

这种形式是在阅读材料后直接列出选项，省略了问题，也可以认为这一题型的问题是相同的，都是"下列哪句话是对的"。这种形式节省了阅读时间，适合考短小的语段。

例如：

下一站是哪儿？

A. 师范大学　　　B. 新街口　　　C. 双桥　　　D. 大西门

(《商务汉语考试大纲》样题，2006)

这种形式的阅读材料并不是文章，而是在图片中呈现实用性的文字材料，要求考生根据材料中的信息完成某一交际任务。要知道"下一站是哪儿"先要确定这一站是哪儿，再根据汽车开的方向来判断。这一答题过程与考生在现实生活中处理类似问题的心理过程有某些相似之处。

例如：

[Traditional-character version]

請對號入座

[Simplified-character version]

请对号入座

7. Where would the sign most likely appear?

　　（A）On a bus　　　　（B）In a library

　　（C）In a theatre　　　（D）At a high school football game

8. What is the purpose of the sign?

　　（A）To inform people that they cannot sit wherever they want

　　（B）To inform people that there are no more available seats

(C) To inform people where not to sit

(D) To inform people of the business hours

(*Barron's AP Chinese Language and Culture*, 2014)

这是美国AP中文考试中的一种阅读题，由于考试对象是美国的高中生，为了降低答题难度，问题和选项都用英语，只有阅读材料是中文的，如果考生做错就一定是阅读材料没读懂。因为在美国的中文教学中汉字有繁有简，所以考试的阅读材料用繁体和简体两种字体呈现。

（4）考听力

听力理解能力也很适合用多项选择题来考查，包括以下几个方面：

① 能听懂用汉语普通话进行的自然的对话或讲话，语速正常；

② 能抓住对话、讲话的中心意思；

③ 能抓住某些重要的细节；

④ 能根据听到的内容进行推断；

⑤ 能判断说话人的态度和谈话目的。

在听力考试中，问题和选项有多种呈现形式，以下是一些有代表性的形式。

① 试卷上只印选项，录音中读问题。例如：

[卷面]

A. 睡觉　　　B. 学习　　　C. 看病　　　D. 吃饭

[录音]

女：你怎么了？

男：头疼、发烧、睡不好觉，不想吃东西。大夫，是不是感冒了？

问：男的正在干什么？

（《汉语水平考试大纲》样题，1989）

这是听力考试最常见的形式，要求学生必须听懂问题才能正确作答，而无法直接根据看到的选项判断。这种形式的缺点是，不符合人们在实际生活中听的心理过程。在实际生活中，人们是带着问题去听的，而不会听完一段话后才问自己想知道什么。

因此，有些听力考试就倒过来，让考生先知道问题，再听录音。

② 试卷上印出问题和选项，录音中再读一遍问题。例如：

[卷面]

这个商店的皮包以原价的多少出售?

A. 30%　　　B. 60%　　　C. 70%　　　D. 90%

[录音]

这个商店的皮包以原价的多少出售?

女:(广播声)顾客们,你们好!本店自即日起,清仓亏本大甩卖。各种皮包,一律三折。女式手提包,原价300元,现价90元;公文包,原价200元,现价60元。欢迎前来选购。

(《商务汉语考试大纲》样题,2006)

由于是带着问题听,考生就会去注意听那个"三折",这与我们在生活中获取所需消息的心理过程是比较相似的。在新加坡的华文考试中,听力录音除了读问题,连选项也一起读出来。由于在新加坡很多人在生活中就使用汉语,听力很强,这样处理使那些听力好但汉字不好的考生也能做对听力题。但是读选项有一个缺点,录音中读的东西偏多,如果是长段的录音会很花费时间。

③ 选项用图片。例如:

[卷面]

谁是出口部经理?

A　　　　　　B　　　　　　C　　　　　　D

[录音]

谁是出口部经理?

女:你知道吗?那边那个戴眼镜的小姐就是新来的出口部经理。

男:是那个烫头发的吗?

女:不是,是那个留短发的。

(《商务汉语考试大纲》样题,2006)

这种形式在试卷上呈现问题,在录音中又先读问题,可以使考生带着问题听。选项用图片,既减少了汉字的影响,又简洁、直观,在考肖像、方位、场景描述等方面,图片选项有着文字选项无法比拟的优势。这种形式的缺点是,并非任何听力理解的问题都能用合适的图片表示,有局限性,制作成本也有些高。

④ 录音是汉语,但选项用考生的母语。例如:

[卷面]

20. What is the topic of the conversation?

  (A) Parents

  (B) Choosing a major

  (C) Looking for a job

  (D) Differences between literature and science

21. What do the woman's parents consider when choosing a major?

  (A) Interest   (B) Stress

  (C) Money   (D) Enjoyment

22. What does the woman want to study?

  (A) Literature   (B) History

  (C) Medicine   (D) Computer science

23. What do the man's parents want him to choose as a major?

  (A) Literature   (B) Medicine

  (C) Computer science   (D) History

[录音]

(Narrator) Listening Selection 2. Now you will listen to a conversation between two students. Once only.

女:怎么样,大学的专业你选好了吗?

男:还没有。你呢?

女:不是学医学就是学文学吧,还没最后决定。

男:为什么?

女:我特别喜欢文学,希望将来当个作家什么的,可是我父母说,选专业不能只靠兴趣,而应该看将来好不好找工作,能不能赚钱。他们希望我念医学院。我最不喜欢当医生了,整天跟病人打交道,多没意思呀!再说,当医生也太累了。

男：我父母跟你父母的想法差不多，他们也反对我学文科。他们说什么学文科以后找不着好工作。我喜欢历史，以后当个历史老师，可我父母非让我学工程技术或电脑不可。

  (Narrator) Now answer question 20.

      Now answer question 21.

      Now answer question 22.

      Now answer question 23.

(Barron's AP Chinese Language and Culture, 2014)

  这一形式用考生母语把问题、选项印在试卷上，使考生带着问题听，消除了汉字选项的影响，适用于各种问题，录音中不读问题，可用于长段对话。用考生母语呈现问题和选项，用于听力比用于阅读更为合理。其局限性是考生母语不同时有一定的限制。

  ⑤ 看照片，听句子。例如：

[卷面]

  (A) (B) (C) (D)

[录音]

A. 桌子上放着一盆花。

B. 地上都是花。

C. 花盆里的花开了。

D. 花很美，但没有叶子。

(某大学分班测试)

  这种形式没有汉字影响，适用于各种母语背景的考生，录音简洁。与图片选项比，制作方便，成本低，很适合在课堂测试或分班测试中使用。其局限性是只适合考语句的理解。

⑥ 听问题，选答案。例如：

[卷面]

A　　　　　B　　　　　C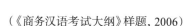

[录音]

女：您的办公室在哪儿？

男：A. 我有办公室。

　　B. 楼上308。

　　C. 他不在那儿。

（《商务汉语考试大纲》样题，2006）

这种形式是考生在录音中听到一个问题，接着听到这个问题的几个回答，选最合适的一个答案，在卷面上没有文字选项。这一形式不受汉字的影响，而且考的是对话，考生答题时的思维过程与人们在日常生活中对话时的思维过程有某些相近之处，能间接地考查对话的能力。由于在试卷上没有任何文字及其他选项的提示，对记忆力有一定的要求，因此句子不能长，选项通常用三个。不过，目前有的考试也有用四个选项的，根据王欣（2009）的研究，对在华留学生而言，四个选项在记忆方面不存在问题。

多项选择题的题干通常有两种形式：完成句子式和问题式。"_____没有想到，她今天来了"是完成句子式，"您的办公室在哪儿"是问题式。一般来说，考语法的试题经常用完成句子式，阅读题两种形式都可以，有时完成句子式用好了可以使选项更为简短。但是，听力的题干通常使用问题式，尤其是在录音中提问时，如果用完成句子式相当于说半句话，考生可能还会在等，不知道问题已经完了，会影响答题。

 思考题

(1) 有一批来自若干非汉字圈国家的学生需要分口语班，由于学生多、老师少、时间紧，难以面试，你打算设计什么样的听力考试来测他们的听说能力？为什么？

(2) 如果你到日本教汉语，你发现由于汉字的便利，有的学生即使听不大懂，也能借助选项做对听力题，你打算用什么样的题型测出学生真正的听的能力？

2. 编写多项选择题应注意的问题

(1) 每题只能有一个答案，干扰项应有干扰作用。这一点看似简单，却

是编写多项选择题最重要的原则,也是最容易出错的地方。例如:[①]

(听问题,选答案)

女:经理,这个月的工资什么时候发呀?

男:A. 工资每个月15号进卡。

　　B. 快了,快了,再等两天。

　　C. 刚发的工资你就用完啦。

这道题的三个选项其实只是回答方式不同,都是可以接受的,答案不唯一,考生无从选择。我们再设想另一种情况,如果这道题这样出:

(听问题,选答案)

女:经理,这个月的工资什么时候发呀?

男:A. 15号发。

　　B. 我去过山东。

　　C. 外语很难。

这道题答案是唯一了,但是B和C这两个干扰项明显跟问题毫无关系,起不到任何干扰作用,也不是好的多项选择题。

问答

问:这道题的选项怎么改比较好?
答:A. 工资打进工资卡。
　　B. 快了,再等两天。
　　C. 他工资很高。

(2)除了语法题外,干扰项不应有语法错误。在听力理解和阅读理解题中,干扰项的错误应该是其内容与听力录音或阅读材料的内容不一致,干扰项的词句应该是完全正确、没有任何语法错误的。但是,有的听力、阅读选项中却有语法问题。例如:

(阅读理解)

根据本文,我们知道"莉莉"是一只:

A. 鸟　　　　B. 狗　　　　C. 猫　　　　D. 鱼

(王佶旻,2011)

D选项"鱼"的量词不可能是"只",有语法错误,考生仅凭这一点就可以把它排除掉,但量词并不是这一题要考的能力,因此这个选项没有起到作用。

[①] 书中"应注意的问题"部分的例子,除注明出处的之外,一般为笔者及同事在试题研发过程中整理的一些过程性试题或非正式出版物中的试题。

除此之外，各个选项的用词难度应该接近，不要有的过难、有的过易。例如：

（阅读理解）

作者感到怎么样？

A. 可惜　　　　B. 着急　　　　C. 愤懑　　　　D. 高兴

C选项"愤懑"的难度明显超出其他词语，这会引起考生不必要的注意和猜测。

（3）选项中相同的词语应放入题干。有些选项很长，各选项中有一些相同的词语。例如：

（听力理解）

他今天干什么了？

A. 去联想集团的招聘会应聘

B. 去方正公司北京分公司应聘

C. 去交通大学电子系应聘

D. 去广播电台技术部应聘

四个选项中都有"去""应聘"这两个词，所以选项长而且乱。其实，只要把这两个重复的词放入题干，把问题改为"他今天去哪里应聘了"，在选项中只保留四个地方的名字，选项就变得简洁而醒目，考生只要听懂了就能一下子选对，节省了读选项的时间。

（4）选项的长度应大致相同，避免由选项长度给出提示。选项应该随机排列或按表面规律排列。中文的多项选择题由于汉字的关系能够做到各选项的字数相同或相近，这不仅简洁、美观，而且可以避免送给考生一些不必要的提示。例如：

（阅读理解）

"蚕食"在本文是什么意思？

A. 蚕吃东西

B. 像蚕一样逐渐地吃东西

C. 像蚕一样逐渐地占领市场

D. 像蚕吃东西一样逐渐地占领市场

这四个选项的长度很不一样，有考试经验的考生不需要读文章，仅仅分析选项大致上就能推出答案，D比B和C更严密，因而更长，所以D很可能是对的。这种能力并不是我们要考的，这个分数是由于我们试题编写不当而送给考生的。

在排列选项时，如果几个选项的字数相同则应该随机排列，这样试题答案分布会自然趋向于均匀。不过在全卷完成后还是应该检查一下各答案选项的分布，如果C选项太多或A选项太少，可以适当调整一下，但是没必要ABCD的选项数量完全相同，一旦形成这种规律也会给考生不必要的暗示。如果选项的字数不同，一般就按照从少到多排列。如果选项的文字本身有一定的规律，例如"一、二、三、四""春、夏、秋、冬"，则最好按表面的规律排列，这样考生就不会去注意内在的选项分布了。

（5）一组问题应彼此独立，避免互相提示。长段的录音或长篇的文章后面通常会有一组问题，有时由于粗心等原因，这几个问题之间会互相提示。例如：

（长段听力录音）

3. 男的最后订的是哪一架次的返程航班？

  A. 国航6点半的　　　　　　B. 东航6点半的

  C. 国航7点40的　　　　　　D. 国航8点50的

4. 男的为什么要订8点以后的返程航班？

  （略）

设想一个没听懂录音的考生在做第3题时可能不知道选哪个，但是一听第4题的问题就知道第3题的答案了。因此，一组问题之间应各自独立，切断各题之间的提示。

（6）要有常识以外的新信息，不要用时效性太强的语料。在听力理解和阅读理解题中，有时能看到这样的试题。例如：

（一篇介绍屈原的听力文章）

问：端午节中国人吃什么？

  A. 饺子　　　B. 月饼　　　C. 粽子　　　D. 元宵

设想如果某考生学过一点儿中国的节日文化，根本不需要听就能做对这道题。从这里考不出听力理解能力，因此对于听力考试来讲这道题没价值。但这并不意味着与节日文化有关的材料不能考。假如是这样一段材料，说"某地没有粽子叶，所以今年大家只好包饺子过端午"，问题换成"今年端午节他们吃什么"，同样还是那四个选项，就有了听力考试的价值，因为在那段材料中有了不同于常识的新信息，考生只有听懂了才能答对。

但是，新信息并不等于时效性，正相反，时效性太强的语料在某一段时间里会成为常识。例如，在2008年奥运会期间问北京奥运会的口号，大家都知道是"同一个世界，同一个梦想"，如果那个时候听力、阅读考这个，反而失去了考试所要求的新信息的价值。因此，考试所要求的信息的"新"不是时间上的近，而是独特。

（7）听力应避免选项过长、过难，选项的词句与录音一般不要完全相同。虽然各类试题的选项都不宜过长，但相对而言，阅读选项稍长一点儿还可以接受，因为做阅读题时考生可以自己控制时间；而听力理解就不同了，由于预留的答题时间有限，有些学生（尤其是非汉字圈学生）虽然听懂了录音，但是来不及读长选项，结果答错了题，这一错误并不是由学生的听力不好造成，而是由选项过长造成的。例如：

（听力试卷）

陈总告诉小赵：

A. 公司打算撤销企划部

B. 要做深入的市场调查

C. 任何一个公司要想取得大的发展，必须有一个长远而且完整的规划，并且要随着市场变化而不断调整

D. 他觉得小赵是个很有前途的年轻人

C选项过长，在听力预留的时间内考生可能读不完。此外，这道题的选项还有另一个问题。看对话录音：

（听力对话录音）

小赵：任何一个公司要想取得大的发展，必须有一个长远而且完整的规划，并且要随着市场变化而不断调整。企划部的主要职能就是深入地调查市场，为公司发展制定方向。所以，我想先从市场分析入手。

陈总：说得好！很有眼光。小赵啊，我觉得你是个很有前途的年轻人，希望你为公司未来的发展壮大多多贡献智慧。

C选项的词句是从对话中原封不动地搬过去的，作为答案的D选项与对话中的词句也基本上一样，这样考生就无须动脑子理解，听到什么选什

么即可。正确的做法是选项的词句与录音应有所不同,以考查考生是否真正理解对话内容。

(8)尽量少用否定提问,尤其不要用双重否定提问。在老托福和老HSK中常有一些否定的提问,例如"下面哪句话是错的""作者没有提到什么"等,实际上,这完全是为了考试而造出来的问题。在实际生活中,如果我们听到几句话,一定会问自己哪句话是对的。如果我们读一篇文章,一定会问自己文章中说了什么。因此,为了考试而造出来的否定提问是不真实的。当然,也不是说否定提问绝对不能使用,如果去饭店,我们很自然会问别人有什么忌口,也就是不吃什么,所以,如果我们在点菜的对话中用一个这样否定的提问则是真实的、允许的。

有时,在考试中还会出现双重否定提问。例如:

(阅读理解问题)

下面哪句话不是作者的意思?

A. 过去没有户籍制度

B. 应该允许农牧民搬迁

C. 东北人多数不是本地人

D. 使用化肥加重了土地退化

A选项和C选项与问题构成双重否定,这会给考生造成很大的困惑,即使读懂了文章,也可能会被选项绕晕而答错题,这显然不符合我们的考试意图。即使在阅读考试中,我们要考的也主要是考生读懂文章的能力,而不是读懂很难的选项的能力。所以,尽量不要使用双重否定提问。

(9)一般不要用"ABC都对"或"ABC都不对"这样的选项。有时命题者想不出第四个合适的选项就用这个办法,但这样的试题不符合要求。首先,"ABC都对"意味着正确答案不唯一,在多项单选题中并不要求考生在一题中选择几个正确答案,因此不可能有两个或以上的答案。其次,"ABC都不对"有暗示作用,暗示这个是对的。在设计选项时,答案应该毫无疑问是正确的,应该引导考生以正常的逻辑来答题,而不要把他们的思路引到应对答题陷阱上。

(10)大语料的一组选择题最好印在同一页里。在听力考试中,大语料指的是长对话或长独白的录音,一般都会有一组试题,在试卷排版时,试题如果不印在同一页,考生在听的过程中就可能要不断地翻页,分散注意力,给答题造成不必要的干扰。阅读的大语料指长文章,虽然翻页的干扰要比听力小一些,但也存在这个问题。因此,一组试题最好印在同一页。

 思考题

(1) 选项字数相同是汉语考试的一个特点,但是过于追求选项字数相同是不是也会有问题?会有什么问题?
(2) 关于语料的时效性跟新信息的关系,北京奥运会"同一个世界,同一个梦想"的口号,过了十年之后是否又有了新信息的价值?你认为出新闻听力和报刊阅读题时应该注意什么?
(3) 为什么现在在外语考试中否定提问仍在大量使用?难道命题人都不知道这种提问方式不自然吗?有时考生分数偏高,使用否定提问,就可能增加试题的难度,在这种情况下,使用否定提问是不是一种正确的选择?

二、选择完形填空题

完形填空是在一篇文章中按照一定的规则删去若干个字词,要求考生填空的题型(在"构造型试题"中我们将具体讨论)。如果每个空列出若干个词由考生选择便是**选择完形填空题**(MC cloze),是完形填空题与多项选择题的结合。

例如:

无论男孩还是女孩,好奇、好动都是他们的天性。让 (1) 在玩儿中学习,培养创造能力,将 (2) 他们以后的智力发展。一位作家说过:"玩儿不但是一种学习, (3) 是一种不可缺少的学习。因为玩儿中有技能也有素质,会 (4) 的人才能学会生存。"	(1) A. 男孩　B. 女孩　C. 孩子　D. 成人 (2) A. 不利于　B. 有益于　C. 妨碍　D. 代替 (3) A. 但是　B. 而且　C. 因此　D. 不然 (4) A. 玩儿　B. 生存　C. 工作　D. 吃苦

(《HSK速成强化教程(初、中等)》,2001,略改)

1. 选择完形填空题题型

选择完形填空题有分题选词填空、集库选词填空、集库选句填空等多种变体。

(1) 分题选词填空

分题选词填空(李筱菊,1997)是最常见的,一篇文章里删掉若干个

词,每个空有若干个选项。选项可以列在文章的外边(如上例),也可以插在文章的中间。例如:

无论男孩还是女孩,好奇、好动都是他们的天性。让_____(1)　(A. 男孩　B. 女孩　C. 孩子　D. 成人)在玩儿中学习,培养创造能力,将_____(2)　(A. 不利于　B. 有益于　C. 妨碍　D. 代替)他们以后的智力发展。……

由于语料是一段有一定长度的短文,比单句的选词填空题有更多的上下文信息,因此可以用来考查对上下文的理解、对语篇的把握、关联词的使用及近义词的辨析等多方面的能力。

(2)集库选词填空

集库选词填空(李筱菊,1997)是把一组试题可供选择的词语集中放在前面,选项集中在一个小库中,这样每个空不限于四项选择,总的词又不需要很多,可以充分利用词语选项。例如:

　　　　翻译　　解决　　聚会　　算了　　慢　　会

1. 他没有学过汉语,所以他不_____说。
2. 今天我生日,大家来_____,我很高兴。
3. 他写汉字写得很_____,一分钟写一个字,我等得着急了。
4. 我们一定要_____这个问题。
5. 我不会日语,你能帮我_____成日语吗?

(汉语课月考题)

(3)集库选句填空

集库选句填空是在一篇短文中有若干个空,每个空要求填入一个句子,可供选择的句子集中在一个小库中。用这种形式可以考查语句的连接及语篇能力。例如:

有些推销员在推销商品时,并不会直接让你买他的商品,而是先提出试用化妆品、试穿衣服等要求,(71)_____,才会建议你购买。

心理学家认为,一下子向别人提出一个较大的要求,人们一般很难接受,而如果逐步提出要求,不断缩小差距,(72)_____。这主要是由于人们在不断满足小要求的过程中已经逐渐适应,意识不到逐渐提高的要求已经大大偏离了自己的初衷。

人们都希望在别人面前保持一个比较一致的形象,(73)_____。因而,在接受别人的要求,给别人提供帮助之后,再拒绝别人就变得更加困难了。如果这种要求给自己造成的损失并不大，人们往往会有一种"(74)_____"的心理。

在教育教学管理中，我们也可以对教师、学生先提出较低的要求，待他们按照要求做了，(75)_____，然后逐渐提高要求，使每个人都乐于继续积极奋发向上。对年龄较小的孩子的教育引导，尤其要使用目标分解法，遵循循序渐进原则。

A. 要予以肯定、表扬乃至奖励

B. 反正都已经帮了，再帮一次又何妨

C. 当这些要求实现之后

D. 不希望别人把自己看做"喜怒无常"的人

E. 人们就比较容易接受

（《新汉语水平考试真题集HSK六级》H61004, 2010）

2. 编写选择完形填空题应注意的问题

（1）明确考查点，一个空只考查一个点。分题选词填空题可用来考查近义词、关联词或考生对语篇的把握等，命题者在决定删什么词时心里就应该清楚要考什么。例如，在"因为玩儿中有技能也有素质，会玩儿的人才能学会生存"这句话中，如果想考关联词就可以删掉"因为"，再列出三个关联词选项；如果想考近义词，可以考虑删掉"技能"，列出"技能"的三个近义词。而在这个例子中命题者想考对上下文的把握，因此删掉"会玩儿的人"中的"玩儿"。

（2）同一组选项的词性一般应该相同。分题选词填空中，一般来说，删掉的词是什么词性，其他三个选项也应该是什么词性。例如，"A.玩儿 B.生存 C.工作 D.吃苦"，四个选项都是动词；在"A.男孩 B.女孩 C.孩子 D.成人"中，四个选项都是名词；在"A.但是 B.而且 C.因此 D.不然"中，选项都是连词。

（3）充分利用语境信息。如果只通过一句话就能选出答案，那么语境就浪费了。避免将所有的试题都出成近义词或同语素词的辨析题。和单句的选词填空相比，短文可以从语篇层面上进行考查。例如，在"A.玩儿 B.生存 C.工作 D.吃苦"这组选项中，这四个词不仅语法都正确，而且就单句而言意思上也都说得通,但是从整个语篇上看,只有"玩儿"是最恰当的,因此这一题就可以考查把握上下文的能力。有些人一出这种题就喜欢出成近义词或同语素词的辨析题。同语素词是指某组词的几个语素中有一个相同,例如"A.实用 B.实在 C.实际 D.实惠",每个词都有"实"。同语素词里有的不一定是近义词,例如"A.感冒 B.感觉 C.感想 D.感情"中的"感冒"与另外三个就不是近义词,从语言测试的角度看,价值就不大。因此,近义词或同语素词的题可以出,但是要控制比例。

(4) 短文的第一句话最好不设空,各个空之间的间隔不宜过小,也不宜过大。短文选择填空主要是利用语境来考查,因此首先需要让考生进入语境,通常的做法是第一句话尽量不设空。如果不好处理,至少在第一个逗号之前不要设空。此外,各个空之间的间隔不要太小,比如只间隔两三个词,或一个句子里有几个空,由于不确定信息太密集,难度太大;但如果间隔太大,比如隔几十个词或相隔几个句子都没有空,不确定信息又太少,难度又偏小,而且没有充分利用语料。一般来说,两个空之间的间隔在十个词左右比较合适。

(5) 集库选词填空题,库中备选词的数量应该多于空的数量。一般每题只能选库中唯一的一个词。如果库中词的数量与所有空的数量一样,考生做到最后一题就不需要动脑子了。另外,一旦出错就是错两个。合理的设计是库中词的数量要比空多一些,有几个词是用不上的。至于多几个可以根据具体情况定,多余的词越多,难度相对越大,猜测的概率就越低。集库选句填空题,虽然备选的句子有时和空一样多,但如果备选的句子能多一个,试题会更好。

 思考题

(1) 同样一篇短文,如果出多项选择题大概只能出4道题,但是出选词填空题就有可能出10道题,这么看选词填空应该是一种比较经济的题型。既然这样,为什么在很多考试中用得更多的还是多项选择题?

(2) 按理说,选句填空题考的是语篇层面的能力,难度应该更大,但是从实际做题的情况看,并不一定比选词填空题错得多,为什么?

三、搭配题

搭配题（matching items）也叫匹配题、配对题，一般由两组项目构成，要求考生将两组中相关的成分搭配起来。

例如：

（前提premise）　　　　　（选项option）

　1. 味道　　　　　　　A. 热烈

　2. 身体　　　　　　　B. 空洞

　3. 气氛　　　　　　　C. 健壮

　4. 内容　　　　　　　D. 甘美

　　　　　　　　　　　　E. 昂贵

（汉语课小测验）

在这两组项目中，前面一列叫前提，相当于题干，后面一列是选项。

1. 搭配题的应用范围

（1）搭配题常常被用来考查词汇，其中词语搭配（如上例）最能体现搭配题的特点，考生的答题思路与实际的语言使用思路非常一致。

除了考词语搭配，还可以考词义。例如：

左边是词语的意思，右边是需要解释的词语，请连线。

1. 每月1—10日	A. 旺季
2. 有效用的一段时间	B. 净重
3. 付给中间商的钱	C. 佣金
4. 一年中消费者买东西非常多的几个月	D. 上旬
5. 去掉包装以后的重量	E. 有效期
	F. 成本

（中级商务汉语课期中考试题）

这一题的前提是词义，选项是被解释的词，也可以反过来，前提是被解释的词，选项是词义。由于搭配题对前提或选项中的字数多少限制不严，编词义比较方便，因此很适合考词义。

（2）搭配题还可以用于听力考试。例如：

听录音，把左右两边相关部分连起来。

1. 上午9点	A. 买气球
2. 上午9点—11点	B. 到丽华家
3. 上午11点	C. 吃午餐
4. 接着	D. 买食品和饮料
5. 中午12点—下午1点	E. 讨论节目的安排
6. 下午2点	F. 在快餐店见面
	G. 买蛋糕

（新加坡中学"华文B（上）"课堂测验）

在听力考试中，如果要考多个时间点的安排、多个地点的情况、多个人的身份之类的内容，使用搭配题是非常便捷、有效的，考生可以边听边选，大大节省了选项和答题时间，非常适用于课堂练习和小测验。

（3）考阅读时，搭配题可以考句子理解。例如：

第26—30题

A

B

C

D

E

F

例如:

Wǒ hěn xǐhuan zhè běn shū.

我 很 喜欢 这 本 书。　　　　　　答案：E

Nǐ hǎo, wǒ néng chī yí kuàir ma?

26. 你 好, 我 能 吃 一 块儿 吗?

Tāmen zài mǎi yīfu ne.

27. 她们 在 买 衣服 呢。

Tiānqì tài rè le, duō chī xiē shuǐguǒ.

28. 天气 太 热了, 多 吃 些 水果。

Lái, wǒmen kànkan lǐmiàn shì shénme dōngxi.

29. 来, 我们 看看 里面 是 什么 东西。

Wèi, nǐ shuì jiào le ma?

30. 喂, 你 睡 觉 了 吗?

（《新汉语水平考试真题集HSK一级》H10901, 2010）

这是新HSK一级的阅读考试，通过图片与句子的搭配考句子理解。新HSK中使用了多种搭配题考词、句理解。

（4）搭配题还可以用于设计交际任务以及概括段落大意等。例如，在BCT的阅读考试中有一组题，要求考生判断哪个问题或句子分别与哪段材料有关系。例如:

85—89题

你们的总公司想再租一处办公地点。请带着下面的问题查一下招租启事。

例如：哪一处的出租面积最大？　　最恰当的答案是A。

85. 哪一处交通最便利?

86. 哪一处上网条件最好?

87. 哪一处的停车条件最好?

88. 哪一处的科技环境较好，而且房价较便宜?

89. 哪一处是高层建筑?

A. 银基花园招租 　　位于大钟楼商业区的黄金地段，高楼环抱中的花园式办公小别墅。日租金：4.5元/平方米。出租面积9000平方米。园内有充足的免费停车位。欢迎电话或上网垂询。 　　电话：86312456 　　网址：www.yjhy.com	B. 中山写字楼热租 　　地处中山IT园区，靠近四大学院和图书情报中心，914路公交车直达。入驻商户可享受中山科学园区的系列优惠政策。2.5—2.8元/平米/天，免物业费。年底前入住，免一个月房租。 　　招租热线：80478265
C. 利佳商务中心 　　紧邻四元桥，靠近地铁站，多路公交车交会处，驱车去机场只需15分钟。庭院式低层写字楼，4800平方米写字间，每天3.5元/平方米。与收费停车场仅一街之隔。 　　招租热线：80974217 　　网址：www.ljshw.com	D. 白云商务港 　　位于白云湖西侧的专用写字楼，35—1000平方米不等。二十二层整层招租，提供顶层花园。宽带入户，写字楼内部局域网免费。每天1.8元/平方米。 　　招租热线：60489614

（《商务汉语考试大纲》样题，2006，略改）

　　这组题要求带着问题到材料中去寻找相关信息，与实际生活中的活动有某些相似之处，考查的是综合分析判断的能力。

　　2. 搭配题的优缺点

　　搭配题有以下几个优点：

　　（1）能充分利用选项，比较经济。这是搭配题最大的优点。比如前面考"味道"等四个词词语搭配的例子，如果用多项选择题，四道题需要十六个选项，而用搭配题则只用了五个选项。不仅选项得到了充分的利用，而且不限于四五个选项，根据需要还可以适当增加。

　　（2）能考查考生带着问题在不同的语料中进行比较分析的能力。比如上面找办公地点的例子。这个题型还可以考概括段落大意，比如一篇文章有若干段，列出几个概括性的句子，让考生搭配。在课堂教学中，如果想测一下学生对每段课文的理解，可以使用这个题型。搭配题既可以考初级汉语能力，也可以考一些中、高级阶段的汉语能力。

　　（3）命题相对比较容易。特别是像词语搭配这样的试题，命题很容易，非常适合用来设计课堂的小测验。

搭配题的缺点是在交际任务的阅读考试中,考生答每一题要把各个选项都进行比较,比较费时间。

3. 编写搭配题应注意的问题

(1)左右两列应该围绕一个共同的主题。上文中,听力考试的例子,围绕"几点做什么事"这个主题;交际任务的例子,围绕"找合适的办公地点"这个主题。两列中不应该有与特定主题无关的项目。

(2)同一列的词语或语段的性质应该相同。上文中第一个例子要考名词与形容词的搭配,前提都是名词,选项都是形容词;而解释商务词语那个例子要考词义理解,前提都是词义,选项都是待解释的词语。

(3)两列的数目最好不等,以降低猜测率。从理论上说,搭配题的两列数目可以相等也可以不等。如果相等,考生做题时心理压力小一些,因为做到最后一题已不需要思考。但是猜测因素比较大,而且如果做错,一错就是两个。因此,最好两列的数目不等,这样每做一个题都需要思考,猜测因素比较小。通常是选项比前提多,但是也可以选项比前提少,比如上文中找办公地点的例子,为了控制阅读量,招租启事是四个,问题(包括例子)是六个,这样有可能出现几个问题搭配一个材料的情况。

思考题

(1)雅思的阅读中有一种题型,给段落和标题配对,如果一篇文章有五段,可能会有八个段落标题做选项。你觉得这样设计怎么样?考查的是什么能力?
(2)搭配题考听力能不能考比较难的内容?

四、是非题

是非题(true-false items)是让考生判断试卷题目中的句子与有关材料是否一致的试题。

1. 是非题的应用范围

(1)是非题常用于考阅读。例如:

17岁上中学的时候,我把人们对生活的很多疑问写成了一篇作文,题目是:妈妈、爸爸……为什么。写完以后,我有点儿担心,在作文里我只是提出了问题,而没有回答,因为我根本就不可能给出答案来。第二天上课的时候,老师让我把作文念给同学们听……

判断对错:(对的写T,错的写F)

① 老师给大家读了我的作文。　　　　　　(　)

② 写作文的时候我还没上大学。　　　　　　(　)

(汉语课期中考试)[①]

这段阅读材料直接选自课文,但判断的句子是新编的,词句和视角都与原文稍有不同,教师用是非题来检查学生对学过的课文是否完全理解,有没有好好复习。

(2)是非题也经常用于听力教学,作为课堂练习和测试的手段。例如:

听一段对话录音,判断句子对不对,对的写T,错的写F。(录音文本略)

① 小虎不是大学生。　　　　　　　　　(　)

② 这是他们第一次谈选专业的问题。　　(　)

③ 小虎对哲学、经济、电脑都有兴趣。　(　)

④ 小虎请妈妈帮他出主意。　　　　　　(　)

(听力课期中考试)[②]

这段对话录音在课堂教学时就用是非题练习,期中考试时教师仍使用原录音,但更换了是非题的后三个句子,检验学生是否真的听懂了。

水平测试中很少使用是非题,不过,如果需要也可以适当使用。例如:

例如:		diànshì 电视	×
		fēijī 飞机	√

---

① 短文选自钱旭菁、黄立(2013)。

② 材料选自林欢、陈莉(2000)。

(续表)

21.		xiě 写

(《新汉语水平考试真题集HSK一级》H10901, 2010)

这是最基础的阅读题,新HSK借助图片测试学了150个词的考生能否看懂拼音和汉字。

2. 是非题的优缺点

是非题有以下几个优点:

(1) 答题省时间。与多项选择题相比,是非题只需要读一个句子,考生答题快。在听力测试中,考生无须听完录音及问题后再答题,而是可以边听边答。好处是在同样的考试时间里,使用是非题可以考更多的题。

(2) 比较符合人们的思维习惯。在实际生活中,我们接收到一个信息时正常的思维就是判断对还是不对,而不是多项选择,因此这一题型的真实性比多项选择题高。

(3) 命题容易。对教师来讲,命是非题很容易,省时间,很适合编写课堂练习,将课堂的教学材料改编成小测验和期中考试题。

是非题的缺点是猜测率太高。是非题的猜测率大概是50%,信度比较低。因此,一般来说,是非题适合课堂练习和课堂测试,而不太适合大规模的水平测试。因为在课堂练习中,学生判断正误之后教师可以进一步问学生为什么,自然地引出简答,猜测率高的缺点就得到了弥补。有些水平测试为了降低是非题的猜测率,在"对"和"错"之外又加上"没提到"一项,这样做也许对于降低猜测率能起到一些作用,但是是非题符合人们思维习惯的优点就丧失了。此外,"没提到"和"错"之间的界线有时很模糊,会增加题目的难度。

3. 编写是非题应注意的问题

(1) 要避免使用表示"绝对"意义的字眼,如"所有""从来不""总是"等,也不要使用适用于一般情况的字眼,如"有时"等。我们设想有一篇写甘州的文章,用是非题。在读文章之前先让你看下面三个句子,你能不能猜测出句子的对错?

① 甘州的天气一年到头总是非常寒冷。
② 甘州的天气有时非常寒冷。
③ 一年中有四个月甘州非常寒冷。

第一句很可能不对,因为一年到头总是非常寒冷的地方太少了,"绝对"的字眼很容易使人作出这样的推测。第二句很可能对,因为多数地方都会出现有时非常寒冷的情况,"有时"这样的字眼透露出了这方面的信息。但是第三句就很难凭常识判断,必须去读文章才能知道对错。由于命题的失误使考生不必读文章就能答对是非题,不符合我们的考试意图。

（2）句子不要太长,句子的层次不要太复杂。无论是阅读还是听力考试,我们希望考查的是考生读懂文章或听懂录音的能力,而不是读懂问题中句子的能力（对于听力考试尤其是这样）。因此,一般来说是非题中句子的难度不应超出文章或录音的难度,这就要求句子中的词语不能太难,句子不能太长,层次不能太复杂,否则考生可能会因为读不懂是非句而做错题。

（3）句子不要和文章中的句子完全相同。我们要考查的是理解能力,但是,如果需要判断正误的句子和文章中的句子完全相同,考生只需要找到那个句子就可以了,即使答对了也无法提供是否理解的信息。因此,句子中的用词和句式应该有所变化。例如:

[听力录音]
男：妈,您别为我想那么多,好不好?我已经十八岁了,不是孩子了,我知道我应该干什么。

判断句子的对错:
④ 小虎请妈妈帮他出主意。　　　　　　（　　）

(听力课期中考试)

是非题中的句式和用词都变了,考生只有听懂、读懂才能正确判断。

（4）在语言要素教学中尽量不用是非题。有的人在语音、词汇、语法等语言要素教学中使用是非题。例如:

判断下面句子的对错:
① 他是我在中国认识朋友之一。　　(　　)
② 我们把这种态度采取了。　　　　(　　)

纠错是一项非常细致的工作,如果方法不当,不但纠不了错,还会强化错误。是非题的优点是答题快,缺点是猜测率高。用这种形式纠错,优点用不上,因为纠错不需要快,而需要知道错在哪里,对的是什么;而猜测率高的缺点会带来很多问题,假如学生是蒙对的则掩盖了学生的问题,而如果做错了,教师也不知道学生错在哪里,得不到所需要的信息。对学生来讲,做一遍这样的题,对纠错很可能不会产生什么作用。因此,在语言要素教学中尽量不用是非题。

 思考题

在针对外国学生的汉语考试中,用下面哪种方法表示"是""非"比较好?为什么?
是—非,正—误,对—错,√—×,T—F

第二节　如何选材和命题

要保证考试质量,关键是命题和评分。相比之下,选择型试题的关键是命题,由于是客观答案,评分过程相对简单,如果是机读,人力甚至无法干预。要命好选择型试题,需要掌握好选材和命题的方法。

一、如何选材

在第二语言测试中,**语料**就是以目的语传达信息的命题材料。选取语料是命题的第一步,在某种意义上可以说,选到了好的语料命题就成功了一半,而不好的素材会使命题过程越来越难,有时只好中途放弃。好的语料应该是真实而又有语言交际价值的目的语材料,所谓语言交际的价值是指语料中有丰富的交际性信息,这些信息又主要是通过语言文字传递出来的。不同类型的试题,选材方法不同。

1. 细心观察，从日常生活中找语料

阅读的语料并不一定只限于文章，尤其是命交际任务的小阅读题，日常生活中大量的实用性的文字材料都可能是语料来源，像招牌、广告、通知、电子邮件、手机短信、网上发的帖子、单据等都可能成为好语料，应该注意收集。例如：

图3-1①

"房子"广告中其实并没有句子，但是信息量丰富，可以让学生进行比较，"出售"和"出租"的区别也可以成为考点。在"出售烟酒柜台"的图片中，"禁止向未成年人出售烟酒"，这句话虽然短但是含义丰富，从张贴的位置中也能挖出有用的信息。

对于小对话的听力试题，确实很难找到现成的语料。有人主张从小小说中去找，其实很难找到合适的，因为小小说中的对话是根据小说的人物、情节设计的，从某一特定语境中单独抽出一个或几个话轮的对话，别人很可能会不知所云。事实上，要求小对话有语料出处在实际命题中几乎无法做到，因此，命听力的小对话只能根据自己对日常生活的观察自编。以下是一个命题的实例：

[录音]

男：珊珊吗？你猜我是谁？

女：这还听不出来？你是大灰狼！

男：对啦！干什么呢？

女：刚吃完饭，看电视呢。

---

① 本书中的图片除注明出处的以外，都是笔者自己拍摄的。

男：妈妈干嘛呢？

女：妈妈正在厨房洗碗呢。她刚才还在骂你呢。她说今天是你们的结婚纪念日，可你却不回来吃饭。

男：哎哟，我都忘了！

3. 两个说话人是什么关系？

4. 他们正在干什么？

（《HSK速成强化教程（高等）》，2002）

命题者（本人）是根据与四岁女儿的日常聊天儿，编写的这段听力小对话。尽管这段对话并没有语料来源，但既真实，又含有所需要的信息量，是合适的语料。

2. 找一些生活中或广播电视中的录音，进行转写、整理

对听力中的一些语段，像公共汽车、火车站、机场的通知等，或广播电视中的节目，可以先录音，然后对录音进行转写、整理。例如：

[公共汽车上的广播录音内容]

北京体育大学到了。请您从前后门下车。下车请刷卡。

语料真实，有信息量，有实用价值。当然，由于汽车上噪声大、录音效果不好，应该转写成文本后重新录音。广播电视中的节目，如访谈等，可以从网上找到文字稿，能省去转写的工作，但由于量大且庞杂，在挑选其中的一部分作为听力录音的语料时，必须进行必要的删减和整理。

3. 从网上或报纸书籍中找语料

多数阅读的文章及听力的短文材料都需要从网上或报纸书籍中找，在选取时应注意以下两点。

第一，给外国留学生出题用的材料应有国际视野，如果内容过于地域化或其文化背景只有中国人才了解，这些语料最好慎用。例如：

[录音]

淮海路上观礼台的东侧，竖立了一扇跨度12米、高11米的上海老石库门。随着石库门牌楼上喷出朵朵礼花，一辆辆巡游花车和表演方队缓缓地从大门中走出。22辆花车虽都来自各地，但海宝、世博场馆、世博游欢迎语却是今年旅游节花车的重点元素。

这段短文中的"石库门""海宝"等内容过于地域化。

有些语料则需要考生对中国某些特定的社会文化有相当的了解。

例如：

[录音]

父亲来这一趟，吃住不说，临走还得给他二十几块钱。

问：说话人对他父亲怎么样？

这大约是20世纪70年代末的语料，当时很多中国人每个月只有五六十块钱的工资，在那种情况下，做子女的拿出约半个月的工资让父亲带回家确实不易。但如果外国留学生对中国在那个时期的社会情况不了解，听这样的录音就会感到非常困惑：父亲来家里住些天为什么还要在乎吃住的花费？临走只给二十几块钱是什么意思？他们即使听懂了句子，也可能难以判断说话人对父亲究竟好不好。因此，如果这道题不是为了考中国特定时期的国情文化而只是考听力，语料就不合适。

第二，选听力短文材料时，并非所有阅读材料都适用，那些带有口语特点的短文最适合选作听力短文的材料。有人在找听力短文材料时，只看内容，不看语体特点，似乎能做阅读文章的也就能做听力短文。其实，有些语言精练、使用了不少简短的书面语或成语的文章，出阅读题是非常好的材料，因为阅读时考生可以反复琢磨那些词句的内在含义，但用于听力就不同了，因为听的信息是线性呈现的，在自然的交际或多数考试中都不可能再回去听，考生根本没有时间去琢磨那些简短的语句的含义，所以能读懂的很可能听不懂。听力的短文应该有口语的特点，除了少用太书面的词语外，语句应该相对地不那么精练。如果把考试中阅读的短文比喻为干饭，那么听力的短文应该是稀粥，语句中的信息含量应该适当地稀一些，甚至可以适当地重复和啰唆，其目的是使考生有时间边听边理解。

例如：

[录音]

前几天我去上海，在出租汽车上和司机聊天儿，他给我讲了这么一件事。他说有一天他去机场接生意，排了两个小时的队，上来一位香港先生。问他去哪儿，他说去龙柏新村。司机一听，气得要死，原来那龙柏新村就在机场附近，开车五分钟就能到，排了两个小时的队，只能赚10块钱啊！但他又想，客人也没办法，这点儿路他拿着箱子怎么走啊？就算自己倒霉吧。于是他一点儿没有露出不高兴的样子，帮客人放好行李，把他送到了龙柏新村，结完账，又帮客人取出行李，说了声再见就要走。没想到客人叫住了他，问他能不能等他一会儿，他还想用车……

（入学考试听力试题）

听这段短文，考生会感到他好像是在听一个中国人讲一个自己的故事，是口语体的独白，其语句的信息含量是比较稀的，如果是阅读短文，这件事用更为简短的语句就能表达清楚，但这篇短文的语体是很适合听的，与人们在实际生活中听的经验最为接近。

现在网上的语料很多，有时代气息，语言新鲜，可以借鉴使用。不过，一些有学术特点的语料还得从书籍里选。

思考题

> (1) 如果要出一份测试日常交际能力的汉语试卷，你身边有哪些语料可以跟大家分享一下？
>
> (2) 给外国学生出汉语考试题，如果为了有国际视野，是不是可以用一些国外生活场景的语料？另外，对于地域文化究竟应该怎么把握？比如，既然"胡同"可以接受，为什么"弄堂"就不能接受？
>
> (3) 关于听力语料最好有口语特点，是不是只是指平常生活中的聊天儿？下面这段教授的讲话录音是否适合做听力的语料？为什么？
>
> > "说起简体字，有人总以为这是1949年中华人民共和国成立后搞的。这话也对也不对。说它对是因为汉字简化工作确实是中华人民共和国成立后取得成功。说它不对，是因为汉字简化运动并不是从1949年才开始的。从20世纪初，也就是一百年前，中国先进的文化人就呼吁汉字要简化。到了1935年有一件事情，我愿意说一说……"

二、如何编写试题

语料只是素材，要命出好的试题还需掌握一些方法。下面介绍一些方法。

1. 从语料中发现题眼

题眼指的是一段语料中具有出题价值的信息。例如：

[录音]

陈总为什么不去赴宴？

女：陈总，刚才三明公司销售部的叶永明来电话，邀请您明天晚上7点去贵宾楼，他请客。

男:准又是来推销他们的东西的。叶永明这个人我了解,一说起来就没完没了,一顿饭得吃几个钟头。哪有那么多闲功夫?你替我回个电话,就说……

女:您有个重要会议。

男:不,就说我胃疼。

[卷面]

陈总为什么不去赴宴?

A. 身体不舒服　　　　　B. 有重要会议

C. 和叶永明不熟　　　　D. 不想浪费时间

(《商务汉语考试大纲》样题,2006)

这是一位总经理和他秘书的对话,在商量赴宴的事。总经理怕浪费时间不想去,他们商量的主要内容是用什么借口更好。借口和真的原因就是这段对话的题眼,这道题要考的就是考生能否听出什么是借口,并透过借口抓住真的原因。

在阅读的语料中往往有很多信息,命题时需要从中抓住题眼。例如:

[阅读]

这盒牛奶到什么时候就不能卖了?

A. 2天以后

B. 3月10日

C. 4月12日

D. 5月13日

(《商务汉语考试大纲》样题,2006,略改)

一盒牛奶上的说明信息很多(在进入试题时已删掉了部分信息),哪些信息里蕴藏着题眼?"天一牌"是一个信息,可以问这盒牛奶是什么牌子的,如果这样出题,考生一看到这个牌子就能做出来,考生的能力调动得比较少,这个信息价值不大。但在这个牛奶盒上有一组信息很有价值,如果问考生这盒牛奶什么时候过期考生就要去找,从"生产日期:见封口"可以找到生产日期,从"保质期:30天"可以知道30天后过期。这样一个做题过程与日常生活中的思维过程有些相似。另外,做这道题的过程中考生应该知道"保质期""见封口"等词的意思,要能用这些词语解决问题。这组信息就是题眼。

题眼应该是一段语料中的关键信息,如果语料是一段笑话,题眼就应该是那个笑点。如果出题时抓一个无关紧要的细节,就是没抓住关键信息。由于听者或读者的兴奋点集中在那个笑点上,对其他细节并不注意,那样命题便不符合人们正常的思维过程,就测不出应该测的能力。

2. 根据语料,从合适的角度设问

找题眼的过程其实也就是确定设问角度的过程。在听力理解和阅读理解考试中,常见的设问角度有以下几个。

(1)对话、讲话或文章的中心意思

根据"有缺陷然而有效的交际"(defect but effect communication)的思想(盛炎,1990),在水平测试中我们并不认为只有听懂、读懂每个词才合格,但是如果讲话或文章的中心意思没懂一定不合格。抓中心意思是听力、阅读考试中要考的最重要的一种能力,这方面常见的设问方式有:这段话是什么意思?这篇文章主要讲的是什么?这篇文章最合适的题目是什么?等等。例如:

[阅读]

你有一个苹果,我有一个香蕉,把我的给你,把你的给我,每个人仍仅有一个水果;你有一个想法,我有一个想法,把我的告诉你,把你的告诉我,每个人就有了两个想法。

这段话的主要意思是:

A. 要关心别人　　　　　　　　B. 要多吃水果
C. 交流很重要　　　　　　　　D. 做事情要耐心

(《新汉语水平考试真题集HSK四级》H41005, 2010)

整段短文主要讲的就是互相交流的重要性,命题时直接针对这一点设问。这篇短文并未直接说交流重要,而是在比较交换水果和交换想法的不同,从而考查考生能否提取出主要意思,并知道用汉语应该怎样表达。

(2)重要的细节

时间、地点、人物、事情、原因、结果都是最常考的细节,考细节的优点是考生无法凭常识推断,只有真的听懂、读懂才能答对。并非所有的细节都值得考,考无关紧要的细节会把考生引入"歧途",应该考的是重要的细节。例如:

[卷面]

会长什么时候离开上海?

A. 星期日　　　B. 星期一　　　C. 星期二　　　D. 星期三

[录音]

会长什么时候离开上海?

男:铃木会长什么时候去大连啊?

女:原计划星期天走,因为有事推迟一天。

男:那也来得及,从上海到大连只要一天,星期二到了以后休息一下,星期三就可以去考察了。

(《商务汉语考试大纲》样题,2006)

在这段对话中,"会长什么时候离开上海"是重要的细节,直接关系到行程安排。

(3) 根据所听或所读的内容推断

这类设问要考的是根据已知信息推测未知信息的能力,其特点是选项中的词语在所听或所读的内容中并未出现,但提供了相关信息。在听力对话中常推测相关的人物身份、关系、时间、地点等,在阅读中一般是根据选文的内容推测未选部分的内容。例如:

[卷面]

A. 亲戚　　　B. 邻居　　　C. 朋友　　　D. 同事

[录音]

男:您是新搬来的吧?我就住楼上,有事儿就打个招呼。

女:好的,以后少不了麻烦您。

问:他们是什么关系?

(《新汉语水平考试大纲HSK五级》样题,2010)

在听力对话中,如果推测时间、地点,严格说起来真实性并不强,因为在生活中既然你能听到对话,自然知道时间、地点,但推断人物身份、关系的问题真实性就比较强,如上面这个例子,在实际生活中确实会听到类似的对话,自然会产生类似的问题。

(4) 能判断说话人的态度和谈话目的

这类问题是要考生根据全部的谈话内容或文章体会说话人或作者的意图及其感情倾向,选项中的词语肯定在文本中没有,需要考生体会之后

用词语进行概括,考的是一种高层次的能力。例如:

[卷面]

A. 很满意　　　　B. 很同情　　　　C. 很喜欢　　　　D. 很生气

[录音]

男:昨天我们搞的那项试验又失败了,大家急得要命,小李过来,一个劲儿地说风凉话。

女问:说话人对小李是什么态度?

(《汉语水平考试大纲》样题,1989)

如果是就谈话目的设问,常见的问题有:男的为什么要说这些话?作者写这篇文章的目的是什么?等等。

3. 下功夫出好选项

有些人在出选项时对答案比较重视,而对另外三个干扰项则比较马虎,认为只要是错的就可以,其结果是干扰项没有干扰作用,或者是为干扰而干扰。其实,答案和干扰项都是基于文本的,只是功能不同,答案是从正面判断,干扰项是从反面判断。一个做题有把握的考生,不仅要有理由肯定答案,而且要有理由否定干扰项。例如:

[阅读]

61—62题

工作日历		
7月　癸未年六月小		
8 星期二 初九	9:00 见总经理,谈四季度预算。	
	9:40 听三个小组汇报"3·14"投标工作进展(已改到周四9:40)。 　　　机动,可处理一些信件。	
	10:20 与加拿大方面修改合同条款,重签。	
	12:00 在"一洞天"宴请新加坡"三达"公司,预订一桌,席间谈专 　　　用工作服销售问题。	
	2:00 与供电局谈电力供应(昨天已谈)。 　　　去新开发区施工现场处理问题。	
	6:00 下了班去火车站接岳母(K762次6车厢,18:36到)。	

61. 如果再有工作,只能安排在哪一段时间?

　　A. 9:40—10:20　　　　　　　　B. 12:00—2:00

　　C. 2:00—6:00　　　　　　　　　D. 下班以后

62. 从这页日历中你能知道什么?

　　A. 现在是四季度　　　　B. 计划没有变动
　　C. 某合同有问题　　　　D. 记的都是公事

（《商务汉语考试大纲》样题, 2006, 略改）

　　62题的四个选项，"A. 现在是四季度"从"谈四季度预算"中可以知道不对，这实际上考了考生对"预算"这个词的理解；"B. 计划没有变动"，从两处更改的安排可以知道B不对；"D. 记的都是公事"，从6点"去火车站接岳母"可以知道D不对，这实际上考了考生对"公事"的理解。这三个干扰项本身都是实在的，完全可能的，意思明确且不绕，它们和答案一样起到了语言考查的作用，只是功能不同。当然，并不是说干扰项的信息一定都要在文本中出现，也可以是与文本内容相关的常识。

　　答案当然应该正确，但最好不要过于直露，考生最好是理解了才能答对，而不是仅凭看到或听到的内容就能得分。比如61题的答案A，考生应能理解"机动"的意思；62题答案C，考生应该知道"修改合同""重签"说明某合同有问题。

　　4. 根据问题和选项重新调整语料

　　语料只是命题的素材，在用作试题时一般需要对语料作必要的调整。调整包括删、增、换。请看一下这个命题实例：

[阅读]

51. 下一站是哪儿?

　　A. 师范大学　　B. 新街口　　C. 双桥　　D. 大西门

（《商务汉语考试大纲》样题, 2006）

BCT的这道阅读题的原始语料是北京蓝旗营①656路的站牌,由于计划命的是一道简单的阅读题,所以首先要删,删掉过多的站名、首发末发的时间,为考汉字认读删去拼音以及表示方向的箭头。删掉了箭头怎么表示方向呢?办法是增加"开往大西门"一句话,可以考查考生是否懂"开往"的意思。这种用"开往"表示方向的做法在其他站牌上是有的,并不违背真实性,这就是增。对于地名,如果使用实际的地名会造成不公平,那些知道蓝旗营或坐过656路公交车的考生就占便宜,不知道的就吃亏,而如果虚构地名就不存在这种问题。虚构的地名只要是现实生活中可能存在的就不违背真实性,比如"新街口""师范大学"等地名在不少地方都有,这就是换。

这三项调整不一定每次都用,通常在设计问题和选项之前使用,但最好在问题和选项都搞定之后再作一些必要的微调。

调整语料的程度与目标考生的汉语水平有关。一般来说,出初级水平的试题调整得多一些,而中高级水平的试题调整得就少一些。关于调整语料的问题,人们有不同的看法,有人认为调整语料会使考试材料失去现实材料的多样性,变为命题人的一种风格。虽然这种观点也有一定的道理,但由于试卷容量的限制,即使是高级水平的试题,语料一旦进入试卷,最起码需要剪裁并作最低限度的修改,使材料相对完整。

思考题

(1) 在下面这两个语料里,题眼是什么?你能出什么样的选择题?从什么角度问?怎么设选项?

图3-2

(2) 你认为在试卷中是否可能完全使用原始材料?关于调整语料你持什么观点?

(3) 你出过题吗?感到最难的是什么?最有趣的是什么?请跟大家分享一下。

---

① 原图中"兰旗营""蓝旗营"均有,文中表述统一用"蓝旗营"。

第三节　案例讨论与题型评价

一、试题案例讨论

请从选择型试题命题的角度对以下案例进行讨论、分析。案例中的这些试题来自教学中的试卷、命题员提交的试卷或正式出版的试题集,均为测试外国留学生的汉语试题,仅供讨论。为便于讨论,不一一注明试题的具体出处。①

案例1

从以下词语中选择合适的填到句子里:
　　　　能　可以　会　愿意　想要
1. 我不（　　）写汉字,我（　　）学习写汉字,你（　　）教我吗?
2. 颐和园非常漂亮,你（　　）去看看吗?

（成绩测试题）

案例2

阅读——选择正确答案:
　　第三届"中国——东盟博览会"分商品贸易、投资合作、农业先进实用技术、"魅力之城"及旅游四大专题。3500个展位已经全部确认,中国企业展位2500个,东盟10国1000个。24场商务专场活动为中外客商特别定做。
本届博览会一共有多少个展位?
A. 3500个　　　B. 2500个　　　C. 1000个　　　D. 6000个

（水平测试题）

---

① 试题中有一部分由李海燕、王玉老师提供,特此表示感谢。

案例3

听力——选择正确答案：

[录音]

女：你最近精神不太好，是因为没有休息好吗？

男：是的，最近公司经常要加班，有时还会熬通宵，哪儿有什么精神呢？

女：身体是革命的本钱，何苦这么拼命呢？

[卷面]

女士的意思是什么？

A. 这么辛苦可以理解

B. 工作不要太辛苦

C. 生病时工作很累

D. 应该多花些本钱

（水平测试题）

案例4

阅读——请选出与试题内容一致的一项：

百货公司里有一台自动报体重的电子秤。一位胖女士责备道："我最恨它了！"朋友问："为什么？它大声说出你的体重了吗？"胖女士愤怒地说："不！上次我刚一踩上去，它就大声说'每次只限一人，每次只限一人'。"

A. 电子秤被弄坏了

B. 那位女士很乐观

C. 那位女士不想减肥

D. 电子秤是百货公司的

（水平测试题）

案例5

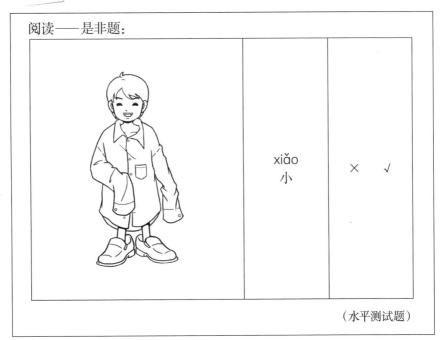

（水平测试题）

二、对选择型试题的评价

1. 选择型试题的主要优点

（1）评分客观，评分结果一般不会受到阅卷人的个人好恶、对标准掌握的宽严程度、心理生理状态的影响，因此试卷信度高。

（2）阅卷速度快，可以实现阅卷自动化，用最快的速度得到测试结果，效率高。阅卷自动化大大节省了人力，降低了考试成本。考试是一种满足某种社会需要的工具，在某种情况下，当人力有限却需要快速得到成绩时，即使考试不够完善也有生命力。和构造型试题相比，选择型试题更便于进行网考。

（3）适合测试考生的理解能力，考生理解力上的得分不会受其表达能力的制约，只要真的听懂了、读懂了，就能得分。例如，在一次考试中，要求考生用简答的方式解释"图书排行榜"，有位考生这样写："书店里持着排行榜就是很多人都买的书（best seller）。"看起来，这位考生还是懂的，但他没能表达清楚，是表达能力的缺陷使他在理解性的考试中丢了分。如果用选择题，对理解能力的考查会更为准确。

（4）由于考生不用提供答案，特别是不需要写，节省了答题时间，比起构造型试题，考生可以在同样的时间内答更多的题，可以扩大测试的内容范围，所以选择型试题适用于大规模的水平测试。

2. 选择型试题的主要缺点

（1）难以考查表达能力，无法实现语言互动，交互性不如构造型试题。考生做选择题的行为与在实际生活中的交际行为的一致性程度比较低，真实性不如构造型试题。因此，严格地说，难以根据考生的成绩推断出其全面的语言运用能力。

（2）选择型试题有一定的猜测率，尤其是非题猜测率更高。对于这个问题应该具体分析，如果试题足够多，在选拔性的水平测试中，其影响并不是非常大；但是如果试题少，又是在课堂的成绩测试中，可能会有一定的影响。

 思考题

请结合你自己参加过的各种考试，谈谈选择型试题的优缺点。

本章延伸阅读

序号	主题	作者	参考资料	章节
1	选择型试题的题型特点	李筱菊	《语言测试科学与艺术》	第七、九章
2	选材及命题方法	王佶旻	《语言测试概论》	第十章

自我评价

第四章

构造型试题的编写

第四章 构造型试题的编写

本章需要学习的是关于构造型试题的编写问题。内容包括：

1. 口试的种类有哪些？应该如何命题和评分？
2. 写作考试的种类有哪些？应该如何命题和评分？
3. 一些小型构造型试题（如听写、填空、简答、排序和其他课堂测试题型等）应该如何编写？
4. 讨论一些试题案例并对构造型试题作一个总的评价。

由于构造型试题的评分十分重要，与命题有着紧密的联系，因此，评分标准与方法也属于本章的学习内容。

在构造型试题中最主要的是口试和写作考试，此外，听写、填空、简答、排序和课堂测试中其他的测试形式也各有其独特的功能。

第一节 口 试

一、考查方式

说的能力的考查方式一般有间接和直接两个大类（如图4-1所示）：

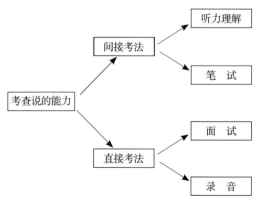

图4-1 说的能力的考查方式

间接考法一般是用听力理解考试或笔试来推测考生说的能力,托业考试是用听力成绩推测说的能力的一个代表,尽管老托业的考试内容只有听没有说,但开发考试的ETS公司以听和说两种能力的相关性研究为依据,在解释分数时也会对说的能力进行推测。在课堂教学中,有的课由于客观条件的限制无法对学生进行口试或用口试进行充分的考查,会用笔试间接考查。有的水平测试由于条件限制或其他原因,也采用笔试的方式推测口语能力。例如,日本高考的"中国语"考试的出题重点为口语而非书面语,但整个考试都是笔试选择题,在卷面上,考查对话能力的部分以拼音呈现语句。(小川典子,2017)

直接考法是进行面试或录音考试,通过说来考查考生说的能力。采用面试方式的有雅思、BEC、OPI等,采用录音方式的有TSE、新托福、新托业、老HSK(高等)、新HSK(口试)即HSKK、BCT等。

间接考法的缺点从理论上讲是交互性差,因为做听力理解选择题、笔试题与进行口头交际所调动的心理特质相差很远,用听力、笔试分数来推测说的能力,不仅会"高分低能"——考分高但说不好,还会"高能低分"——会说但做不好选择题的人会因为没有机会表现其说的能力而在分数上被低估。因此,只有直接考法才能有效地考查出考生说的能力。

下面分析一下面试和录音口试这两种考查方式。

1. 面试

面试有以下几种形式。

(1)一位考官考一名考生,如OPI、雅思、入学口试、口语课的成绩考试等都采用这种方式。这种方式的优点是互动性好,观察深入,考官能变换探测的角度。主要的难点是由于只有一位考官,又要提问又要评分,评分的客观性难以把握,对考官的要求很高。考试比较耗时,如OPI考试有时一个考生要考20—30分钟。在成绩测试中,如果某些学生说得很慢,时间拖得很长,会使全班的口试时间拖长。

(2)两位考官考一名考生,如新加坡O水准会考中的口试。这种形式由于有两人打分,评分的客观性增强了,但耗费的人力则更多,考试的成本更高。

(3)两位考官考两三名考生,如剑桥BEC的口试(见图4-2)。一名考官主要负责提问,同时打一个总体印象分,另一名考官在一旁观察,负责细致打分。BEC（高级）的口试分为三个阶段：第一阶段，考官和两位考生对话，谈个人信息；第二阶段，两位考生各谈一个话题，表现成段表达能力，每一人谈完后，主考官会就他的谈话问另一个考生一些问题，由此考查那位考生的听力和发现问题并进行提问的能力；第三阶段，两位考生一起商量，共同完成一个交际任务，考官观察他们的语言沟通能力，主考官还会就他们谈的内容进一步问一些问题，深入观察。这种形式的优点是交互性好，评分比较客观，效率比前两种高。缺点是如果两人水平相差较大，水平高的考生难以发挥，会吃亏。

图4-2　BEC口试
(《新编剑桥商务英语（高级）学生用书（第二版）》,2002)

面试的优点是交互性好，接近日常生活中的语言交际，灵活，有人情味；主要问题是耗费的人力大，有时比较耗时，需要大量高素质的考官和一定的备用试题，而这些在大规模的考试中并不是每一个语种都可以做到的。

录音口试正是为了解决这些问题而采用的变通方式。

2. 录音口试

录音口试（如图4-3）通常有两种做法。

（1）试题印在试卷上，考生看试卷准备，然后对着录音机说。录音由考生自己操作，如果录得不满意还可以重录，类似于制作一段口头作文。老

HSK（高等）采用的是这种方式。用这种方式，考生比较从容，从语言质量上看，提交的话语样本相对而言错误较少。

（2）把问题录在录音带上，考生主要根据录音带上的提问回答问题，也可以将部分试题信息印在试卷上。考生不能自己操作，录音中能保留真实自然的全部口头表达信息，因此也被称为模拟面试。新托福、BCT使用的是这种方式。不过二者的侧重点不同：新托福是为了综合考查考生听说的能力，考生说得好坏在一定程度上要受听力理解能力的制约；BCT则是为了尽量减少题目的汉字对口试的影响，使那些能说但认字少的考生能正常发挥，同时为了创造语境，自然而然地把考生的话引出来，使得原本是独白的录音考试带有某种对话的特点，并不考听力理解能力。

图4-3　考生在进行录音口试

例如，BCT的一段录音口试。考生一边听录音一边回答，试卷上也印有题目，帮助考生准备、回答。

以下是口试过程（节选）：

考生从录音中听到的话	考生说的话
考官：你好！请问，你叫什么名字？ （空2—3秒） 考官：你是哪国人？ （空3—4秒） 考官：你的序号是多少？ （空4—5秒） 考官：口语考试一共有两个题目。第一题是： 下个星期五，你要在家里举行一个晚会，你想邀请你的同事周莉参加，你给她打电话，但她不在家，请你通过电话留言告诉她：1.晚会的时间和地点；2.有哪些人来参加；3.晚会的内容。现在准备一下，准备时间是1分钟。 （空1分钟） 考官：准备时间结束。现在听情景录音，然后回答。说这段话的时间是1分30秒。 情景录音（周莉家的电话录音提示）：你好！主人现在不在家，听到嘀声后请留言。——"嘀"！ （空1分30秒） （在结束前10秒时，有提示音） 考官：（规定时间到）第一题考试结束，现在考第二题。	考生：我叫×××。 考生：我是韩国人。 考生：我的序号是00054。 考生：喂，周莉你好！我们下……你下个星期五有时间吗？……（略）

BCT
录音口试

（《商务汉语考试大纲》样题，2006，略改）

  HSKK使用的也基本上是第二种做法。考试中的听后重复、听后回答、听后复述等试题只在录音里，试卷上没有，而需要考生作准备的看图说话、回答问题、朗读等试题只在试卷上呈现。整个考试过程考生都不能自己操作。

  和第一种做法相比，第二种做法获得的话语样本更为真实，因为在现实生活中说出去的话就不可能收回来，可以更正说错的话，但不能"擦掉"已经说过的话。事实上，这种自我更正本身就是一种口头表达能力的体现，更正得自然，还应该加分。考生在边想边说的过程中的一些重复、垫词、口头语其实都是其口头语言表达能力的真实表现。此外，这种做法有时可以创造一种类似面试的氛围。

录音口试方式实际上是把口试分为两个阶段：一是通过考生录音进行采样，二是评分员听录音进行评分。

录音口试的优点是，从组织考试的角度，十几分钟时间就可以在多个考场同时考成百上千个考生，省时、效率高、对主考官的要求低，易于实施；由于一次考试试题相同，不需要备用试题；评分时一位考生的话语样本可以由两三位评分员评分，较客观，对于难以判断的样本可以反复听，比较从容。从考生的角度看，对于某些内向的考生，可以减少紧张感。另外，从OPI和模拟OPI的录音考试（Simulated Oral Proficiency Interview，简称SOPI）的对比研究中发现，录音与面试的评分结果很接近。在柯传仁（2005）的一项研究中，评分员对比45个考生的两项考试的评分结果，相关系数达到0.91—0.97。

录音口试的缺点是难以实现真正的交互，不如面试灵活。采用面试方式的OPI实际上是一种适应性考试，考官可以根据不同的考生选择不同难度的试题或调整考试时间，录音口试则是每个人都一样。另外，录音口试的人情味不如面试，有些喜欢表现的考生会感到录音口试是对着机器说话，难以激发他们在面对面交流中的激情。

思考题

你参加过哪些种类的口语考试？你对直接考法、间接考法，对面试、录音口试方式的优缺点怎么看？

二、口试的题型及注意的问题

1. 口试题型

常用的口试题型有问答、角色扮演、看图说话、讲述、听后重复、听后复述、朗读等。

（1）问答

问答指考官通过提问引导考生说出所需要的话语样本。我们通过OPI来看一下在面试的过程中考官是如何使用问答进行评级的。

OPI的评估标准横向分为四个范畴即功能任务及功能、语境/内容、准确性、篇章类型,纵向分为四个语言能力等级即初级(内含三个次级)、中级(内含三个次级)、高级(内含三个次级)、最高级。(柯传仁,2005)OPI的试题难度与每个等级相对应,考官的任务就是通过对话的方式确定考生的水平等级。口试一般分进入考试、探测等级、确定极点、收尾等几个阶段,只有当考生在四个范畴中的口语表达都保持在某一级上,才能被认为达到了这一级。由于考官是根据需要问考生与其水平相近的话题,低水平的考生不必回答高级的问题,高水平的考生也不必去谈初级的话题,因此OPI是一种适应性的考试。

使用录音口试的形式,也可用来考问答,AP中文的口试采用了这一方式,称为会话(conversation)。例如:

(Narrator): You will have a conversation with Lin Yue, an interviewer, about traveling in China. She will ask you six questions. After each question, you will have 20 seconds to respond. Respond as fully as appropriately as possible.

1.(女)你好,我叫林越,你喜欢旅游吗?

(20 seconds)

2.(女)谈谈你去中国旅游的计划。

(20 seconds)

3.(女)你这次主要去中国的哪些地方旅游?

(20 seconds)

4.(女)你为去中国旅游安排一个什么样的行程?

(20 seconds)

5.(女)你打算一个人去还是跟别人一起去?

(20 seconds)

6.(女)去中国旅游以前,你需要做哪些准备?

(20 seconds)

(*Barron's AP Chinese Language and Culture*, 2014)

尽管是录音口试,但这一组问题是有内在联系的一个整体,使用的是对话结构,有一定的模拟面试的特点。考生根据听到的问题立即回答,能考出应答能力。当然,毕竟是录音口试,提问者不可能针对考生的回答提问。

成绩测试的口试通常采用面试的形式,教师和学生进行问答。我们先看一个初级月考的实例:

初级班A2班的学生来华前虽略学过一点儿汉语,但仍需从头学。口语课以面试的形式进行考查,第一次月考有一个题型是教师问三个问题,学生回答,然后学生问三个问题,教师回答。口试前学生准备5分钟,不能在试卷上写。口试时学生可以看试卷。

以下试题中,第1—3题是教师问,第4—6题是学生问。

1. A: 你在几班?

    B: _____。

成绩测试问答

2. A: 今天上午你有课吗?几点上课?

    B: _____。

3. A: 你的宿舍在哪儿?

    B: _____。

4. A: _____?

    B: 今天星期五。

5. A: _____?

    B: 三块五一个。

6. A: _____?

    B: 有,黑的、蓝的都有。

口试中所有的句型和词语都是在课堂上学过、练过、要求学生掌握的。

有时教师会要求学生在回答时使用指定的词语(学生手里也有试题)。例如:

教师:周末你想去哪儿转转?

学生:_____。(那就要看……)

(中级口语月考)

这种口试主要不是为了测学生的口语水平,而是测学生对所学内容的掌握情况。由于双方对于对方要问什么和应该怎么回答都已心中有数,语言交际的真实性要差一些。

（2）角色扮演

角色扮演是在设定的情景中请考生扮演一个特定的角色，完成某一个交际任务。

例如：

剑桥BEC（高级）口试第三部分：两人共同完成一个任务。

赶路去上班

你们公司位于繁忙的市中心，这意味着员工常常抱怨上班费时间。现在要求你们提一些建议。

一起讨论并决定：

- 对于员工来说，使用公共交通工具和私人交通工具哪种更好？
- 如果允许员工使用弹性工作时间，效果会怎么样？

(《剑桥BEC真题集第3辑（高级）》，2006)

角色扮演集中体现了用语言做事的思想，由于角色是虚拟的，更适合考查某些专门用途的语言能力。试题应明确角色、任务、情景，考试时考官从侧面观察，除了语音、词汇、语法等能力外，还可以观察考生综合运用交际策略、相关知识的语言交际能力。

（3）看图说话

看图说话是给考生一幅照片或图画，让考生描述其中的内容。如托业口试中的图片描述题[①]：

Question 3: Describe a picture

Directions: In this part of the test, you will describe the picture on your screen in as much detail as you can. You will have 45 seconds to prepare your response. Then you will have 30 seconds to speak about the picture.

---

① 采自https://www.ets.org/s/toeic/pdf/speaking-writing-examinee-handbook.pdf。（访问日期：2022年8月8日）

托业口试是录音口试,要求考生在30秒钟的时间内尽可能详尽地描述照片中的内容。

除了照片以外,看图说话题还可以采用图画的形式。例如:

看图说话:请详细地描述图画中的内容。

与描述照片相比,描述图画可以根据考试的意图选择需要的细节,使人物更为集中、典型,根据考生的水平设想他们可能使用的词汇,设计考生可能有能力表达的细节,略去无关细节,使画面更加清晰简明。此外,也可以给考生一组图画,让考生叙述连续图画中的故事。

看图说话题的主要优点是话题集中,又有发挥的空间,能考查考生的语言描述能力。由于没什么文字,考生阅读能力的高低不会影响其口头表达。此外，评分比较客观。

(4) 讲述

讲述这一题型要求考生连贯地表达自己的观点，主要是考成段表达的能力。由于成段表达能比较充分地展现考生产出较为复杂的语篇的能力、用目的语思维的能力、词汇及句式的丰富程度，也能暴露考生的很多问题，因此在水平测试中经常使用。如HSKK（高级）中的"回答问题"采用的就是讲述的形式，先让考生按照题目准备，录音时完整陈述自己的观点。例如：

第5题：你认为理想的生活状态是什么样的？请简单说说。（2.5分钟）

第6题：有人认为辩论可以让双方取得一致的意见，有人认为辩论会使双方更对立。你怎么看？（2.5分钟）

（《新汉语水平考试大纲HSK口试》样题，2010）

在成绩测试中，要求考的话题通常是某个阶段课上学过的，有时甚至可以在考前把要考的话题全部告诉学生，让学生去准备，考试时抽签。这个方法能够用备考的手段促进学生提高成段表达能力。作为成绩测试，为了考查学生对所学内容的掌握情况，还可以提出"使用学过的词语、句式"等限制性的要求。例如：

话题表达（考试时抽签，每题至少说8个句子，用5个学过的词语）：

说说你更喜欢古典音乐还是现代流行音乐，原因是什么？

（中级口语月考）

在成绩测试中，中高级阶段有时还可以要求学生解释学过的词语。这种试题既考查学生对所学词语的理解程度，又考查表达能力，有一定的综合性，所以应适当增加分值。

(5) 听后重复

听后重复这个题型要求考生重复听到的话，面试时是重复考官的话，录音口试是重复录音中的话。如HSKK（初级）便采用了这个题型，要求考生跟着录音重复。例如：

[录音]

1. 我女儿八岁了。

（7秒）

2. 他爱吃水果。

（7秒）

……

（《新汉语水平考试大纲HSK口试》样题，2010）

这个题型可以综合考查考生的听说能力、词汇量及语法结构，因为考生只有在理解并掌握了所听到的词语和语法结构的情况下才能完整、正确地重复出来。例如：

听后重复

汉语分班口试，师生面对面，教师说一个句子，考生重复说一遍。一共说两个句子：第一个是单句，词汇相对简单；第二个是复句，词汇相对较难。为了避免考生因为不熟悉题型丢分，正式开始前会让考生先练习一个句子。

在这个实例中，教师说了两遍单句之后，考生虽有小错但基本上还能重复出来；但是那个复句，考生只重复出了"只要"，后面的"减肥"这个词她也许不懂，整个句子的意思没有抓住，就说不出来了。这种题型就是这样，随着句子的加长，考生语言水平的差异就显现出来了，这种差异主要不是短时记忆的差异，而是语言能力上的差异。此外，这一题型评分客观。但这种题型的真实性不强，因为在现实生活中这样使用语言的情景很少。

（6）听后复述

听后复述是让考生先听一小段短文，可以是小故事或说明性的短文，然后复述一遍听到的内容。HSKK（高级）采用了这个题型，考生没有时间准备，听完故事后马上在录音中把这个故事复述一遍。例如：

[录音]

（2分钟，结束前10秒时，有提示音。）

刘先生和儿子去火车站，进去以后，离开车只有五分钟了。他们跑了起来，刘先生跑得很快，先上了火车。他看见儿子还在车下面，就要下车。列车员说："先生，不能下车，车就要开了，来不及了。"刘先生着急地说："不行，是我儿子要坐车，我是来送他的。"

（《新汉语水平考试大纲HSK口试》样题，2010）

这个题型可以考查考生的理解力和重新组织语篇的能力，由于短文不同于句子，有一定的长度，考生不大可能完全重复听到的词句，只能根据自己的理解重新叙述，因此能提供更丰富的产出性的话语样本。此外，由于信息点是确定的，评分也比较客观。在自动化口语考试中，目前计算机已经能够对这类话语样本自动评分。但是,从语言交际的角度看,考生的话语还不是在特定的语境中根据交际目的创造出来的,因此,还不能以此充分考查考生的语言交际能力。

(7)朗读

朗读是要求考生朗读句子或短文。如教师在期中或期末的面试中可以要求学生朗读所给的句子。例如:

请读下面的句子:
1. 我们要了四个菜,味道都不错,我觉得那儿的菜又好吃又便宜。
2. 我爱逛街,可是他说逛街比爬山更累。……

(初级口语期末试题)

在成绩测试中,朗读的句子可以直接选自课文或稍加改动,可以考查学生的语音语调,检查学生对课文内容的掌握情况。在复习时把要求告诉学生,可以促使他们去读准课文。

这一题型也可以用于水平测试,要求考生朗读短文。HSKK(高级)采用了朗读的形式,让考生朗读试卷上的短文。例如:

微笑是对生活的一种态度,跟贫富、地位、处境没有必然的联系。一个富翁可能整天烦恼忧愁,而一个穷人却可能心情舒畅。只有心里有阳光的人,才能感受到现实的阳光,如果连自己都苦着脸,那生活如何美好?生活始终是一面镜子,当我们哭泣时,生活在哭泣;当我们微笑时,生活也在微笑。微笑是对他人的尊重,同时也是对生活的尊重。微笑是有"回报"的,人际关系就像物理学上所说的力的平衡,你怎样对别人,别人就会怎样对你,你对别人的微笑越多,别人对你的微笑也会越多。微笑是朋友间最好的语言,一个自然流露的微笑,胜过千言万语,无论是初次见面,还是相识已久,微笑都能拉近人与人之间的距离,令彼此倍感温暖。(2分钟)

(《新汉语水平考试大纲HSK口试》样题,2010)

朗读短文可以考查考生的汉字认读能力和发音,通过断句、多音词等可以考查某些综合能力。由于短文是确定的,评分客观。不过,朗读短文考查的其实并不是口头表达能力,而是汉字认读能力,如果将朗读短文的分数作为口头表达能力来解释,对非汉字圈的考生不够公平。

2. 编写口试题应注意的问题

(1)口试题(尤其在水平测试中)应该能引出考生具有分级价值的话

语样本。题目的主要作用是引导,要想办法打开考生的话匣子,考生说得越充分,其优点和缺点也就显现得越充分,评分员就可以充分观察,从而准确打分。要做到这点,试题应该不是一两句话就能回答的,而是有内在的空间,使不同水平的考生都能说,水平高的能充分展开说。例如:

如果你给父母生日礼物,他们会说什么?

如果你父亲或母亲过生日,你分别想送什么礼物?为什么?

第一个问题,可能一两句话就能回答,而第二个问题却能引出很多话。

(2)话题应该是考生熟悉的,情景设计应真实合理。题目的用词应简明,尽量使考生不要因为不懂题目而跑题,不需要在口试题目上考查考生的理解能力。

(3)表达类的题目文字要简短,给考生发挥的余地,以免变成朗读题。

(4)水平测试朗读题中的短文应有句式变化,如果既有陈述句,又有疑问句、感叹句,就可以考查考生对语调的掌握情况。另外,也可含有一些多音字,如"重新""重心"里的"重","自传""宣传"中的"传"等,这些字能有效地鉴别考生的词汇量和汉字认读能力。

(5)成绩测试的口试应将课上的学习内容作为考查重点。在成绩测试中,入学基础差但努力的学生比基础好但不努力的学生考得好是合理的。

 思考题

(1)假设你教的口语课有16个外国学生,需要在两节课之内完成期中口语考试,考查的目的是检查学生对所学内容的掌握情况。你打算用哪些题型?怎么设计这个考试?

(2)你去某个国家教汉语,那个地区只有你一个中国人,有三所中学要同时测试汉语口语能力,你准备用什么方法测试?

三、口试评分标准

对于口试来讲,命题只是第一步,只有评分合理才能称作一次成功的口试。评分合理,必须有合理的评分标准,必须严格按照评分标准操作。

从操作性的角度，口语评分标准可以分为以下两种。

1. 综合能力标准

综合能力标准从几个方面来描述考生的语言交际能力。在评分时，评分者并不是逐题打分，而是根据考生完成所有任务的表现给考生的能力定级或打分。如OPI的评估标准，见表4-1。

表4-1　OPI评估标准
（柯传仁，2005）

能力等级	功能任务及功能	语境/内容	准确性	篇章类型
最高级	能充分展开地讨论话题，支持观点。能处理从未遇到过的语言情景任务	绝大多数正式和非正式场合/广泛的普遍性话题和一些专业领域话题	在语言的基本结构中不出现定势性的错误。语误不影响谈话，也不会分散对话者的注意力	扩展段落
高级	能叙述和描述，能处理预料不及的情景	绝大多数非正式场合，一些正式场合/普遍性话题和说话人感兴趣的话题	能使不习惯与非本族人打交道的人很容易地听懂	段落
中级	能创造语言，能用提问、回答的方式开始、保持并结束简单的对话	一些非正式场合和少量的事务性处理的场景/可预料的、熟悉的日常生活话题	在有些重复的情况下，能让习惯与非本族人打交道的人听懂	不成段（彼此无逻辑联系）的句子
初级	能用照搬的现成语料进行最低限度上的对话	最常见的非正式场合/最常见的日常生活场景	即使习惯与非本族人打交道的人，也可能难以听懂	单词和短语

OPI的考官在整个考试期间都依据这个"OPI评估标准"，考官会问若干问题，但并不单独给考生回答每个问题的表现打分，而是综合考生的全部表现来判断考生的水平在哪个等级上。这种评分标准及方式的优点是灵活，可以排除某些偶然因素的干扰，假如考生对某个问题不熟悉、回答得不好，但只要对同级的其他问题回答得好就不会影响其级别。但这种标准对考官的要求很高，不易操作。如果在录音口试中用这种方式评分，有

些偷懒的评分员甚至可能会跳过某些部分,不认真听全部录音。

2. 具体任务标准

具体任务标准往往规定考生完成每类任务的要求,根据考生完成每个任务或每道题的情况打分,然后再按照规定的分值,将各题的得分相加得到口试分数。新托业口试中描述图片题的评分标准就是一个典型的例子,见表4-2。

表4-2 新托业描述图片题的评分标准[①]

评分	描述
3	回答描述了图片的主要特点。 ■ 提交的内容要求听者认真听,但总体上可以理解。 ■ 词汇的选择和结构的使用与意思的表达相一致。
2	回答与图片有关,但在有的地方意思会有所模糊。 ■ 提交的内容要求听者认真听。 ■ 词汇的选择和结构的使用也许有限,也许会妨碍对总体意思的理解。
1	回答也许与图片有关,但说话人生成可理解的语言的能力十分有限。 ■ 提交的内容要求听者非常认真地听。 ■ 词汇的选择和结构的使用十分有限,或者严重妨碍理解。
0	没有回答,或者回答中没有英语,或者回答与测试要求完全无关。

这个评分标准及分数只是描述图片这一个题型的。新托业的口试一共有六种题型,每种题型都有这样一个具体的评分标准。

BCT的评分标准也是一个比较典型的具体任务标准。BCT口试有两道难度不同的口试题,每题的分值不同。评分员根据"BCT口试评分标准"[②]分别为每一题打分,然后将两题的分数相加,得到口语考试的总分。

在水平测试中,这种评分标准及评分方式的优点是容易操作,较为客观,对评分员的要求相对较低,双评时比较容易统一标准。缺点是不够灵活,有时考生因为某种原因对某一题的理解有偏差、没答完或录音没有保留下来,分数就会低很多,但其实根据考生已答的部分我们可以知道该

[①] 采自https://www.ets.org/s/toeic/pdf/speaking-writing-examinee-handbook.pdf。(访问日期:2022年8月8日)

[②] 具体的标准内容见本书附录1。

考生的得分不应该这么低，在这种情况下，各部分的分加起来的总分就不准。

在成绩测试中，多数情况下都使用具体任务标准。例如：

回答问题和提问（3分×6＝18分）

每题根据是否能正确提问或回答分为：

好（3）：意思达到交际要求，语法、用词正确，发音正确。

中（2）：意思基本达到交际要求，语法、用词、发音有问题。

差（1）：意思没达到交际要求，语法、用词、发音问题很大。

根据这一标准，本书138页初级月考实例中的那位学生问答部分的得分如表4-3：

表4-3　得分

题目	第1题	第2题	第3题	第4题	第5题	第6题
分数	3分	3分	2.5分	3分	3分	2分

（初级口语月考）

第3小题学生回答："我的宿舍在学院的别的边，我该过马路。""学院的别的边"语法有问题，应该说"另一边"或"马路对面"，但"我该过马路"表达得很好，因此给2.5分。

第6小题学生这样提问："师傅你有没有蓝（lān）的自（jì）行车？"这句话有两个词的发音有明显的问题，但句子结构对，基本能达到交际要求，因此给2分。

口试中的讲述（成段表达）是最能综合反映学生口头表达能力的，分值一般也比较高（有的15分左右），因此往往需要定出更加具体的评分标准。如果是高级班的口试，可以要求内容丰富，有事实支持自己的观点，逻辑清楚，句子连贯，用词准确，等等。

由于成绩测试不是要测学生的语言水平，而是检查学生对学习内容的掌握情况，适合使用具体任务标准。这样不仅容易操作，评分客观，而且容易获得诊断信息。

在水平测试中，为了保证评分的客观，最好能由两位评分员为考生的口语打分（具体操作见本章第二节"写作测试的评分方式"部分）。在成绩测试中往往只能由任课教师一人评分，在这种情况下保证评分客观的办法就是坚持标准始终如一，前后一致。

思考题

学生甲
讲述

学生乙
讲述

(1) 某汉语初级班的口语课,学生来华以前略学过一点儿汉语,因为学得不扎实,仍使用最基础的教材。三个月后进行第三次月考,采用面试方式考查学生对第三个月学习内容的掌握情况。最后一个大题是讲述,要求学生根据话题说一段话(最少8句)。五个话题是与刚学过的五课内容相关的,事先发给学生,要求准备,考试时由学生抽一个题目。录音中的两个学生抽到的话题都是"我认识的一个中国人",请你听完录音后分别给学生甲和学生乙评分。

这道题共15分,根据内容、词语、句子、发音、连贯分为五个档次:

很好13—15;好10—12;较好7—9;中等4—6;较弱1—3

建议你和同伴做一个细化的评分标准,然后分头评分,再比较一下你们所给的分数,说明为什么这样给分。

(2) 在口语课的成绩测试中有两个问题:一个是很难实现双评,评分的客观性难以得到保证;另一个是师生彼此太熟悉,学生的很多想法或趣事在课堂上都说过了,考试时再说一遍没了兴奋感。因此有位研究生建议,平行班的两位教师口试时可以互换,为对方的班考试。对这个建议,你有什么看法?为什么?

第二节 写 作

一、考查方式

写作是综合考查考生书面表达能力的主要测试形式。写作历来多采用命题作文的方式,这一方式虽然有效,但阅卷费人力、评分不客观的问题一直没有解决。随着客观题考试的盛行,人们也曾试图通过客观选择题间接推测考生的写作能力。所使用的题型有排列句子顺序(舒运祥,1999)、找出句中的错误成分等,如老托业"找错"题型。

Part VI

Directions: In this part of the test, each sentence has four words or phrases underlined. The four underlined parts of the sentence are marked (A), (B), (C), (D). You are to identify the <u>one</u> underlined word or phrase that should be corrected or rewritten. Then, on your answer sheet, find the number of the question and mark your answer.

Example

All <u>employee</u> are required <u>to wear</u> their
    A   B

<u>identification</u> badges <u>while</u> at work.
    C   D

Sample Answer

● (B)　(C)　(D)

Choice (A), the underlined word "employee", is not correct in this sentence. This sentence should read, "All employees are required to wear their identification badges while at work." Therefore, you should choose answer (A).

(《托业全真模拟题》节录, 2003)

这种方法只调动了考生语言组织能力中对语法结构的判断力,而在实际书面表达中根据交际目的、场景所需要运用的策略、语用等各种能力都不需要调动,甚至连书写本身也不需要。这样的考试形式交互性不可能高,其分数逐渐受到质疑。新托业在阅读部分取消了这一题型,而改为直接书写的"写作"题型:Respond to a written request(写回信)。示例如下。①

Directions: Read the email.

From: Dale City Welcome Committee

To: New Dale City Residents

Subject: Welcome to your new home!

Sent:July 23,4:32 P.M.

Welcome! We would like to be the first to welcome you to Dale City.We know that there are many things to do when you move,from finding your way around town to setting up your utilities. Please contact us if you need any help at all.

Directions: Respond to the email. Respond as if you have recently moved to a new city. In your email to the committee, make at least TWO requests for information.

这一改动本身就表明,考查写作能力最有效的方法是直接测试法,即让考生动手写。

---

① 采自https://www.ets.org/s/toeic/pdf/speaking-writing-examinee-handbook.pdf。(访问日期:2022年8月8日)

思考题

(1) 在你参加过的考试中,你认为比较能考出你真正的写作能力的形式是什么?
(2) 现在有大量的手机上的文字交流,如手机短信、微信等,这更像谈话还是更像写信?对于这种能力应该怎么考查?

二、写作的题型及注意的问题

1. 写作题型

写作的常用题型有命题作文、限制性作文、缩写、看图写等。

（1）命题作文

命题作文是考生根据所给题目写的作文,只需规定字数和能否使用词典等条件。这一题型的特点是限制少,内容是开放的,便于学生发挥,学生能够在这类作文中充分展现其思想个性、构思和语言,因此,适用于课堂教学及成绩测试。

例如:

作文(30分)

题目:《地球太小了》

要求:1. 写在稿纸上,350—400字;
　　　2. 可以查词典,但不能看书和笔记本。

(中级写作课期中考试)

对阅卷人来说,评阅命题作文往往是很有趣的,因为考生的想法五花八门,有一种思想交流的享受。不过,如果从第二语言水平测试的角度看,水平测试要测的主要是考生的书面表达能力,而不是思想内容。但在评分时,作文内容在很大程度上会影响评分,阅卷人往往见仁见智,难以客观。从考生的角度看,在有限的时间里,往往要花较多时间考虑写什么,然后再动笔写。所以,完全开放的命题作文一般不适用于大规模的第二语言水平测试。

（2）限制性作文

限制性作文(controlled writing)是在任务、词语等方面有明确限定的作文。

这种题型中有一类是任务限制，BCT采用了这种形式。例如：

下面是你的同事给你的留言条：

留　言

　　东方百货公司采购部经理周齐平来电，他们订的2000箱香水15日已到货，但只有200箱。我查了一下，情况属实。缺的1800箱15天内送到，并按合同赔偿对方。

请你给东方百货公司采购部经理周齐平发一份传真：

- 道歉；
- 解释原因；
- 提出具体的解决办法。

要求：250字以上，使用书信体。

（《商务汉语考试大纲》样题，2006，略改）

由于BCT是要考查考生用书面表达方式完成商务交际任务的能力，所以使用了任务限定的题型。考生拿到试题后并不需要考虑该写什么，因为每个具体的任务都交代清楚了，考生只需要考虑怎样写，怎么很好地完成这一任务。在评分时，由于任务相同，评分员只需要评价每个人用书面完成任务的质量如何，又由于任务具体，评分比较客观。老HSK（高等）写作中给出招聘启事要求写求职信，也是这种类型。这一题型的优点是更能考出我们想考的某些能力，易于客观评分，适用于大规模的水平测试，也可用于成绩测试。

除了任务限制以外，还有词语限制。词语限制可以用于水平测试，新HSK五级的书写就采用了这一形式。例如：

99. 请结合下列词语（要全部使用），写一篇80字左右的短文。

　　元旦、放松、礼物、表演、善良

（《新汉语水平考试大纲HSK五级》样题，2010）

这一题型并没有给出标题，但通过这组相关的词语大致上也就限定了短文的范围。此外，由于新HSK将每一级的新增词作为考查重点，限定词语可以体现这一意图。比如，在上例中的5个词里面，"元旦"和"善良"就是五级的新增词。不过，词语限制使用更多的还是在成绩测试中。例如：

用所给的词写短文:《怎样才能够学好汉语》(最少100字)

方法　发音　语法　生词　汉字　练习　记　准确　流利　左右

(初级汉语月考题)

以上10个词都是在那一个月里学过的,内容相关,目的是考查学生能否使用这些词语自己产出一个语段。有时也可以要求学生只使用其中的几个词语,难度就会适当降低一些。

词语限制的作文,其考查的着眼点是词语而不是内容。考生由于有所依托比较好下笔,而由于规定了词语,教师也比较容易评分。

(3)缩写

缩写是考生用一小段文字重新表达一篇长文章的主要内容。这是考查考生概括能力和文字表达能力的一个有效的方法。从评分的角度看,其优点是评分客观,按照主要的信息点评分,容易操作。这个题型的局限性主要有两个:第一是缩写考的只是转述能力,并不是真正意义上的交际性的书面表达能力;第二是考生可以抄原文。但新HSK六级书写考试用收原文的方法解决了第二个问题。例如:

缩写

(1)仔细阅读下面这篇文章,时间为10分钟,阅读时不能抄写、记录。

(2)10分钟后,监考收回阅读材料,请你将这篇文章缩写成一篇短文,时间为35分钟。

(3)标题自拟。只需复述文章内容,不需加入自己的观点。

(4)字数为400左右。

(5)请把作文直接写在答题卡上。

(《新汉语水平考试大纲HSK六级》样题,2010)

原文是一篇1000字左右的叙述性文章,书写考试要求考生缩写成400字左右的短文。由于阅读时不许记录,读完后原文被收走,考生需要凭记忆用自己的话来写。为了评分客观,考生在缩写时不能加入自己的观点。在大规模的水平测试中这种形式还有一个好处,即考生不容易押题。

(4)看图写

看图写就是考生根据试卷上的照片或图画写一篇作文,或根据一组图画写出其中的故事。新HSK五级采用的是一幅照片的形式。例如:

请结合这张图片写一篇80字左右的短文。

(《新汉语水平考试真题集HSK五级》H51004, 2010)

这种形式既有所限制，又能使考生展开想象，是一种考查书面表达能力的好形式。

如果用一组图画则适合考查写记叙文的能力。例如，中国的某大学每学期开学都要进行留学生的入学分班测试，学生的水平差距很大，高的能入系学专业课，低的有零起点的初学者。针对这一情况，在入学分班考试的写作部分设计了看图写的题型。

请写出右面这组图画中发生的故事。Please write about what happened in the pictures on the right.

这一组图画呈现了一个故事，意思学生都明白，要测的就是学生能否用中文叙述出来，叙述得如何。下面分别是不同水平的留学生根据这组图画写的三篇短文。

看图写试题

（入学分班测试）

1.) 这画是一个 jia. Baba he 小人.

2.) Baba xiuxi. 小人 xie dongxi 上 Baba 的 tou.

3.) Baba 不很好.

4.)

5.) 这画小人的 Mama 说 gen baba.

学生A的看图写

儿子看到爸爸在睡觉，在他 liǎn(脸)上画画，然后日拿 gěi 自给爸爸看他做的事。爸爸很生气。儿子跑给爸爸 zuì。爸爸告诉妈妈儿子作了什么，儿子开始笑。爸爸去洗 liǎn(脸)。妈妈、爸爸看到儿子还在哭，心裡不刹服，拿水果给他吃。儿子不想吃，不口停地哭。最后，爸爸想出一个方法安 wèi 儿子。爸爸去拿了儿子的画具，让儿子又在他 liǎn 上画画。爸爸 图(liǎn 上)了满 liǎn 的 mǒu(?) 水，大家都笑了。

学生B的看图写

> 小孩拿着毛笔和墨，悄悄地走近正在沙发上熟睡的爸爸。顽皮的他趁机捉弄爸爸一番，用沾了墨的毛笔在爸爸脸上乱涂乱抹。待爸爸一觉醒来，他被镜子里的自己吓了一跳，简直不敢相信自己的眼睛。
>
> 爸爸被气得七窍生烟，紧追着小孩的后头，嚷着要打他。小孩被爸爸的愤怒吓暴住了，连忙躲在妈妈的后头，哭泣起来。爸爸将事情的经过一五一十地告知妻子，小孩放声大哭，连妈妈也拿他没办法。爸爸将脸庞洗干净后，和妈妈一同逗小孩，但小孩子只管不辍地哭，不理会他们俩。
>
> 最终，还是爸爸灵机一动，取来了毛笔和墨，将自己的脸涂黑。孩子见到此景，终于忍不住露出了笑容。

学生C的看图写

由于图中没有汉字，每个学生都能写，处在相同的平台上。故事的内容使每个学生都有表现的空间，其优点和缺点能够比较充分地展现出来，因而可以在水平差距很大的考生群体中进行测试，拉开分数档次。由于故事相同，比较容易客观评分。这种题型适用于入学分班考试。

2. 编写写作题应注意的问题

（1）在汉语第二语言测试中，写作测试主要考查的是考生用汉语进行笔头交际的能力，思想内容并不是考查重点，应回避敏感话题，像政治、宗教等分歧很大、容易引起情绪对立、影响考生正常作答的话题。尽量选择人类共同的话题，如人的全面发展、社会与个人生活等，这是每个人都会面临的问题，也是各种文化都能接受的话题。

（2）尽量从外国学生的角度提供真实情景，尤其是应用文写作，这个问题更为明显。应用文写作应明确身份、任务、情景。如果设计外国学生给父母写信是不真实的,因为他们的父母可能根本不懂中文,学生写的时候很难有真实的感觉。但如果设计成给他们在自己国家的中文老师或中文语伴写信就很真实,不仅内容会引起对方的兴趣,而且他们的汉语水平也会得到对方的赞许。

(3)给材料的试题(不包括缩写),材料内容不应过于复杂,应控制阅读量及难度,尽量避免考生因读不懂材料而影响写作。例如:

"北京市场将近40%的散热器仍然是旧式的铸铁管,许多居民装修时首先想到的就是将它更换为新式的散热器。而这样每年将造成巨大的浪费,浪费的额度将近4亿。"日前,中国建筑金属结构散热器委员会副主任王定山作了介绍。王定山在该会议上表示,旧式的铸铁管价格便宜,一般售价三四百元,为了降低开发成本,许多小区开发商仍然使用旧式的铸铁管。但居民新房装修拆下来的散热器就只能当作废品处理,原本三四百元的铸铁管只能卖二三十元。一些消费者因为买了那些被淘汰出局或者倒闭厂家的新型散热器,在遇到漏水等问题时,又没人管或者被推来推去,又破财又伤神。

请写一篇短文:

文章中出现的情况,你认为是什么原因造成的?对散热器的使用,你有什么好办法?

要求:200字以上。

(某考试命题员设计的写作题)

该写作考试的时间总共40分钟,要写两道题。而这道要求写200字以上的写作题的材料本身就有259字,而且内容比较复杂,考生在阅读、理解材料上就要花不少时间,作为写作题就不合适。

(4)成绩测试应考查考生对所学内容的掌握情况。写作的成绩测试主要不是测一般的写作能力,而应该测考生能否把学到的某些新东西用到写作中去。比如,话题可以与教学内容有关,要求使用学过的词语、句式,要求使用学过的文体并提出具体要求,像记叙文中的六要素、应用文中的书信格式等。

(5)写作测试的核心是测试考生的书面表达能力,汉字书写是写作的重要手段,但现在随着打字在书面交际中的广泛运用,手写汉字已不是唯一的写作手段,因此,在写作测试中是否需要测试写字的能力应根据不同的学习阶段和测试目的而定。一般来说,基础学习阶段的测试、普通语言能力的测试需要考手写汉字的能力,但是中高级阶段的测试、某些特殊目的的测试(如职场汉语能力测试),用电脑输入考查写作能力是可以接受的,从某种意义上说,这甚至是一个真实性很强的考查方式。

思考题

(1) 写作测试从传统的直接测试到间接测试又到直接测试,是简单的回归吗?现在的直接测试和传统的作文考试有没有什么实质性的变化?

(2) 季羡林先生曾谈过他当年报考北京大学和清华大学时的作文题目,北京大学的国文题目是"何谓科学方法,试分析详论之",清华大学的题目是"梦游清华"。①如果是语言测试,请你评论一下这两个题目怎么样。

(3) 你要设计一个水平测试考查学生的书面表达能力,但按照当地的考试文化可能会有一些社会上的辅导学校帮助学生准备。在这种情况下,设计什么样的考试能考出考生真正的写作水平?

三、写作测试的评分方式

从写作测试得到的考生语言能力样本可以说是最为理想的,它要比选择型试题的样本信息更丰富,比口试的样本更稳定、更容易把握。和选择型试题比起来,写作题的命题也要相对简单一些。然而,写作测试历来都饱受争议,写作题的分值往往比较高,同样一篇文章,不同的人判,分数能差很多。人们现在经常攻击老托福只用选择型试题,其实老托福在开发的过程中是考虑过写作测试的,甚至有一个阶段也考写作,但是并不给作文评分,而是把作文附在成绩单后面一起寄去,供考试用户参考(Spolsky, 1995)。由此可见,追求客观性的考试机构对写作评分的客观性是多么担心了。可以说,写作测试质量的好坏在相当程度上取决于评分的质量。

常见的评分方式有以下几种。

1. 扣分法

扣分法即根据错误数扣分。例如:

十、写短文:《在中国过节》(最少8句话)(10分)

节日　传统　热闹　礼物　感兴趣　各种　痛快　盼望

(汉语月考题)

---

① 引自季羡林在2001年首届北京大学文科论坛上的讲话。

这是一次汉语月考的写短文题,评分标准:规定的词错1个或没用上扣1分,部分错扣0.5分,共8分;其他错误共2分。

这种方式有时用于成绩测试,优点是容易操作,评分比较客观。但其局限性是评分实际上仍然停留在造句层面,不能全面评价书面表达的其他方面,如条理是否清晰,是否影响交际,等等。由于错误数与书面表达能力是两个概念,因此这种方式不适用于水平测试。

2. 分析法

分析法是按照内容和语言的若干方面分别打分,然后加出总分。例如,某个写作测试按照切题、条理、语法、词汇、汉字等五个方面评分,整篇作文共20分,每一方面最高5分,先分别从五个方面打分,最后加出总分。如表4-4。

表4-4　写作测试题评分表

方面	1分	2分	3分	4分	5分
切题					
条理					
语法					
词汇					
汉字					

这种方式的优点是精细,但至少有两个缺点:第一是评分慢,效率低;第二是一篇文章是一个整体,有些方面如语法和词汇是很难明确分开的。如果从有效的书面交际角度看,几个方面的简单加合不一定等于整体。

3. 多人印象法

多人印象法是从几个方面将写作能力分为几个档次(如五级或六级),定出各个档次的评分标准。评分时两三人评一篇作文,每人打自己的总体印象分,综合几个人的印象分确定得分。常见的方式是先双评,两个评分员背对背分别打分,如果分差在设定的分数之内,取两人的平均分;如果分差超出设定值,由第三人(通常是级别较高的评审员)复评、定分。例如,BCT写作采用的就是多人印象法,考生的写作答卷均由两至三名评分员分别评分,评分结果再提交评审员审定,最后确定每题的得分和写作总分。评分时，评分员根据"BCT写作评分标准"，从交际任务的完成情况、语法词汇、条理性、汉字及标点符号、文体、总体阅读印象等几个方面进行综合评定，具体评分标准内容见本书的附录2。

这一方式的优点是评分快，同时，两三人评分增加了评分的客观性。在总体印象评分标准中，有多个方面的要求，但并不硬性分开，而是综合为一个总体印象。有一种观点认为，三个人的印象比一个人的分析更准确。因此，这一方式适用于大规模的水平测试。剑桥BEC的写作评分方案的名称就叫总体印象评分方案（general impression mark scheme），新托福也明确说明，评分采用整体印象法，不用扣分法。

我们再来看本书153页至155页"看图写"实例的评分。该大学为这个题型制订了详细的评分标准，采用多人印象法。该评分标准将学生的水平分为五级，一级最低，语言表达严重影响交际；三级基本合格，语言表达有明显的问题，但基本上不影响交际；五级最高，能使用比较复杂的语言形式很好地完成交际任务。每一级又从内容、语法结构、词汇、汉字等方面作了具体的规定。根据这一标准，学生A的作文是一级里的中等分数，学生B的作文是三级里的低分，学生C的作文是五级满分。

多人印象法的局限性是，在课堂成绩测试中，一般没有条件实现多人评分，而且总体印象适合评价水平，如果想评价学生对所学内容的掌握情况并提供清晰的反馈，则不太适用。

 思考题

（1）在成绩测试中每班只有一个老师，怎么使用多人印象法？
（2）如果学生写作跑了题，或者对试题的理解有误，但是书面表达能力不错，应该怎么评分？
（3）手写的作文和用电脑打的作文能否使用同样的标准？如果标准有所不同，两篇作文的分数能否比较？怎么比较？
（4）下面两篇短文都是留学生的看图写作，题目与本书153页的"看图写"相同。请你和你的同伴一起讨论，制订一个详细的评分标准，设定分值，然后用多人印象法为学生D和学生E的短文分别评分，看一下你们的分数差距，并各自说明打分的理由。

> 男孩子的爸爸在睡了坐位子。孩子写了他的
> 颜面黑色的笔。他看了自己的颜。
> 他不会我慢。他语了跟孩子"怎么什么做呢!!"
> 孩子哭了。后然妈妈来,慰孩子。
> 父母都加油了。
> 后然爸爸拿来笔,自己颜画儿。
> 结局 男孩子笑了。
>
> 很难!

学生D的看图写

> 老王有一个小孩子,有一天,他睡午觉
> 时,他孩子画画儿在他的脸上。他生气了,
> 孩子看生气起来的爸爸,开始哭了。
> 妈妈给孩子香蕉,爸爸给他苹果,
> 可是都没有效,他哭下去。
> 于是爸爸自己画画儿在自己的脸上,
> 孩子才笑起来。还是在家最强的人
> 是小孩子。

学生E的看图写

第三节 小型构造型试题

除了口试和写作之外,还有一些小型构造型试题,题型包括听写、填空、简答、排序以及其他测试常用题型。这些题型在课堂测试中很常用,有独特的测试功能。

一、听写

听写（dictation）是考生写下听到的目的语词语的题型，通常做法就是老师念考生写，也可以放录音让考生写。听写能测出考生听、理解、写的综合能力，操作简便，如果是字词听写甚至不用专门命题。听写评分客观，如果是字词听写，答案则是唯一的。听写不仅是成绩测试中最常用的题型之一，而且可以用于水平测试。听写不仅教师爱用，学生也欢迎。

1. 听写形式

根据不同的目的，听写一般有以下几种具体的形式。

（1）拼音听写

在语音教学阶段，听写可以用来检查学生对声母、韵母、声调、音节等语音要素的具体掌握情况。例如：①

听写声母：

1. _____à   2. _____ǐng（教师读：1. zhà   2. jǐng）

听写韵母：

1. t_____   2. sh_____（教师读：1. tōng   2. shuō）

听写声调：

1. mai   2. gui（教师读：1. mǎi   2. guì）

听写音节：

1. _____   2. _____（教师读：1. jiù   2. yǐzi）

（2）字词听写

听写生字、生词是课堂教学中使用最多的形式，多数情况下是在学了生词之后的第二次课上听写，以督促学生复习，检查学生对生词的掌握情况；也可以课前布置学生预习，一上课先听写，督促检查预习情况，节省课堂时间。根据学生的程度，每个字或词可以读两到三遍。可以听写后收上来批改，也可设计成一个课堂活动，让几个学生到黑板上写，让其他同学参与批改。例如：

听写生字：

教师读："前"，"前边、后边"的"前"

---

① 这部分取自课堂教学的例子不再注明出处。

听写生词及词组:
教师读: 1. 客户　　　　2. 高薪招聘

(3) 句子听写

课堂教学中的句子听写就是把几个需要听写的词连成一句话,很适合听写关联词及一些表示语法结构的词,能测出学生是否理解词句的意思。例如:

教师读: 1. 想去大使馆,所以请假。(生词: 大使馆,所以,请假)
　　　　2. 聊得挺有意思的。(生词: 聊,挺,有意思)
　　　　3. 四口井分别位于小镇的东南西北。(生词: 井,分别,位于,镇)

句子中难免会增加一些生词之外的词,一般是很常用的词或前面学过的词,以此进行复习。这些词扣分可以宽松一些,或不扣分。

在高级阶段的水平测试中,可以先让考生听一段短文,然后听写其中的几个句子。例如:

[录音]

以往的研究曾发现,在发展中国家,学生的学习成绩似乎在更大程度上由学校因素来决定,而在发达国家,家庭背景往往起决定作用。作为发展中国家,中国的情形如何呢?具有几千年文化传统与自身价值观念的中国,是否也存在学校因素具有较大影响这一现象呢?中国的家庭教育或父母的"望子成龙"思想是否会在一定程度上影响子女的学习成绩呢?

1. 在发展中国家,学生的学习成绩似乎在更大程度上由学校因素来决定。

2. 中国的家庭教育或父母的"望子成龙"思想是否会在一定程度上影响子女的学习成绩呢?

这种形式可以测出考生对全文的理解能力、准确的记录能力、词汇量以及对语言结构的驾驭能力,缺点是评分时分数难以掌握。

(4) 听写填空

听写填空是一段文字里有若干个空,考生听录音或听教师读短文后填空。在成绩测试中,要求填写的词语是考查的重点词,和听写句子相比节省时间,不必听写那些学生已经会的词。例如:

[卷面]

我们买了1000台空调,希望厂家能在5月1日(　　　),因为空调是(　　　)很强的商品,六七月份是空调销售的(　　　),最好能在5月份(　　　)。

[教师读]

我们买了1000台空调,希望厂家能在5月1日装运,因为空调是季节性很强的商品,六七月份是空调销售的旺季,最好能在5月份上市。

(中级商务汉语期末考试试题)

这段文字中要求填的"装运""季节性""旺季""上市"都是在商务汉语课上要求学生掌握的词语,短文的内容学生也是学过的。用听写填空的形式可以花较少的时间检查学生对重点词语的掌握情况,督促学生复习课文。

这一形式也可用于水平测试,但测试的重点在听不在写,可以测考生记录关键信息点的能力,可采用0—1分制计分,适用于大规模的水平测试。例如:

[卷面]

46—47题(节录)

王经理说:目前他们出口的鸭梨罐头,单价为20英尺[①]集装箱(46)美元。但他们决定为对方提供优惠价格:每个集装箱(47)美元。

[录音]

男:目前一个20英尺集装箱售价为14000美元。

女:但是您也说过你们可以给我们一定的优惠。

男:是的。我们决定给贵方的初次订货价为每箱12070美元,天津港船上交货。

女:每箱12070美元,要是这样的话,我很快就可以下订单了。

(《商务汉语考试大纲》样题,2006)

录音中的两个空都是价钱,是对话中的关键信息,同时又都是数字,外国考生只要听懂了就能写出来,测的就是考生抓住关键信息并记下来的能力。

(5)听后写

听后写不同于其他的听写,并不要求考生写出与录音完全相同的词句,而是要求考生根据听到的内容进行重新整理,用自己的话写一段文字,把讲话的要点写出来。这一题型可以测出考生记笔记的能力、概括归纳的能力以及书面表达的能力。听后写的难度要比一般的听写大,适用于高级

[①] 1英尺=0.3048米。

阶段的考生。例如:

说明:在这部分试题中,你将听到一段讲课录音。你可以边听边记笔记,听完之后有5分钟时间,请你把讲课的主要内容概括成一段文字。

[录音](节录)①

我今天讲的题目是:步行街文化。因为最近一个时期,我们国家兴起了一个建设步行街的高潮。我主要讲这样几个观点:第一个就是景观要有文化品位,第二是人流要畅通,第三是功能要转化,第四是管理要现代。

我先讲第一个,景观的文化品位。安徽省有个叫屯溪的地方,屯是三里屯的屯,溪是溪水的溪,那个地方有条老街,这条街现在已经成为跟黄山搭配的旅游景点了。……

我再讲讲第二点,人流畅通问题。步行街要建设好,非常重要的一点,就是要解决行人流动的问题。……

第三个问题呢?我想讲讲步行街功能的转化。我们的步行街都是从过去的商业街变过来的,就是百货商店卖东西。有些人以为把路一拦,车不让进来,就是步行街了。但是我看到现在国外好多步行街,它的功能已经多样化、休闲化。……

第四,我想讲讲管理的现代化问题。我看到很多步行街,它的铺面怎么出售呢?反正我一个平方米五万块钱,你交得起钱就可以进来,不管你干什么。这种做法看起来很公平,但实际上问题很多,为什么呢?……

(本科留学生入学语文考试)

大学本科入学考试需要考查留学生是否具备听懂用中文讲授的课程,并记下讲课要点的能力。这段讲课录音尽管比较长,但却围绕着一个主题和四个要点展开。考生需要从讲课人的长篇论述中抓住这几个点并用汉语整理成一段概括性的文字。这是一种真实性很强的试题,能考出考生的综合语言运用能力。

问答

问:听后写在考试时应该归入听力部分还是写作部分?

答:听后写考的是基于听力的写作能力,两种能力都考了,缺一不可。新托福是把它放在写作里面。有的考试把它放在听力里面,因为录音可以和别的部分一起放,操作方便。

---

① 讲话原文选自《百家讲坛》胡兆量的《步行街文化》,根据考试要求进行了适当的改写。

2. 编写听写题应注意的问题

(1) 根据不同的目的选择不同的听写形式。从语言要素到综合能力，具体的听写形式都不同。

(2) 听写可以侧重于分立，也可以侧重于综合，随着语言加工层次的提高，综合程度也相应提高。初级阶段分立的多，中高级阶段综合的多，要把握住测试的层次。

(3) 除拼音听写外，其他的听写要尽可能使学生理解意思，建立音义形的联系。这是汉语听写的一个特点，一般要求听写汉字，只有写出了汉字，才能表明考生理解了意思。

(4) 听写填空所填的词，不能看了短文后就可填出，而应听后才能写对。这一点和纯粹填空题的要求正好不同。比如上文中听写价格的那个例子，仅仅看卷面上的文字考生肯定填不出来，必须要听。这一点在水平测试中尤为重要。

思考题

(1) 在你自己学习外语的过程中有过哪些听写？对你的学习有哪些帮助？
(2) 汉语的同音词很多，比如"童话—同化""权利—权力—全力"等，同音字就更多了，比如"供""工""功""公""宫""龚""弓""恭"等，在听写中应如何处理？汉语的这一特点，对听写这一题型的利弊有哪些？

二、填空

填空题（gap-filling items）要求考生在一个词组、一个句子或一个语段中填写出空白处的词语。这一题型的特点是能有针对性地考出想考的语言点，操作简便，评分客观。所以填空题是在成绩测试中使用最多的题型之一，也可以用于水平测试。

1. 填空形式

根据填空的层次可以分为语句填空和完形填空两种。

(1) 语句填空

语句填空是要求在一个词组或一个句子中填出词语，考查的是语句层次的能力。在课堂的成绩测试中，这一题型经常用来填写各种语言成分，如填量词、名词、动词等。

考量词最适合使用填空题。例如：

请填出句子中的量词。

1. 这_____帽子多少钱？

2. 他有两_____笔：这三支是铅笔，那支是圆珠笔。

填量词可以只出词组，如"一（　　）伞"，适合那类唯一的量词，但汉语中很多名词可以用多个量词，比如"小说"；一些量词又可以用于多种名词，比如"套"；而有的量词只有在句子中才具有确定性，比如"种"。应根据需要采用不同的形式。有时可以明确要求不能用"个"，让学生填学的新量词。

名词和形容词的搭配也可用填空题。例如：

请填出形容词后面的名词或名词前面的形容词。

恶劣的（　　）　　　（　　）的景色

这类填空适合在课堂教学中考词语搭配，可以有一组开放的答案。

填空题也可以考动词。例如：

请在下面的句子中填上合适的动词。

这个词的用法我还不太清楚，您能给我（　　）个例子吗？

这类填空适合在课堂教学中考动词的运用，答案相对开放。

由于填空的答案是考生提供的，因此答案往往不一定是唯一的。如果希望得到唯一的答案，使考点更为明确，一个办法就是加拼音。常用的形式有以下几种。

方式一：直接看拼音填汉字。例如：

　　　　　　　　　tài

今天的云很多，看不见（　　）阳。

（《新汉语水平考试大纲HSK三级》样题，2010）

　　　　　　　liànxí

我们经常在一起（　　）汉语。

（分班试题）

方式二：集库选拼音填汉字。例如：

　　　　　mángmù　jīhū　bēiguān　xiāohào

1. 汽车需要（　　）大量的石油资源。

2. 近年来汽车工业的（　　）发展引起了世界各国对能源危机的恐慌。

3. 有人（　　　）地预言,这些所谓的现代化交通工具将毁灭传统文化。

（中级汉语小测验）

这种题型既可以出很容易的题,也可以出有相当难度的题。做集库选拼音填汉字的试题时,考生既要知道某个空应填哪个词,又要写出汉字,是中高级成绩测试中一个有难度的题型。

（2）完形填空

完形填空的基本形式是在一段文章中依据一定的规则删去一些词或字,要求考生填出来,考查的是语篇层次的能力。这一题型的基本假设是,整体决定部分,母语者具有语言复原能力,能在上下文中补出那些他们没有读到的语言成分。根据语言复原能力的高低能区分出二语学习者的语言能力。这一题型在二语测试中使用广泛。

在完形填空中,如果删掉的是词,有时难以保证答案的唯一性。对于汉语来讲,要保证答案的唯一性,最好是删掉双音节词或多音节词中的一个字。例如:

通　知

外事处将从七月二十日起组<u>167</u>各国留学生去大同参观访<u>168</u>,时间半个月<u>169</u>右。每人交人民币一百元。愿去者请于七月十日前来我处报名,并请<u>170</u>相转告。

外事处
6月15日

（《汉语水平考试大纲》样题,1989）

对拼音文字的语言来说,虽然常见的形式是删掉单词,但是也有删掉某个单词中的几个字母的,这种形式被称为C-test。在这种情况下难度会降低,但却保证了答案的唯一性。例如:

There are usually five men in the crew of a fire engine. One o____ them dri____ the eng____.

（Klein-Braley & Raatz, 1984）

完形填空是一种命题简单、能测出阅读能力和一定的语言综合能力的题型。

2. 编写填空题应注意的问题

（1）填空题适合考查学生对语言要素的掌握情况以及对语篇的综合理解能力。填空题既可以用于成绩测试,又可以用于水平测试。测试目的不同,删词的标准就不同。比如水平测试删的词应该是某一级别中的常用词,但是成绩测试则不然,只要是教学中要求掌握的词,即使不太常用也可以考,因为学生会在复习的范围内准备。

(2)填空题的答案有唯一答案和可接受答案两种,水平测试适合唯一答案,成绩测试两者都可以。成绩测试中的部分可接受答案是开放性的,比如填形容词,还应该鼓励学生提供更多的答案,开阔思路。

(3)完形填空的删词方式分定距删词和合理删词。定距删词是规定隔几个词或字删掉一个词。这一方法客观,但是有时候删掉的词是难以填出来的,如人名、地名等。合理删词是经过选择的、具有一定语言水平的人能够填出来的。但在合理删词时要注意删词距离相对均匀。汉语的水平测试中,一般不删单音节词,因为难以保证答案的唯一性。像"一(　　)信"中的"封"在特定的语境中是唯一的,但这样的词比较少。

思考题

(1)汉语的完形填空,删词距离是按照词来算还是按照字来算?哪种更好?
(2)在填空时如果要求填的词填对了但是字写错了,应该算对还是算错?

三、简答

简答题(brief response items)一般是要求考生在阅读文章后用比较简短的文字写出问题的答案。

1. 简答题的形式

根据不同的考试目的,答案分为封闭性答案和半开放性或开放性答案两种。

(1)封闭性答案

这类简答的问题是结构化的,答案是唯一答案及有限的可接受答案。例如:

说明:95—100题,读后写出简要的回答。每题的答案只能用1—10个字,答案请写在答卷上。

例如:合同是在哪里签字的?　　最恰当的答案是:深圳

95. 合同双方买卖的是什么商品?
96. 这批货在到达香港之前应先付多少元人民币?

97. 如果发生了人力不可抗拒的事故,卖方不能按时交货,应该由哪个部门出具证明?

98. 货物到达后,如果买方对货物的质量不满意,应在多少天之内向卖方提出赔偿要求?

99. 如果交货后3天内买方不能付清全部货款,卖方怎么办?

100. 如果买卖双方不能解决贸易纠纷,必须服从哪个机构的裁决?

中国四达进出口公司
售货合同

合同号码: CN01C068754

签订日期: 2005年11月18日

签约地点: 深圳

卖方: 中国四达进出口公司

地址: 北京市朝阳区呼家楼居和五里17号

电话、传真: 86-10-67425588

买方: 华奇国际贸易有限公司

地址: 香港九龙尖沙咀西科学馆道32号,西康宏广场南座8楼105室

电话、传真: 852-26884809

买卖双方同意由卖方出售、买方购进下列货物,并按下列条款签订本合同:

1. 品名、数量、价款

商品名称、规格	数量	单价(元/MT)	金额
28g条纹牛皮纸 70×100cm	80MT	¥5025.00 FOB天津 伍仟零贰拾伍元	¥402000.00 FOB天津 肆拾万零贰仟元整

2. 包装: 标准包装。

3. 保险: 由买方负责购买。

4. 装运地: 天津港。

5. 目的地: 香港。

6. 装运期限: 2005年12月2日前。

7. 付款条件: 电汇。合同签订后1周内,预付50%货款。交货后3天内付清全部货款。

……

(《商务汉语考试大纲》样题, 2006, 节选)

这一题要考查的是在商务文件中查找信息的能力,所以答案都是确定的,有的在词句上可以有几个可接受答案,如95题"牛皮纸""28g条纹牛皮纸""28克条纹牛皮纸"都对。因此,这类题可以0—1计分。这类题适用于水平测试。

(2)半开放性或开放性答案

这类简答题的答案是非结构化的,答案不是封闭性的,而是开放性的。例如:

在一些地区,养蜂人有时会遇到特殊的"客人"——熊。熊最喜欢偷蜂蜜吃。发现熊来了,他们就大声地敲铁桶,大多数情况下,熊会马上离开,但如果是饿极了,它就会冒着危险当"小偷儿"。有时候会趁养蜂人不注意,偷偷地把蜂箱搬到小河边,先把蜂箱敲破,接着再把"手"洗干净,然后便坐下来慢慢享受。每当遇到这样的情况,蜜蜂们会一起围住熊进攻它,但熊一点儿也不害怕,因为它有厚厚的皮和毛作保护。

问题:

1. 文中"客人""小偷儿"和"手"为什么要加引号(" ", quotation marks)?(2分)

2. 熊害怕什么?为什么?(2分)

3. 这段短文主要讲的是什么?(3分)

(期中考试试题)

这段短文选自课上学过的课文,教师事先告诉学生短文将从学过的课文中选,要求复习。第一个问题是在上课时讲过的,看学生能否用自己的话回答。答案是半开放性的,学生答"熊不是真的客人""不是真的小偷儿""不是真的有手"等都对。第二题的答案也是半开放性的,学生回答"人"或"养蜂人"都对,说明为什么,语言要组织一下。如果学生回答"蜜蜂",就全错。第三个问题是开放性的,学生可以根据自己的理解进行概括,只要把中心意思概括出来,怎么说都可以接受。

半开放性或开放性答案的试题不适于0—1计分,而应该用多值计分,其中开放性的题目分值应该适当增加。这类试题适用于成绩测试。

2. 编写简答题应注意的问题

(1)要根据考查的目的决定是否使用简答题。命简答题时,水平测试的预设答案通常是封闭性的,即唯一答案及有限的可接受答案,以便使用

0—1计分。但适合0—1计分的题多数是快速阅读查找信息的题，复杂的理解性问题往往难以做到。比如要求解释"风靡大江南北"，考生写"引起很多人关心"，算不算对？再如"这篇文章的题目应该是什么"，每个人看问题的角度不同，很难有客观的标准。要用0—1计分，问题的难度往往很难上去。所以，如果想问复杂的问题，又想用0—1计分，建议使用选择型试题。成绩测试通常是人工评分，不必0—1计分，如果又想考一定的综合能力，使用简答题就比较合适。

（2）设问角度宜具体，不宜宽泛。例如，考一篇谈研究方法的文章，采用简答题，我们设想有两种提问方式：

宽泛提问：

作者认为应该怎么搞研究？

具体提问：

根据短文，搞研究的三个步骤是什么？

由于整篇文章讲的就是研究方法，如果宽泛提问，考生会发现无从回答，或怎么回答都不能算错。但如果是具体提问，考生就会知道应该从文章中查找哪方面的信息，如何归纳。

（3）一般不要出选择性或判断性的问句，如"还是、是不是、会不会、对吗"等。我们之所以有时要采用简答题，就是希望能考出选择型试题考不出来的某些能力，但是如果用"还是、是不是、会不会、对吗"这样的方式提问，简答题实际上就变成了是非题，浪费了简答题的人力评分资源。

思考题

（1）如果考生在回答简答题时回答了一大堆，里面虽然包含了正确答案，但写了大量无关的东西，看得出考生心中没底，这能不能算对？

（2）简答题的考查重点究竟是阅读理解能力还是书面表达能力？如果考生的意思回答对了，但是文字表达有问题，如何给分？

四、排序

排序题（ordering items）是把一组词排列成符合语法的句子或把一组句子排列成符合逻辑的语段的题型。

1. 排序题的形式

根据考查的层次可以分为排词序和排句子顺序两种。

(1) 排词序

例如：

最 吃 我 西瓜 爱

答案：我最爱吃西瓜。

(《新汉语水平考试大纲HSK三级》样题，2010)

这个题型考查考生掌握语法结构的能力和抄写汉字的能力，要求不能加字，不能减字。可用于水平测试，也可用于成绩测试。在成绩测试中使用时，要结合需要考查的语法点，更有针对性。

(2) 排句子顺序

例如：

A. 其实，健康的概念要广泛得多

B. 还包括心理健康和社会交往方面的健康

C. 什么叫健康？过去许多人认为不生病就是健康

D. 现代科学认为，健康的新标准，除了身体健康外

答案：CADB

(《HSK中国汉语水平考试大纲[高等]》样题，1995)

这种题型考查的是考生连接句子的能力，并不需要考生写汉字，只需要写出字母的组合顺序即可。因此，也可以把这种题型放入选择型试题。如果用①②③④代表四个句子，就可以变为多项选择题，排列成如下的形式：

A. ④①③②　　B. ②①④③　　C. ③②①④　　D. ③①④②

不过，这样处理之后，虽然可以提高评分效率，但却限制了组合的种类。而作为构造型试题，组合却可以超出四种，这也正是构造型排序题的优点。

2. 编写排序题应注意的问题

(1) 排词序题考查的层面是句子，组成成分为词或词组。一般来说，切分得越细，学生提供的答案就越分散。在水平测试中，不宜切分得过细，切分的单位不限于词，比如"他给我"可以作为一个单位，以保证只有一两种正确的组合。在成绩测试中，也不要切分得过细，目的是让学生把注意力集中在我们希望考的语言点上。

(2)排句子顺序题考查的层面是语段,组成成分为句子,通常只能有一种正确组合。

(3)并非任何一个语段拆成四个句子都可以出成一组好的排序题。选语段时应找出学生在连接句子时容易出错的薄弱环节,如关联词、代词等,在这些地方往往能考出考生对句子的连接能力和对语段的整体把握能力,应根据教学重点、测试意图加以利用。

思考题

(1)如果出这样一道排词序题会有什么问题?如何解决这类问题?
   题目:拿走　的　书　弟弟　了　我
(2)排句子顺序题,ABCD四个短句通常会有多少种组合?设答案时是否应该回避ABCD这一组合?

五、课堂测试中其他常用题型

1. 其他常用题型

除了上述题型外,在课堂测试(成绩测试)中还有改写句子、完成句子、完成对话、造句、改错挑错等一些常用的题型,这些题型各有其独特的功能。

(1)改写句子

改写句子要求学生用指定的词改写原来的句子。例如:

① 我小,他大。

　　_____。(比)

② 已经10点了,他还没起床。

　　_____。(都)

改写后的句子与原句应该意思相同,但必须使用规定的词语,只要符合这两个要求,答案都可以接受,这是半开放性的。例如,第一句,"我比他小""他比我大"都是正确答案。这一题型很适合考查语言点。

(2)完成句子

完成句子要求学生用指定的词写完句子。例如:

① 你最晚六点要到这儿,_____。(不然)

② _____,我打算去旅行。(快……了)

学生需要使用规定的词语，根据前半句写完后半句，或根据后半句补出前半句。在教学中非常适合考查连词，如"既然""否则""果然"等，也可以考查一些结构，如"随着"等，由于有语境的引导和限制，能较好地检查学生是否会使用该语言点。

（3）完成对话

完成对话要求学生在一个小对话中，写出对方的话。例如：

① A：你的宿舍远吗？

　　B：_____。（离）

② A：_____。（别）

　　B：好，我明天8点钟一定到。

这个题型与完成句子有些相似，只不过是要求完成一组小对话的上一句或下一句。但由于有对话语境的限制，因此预设的句子应该是在对话中可能自然出现的。

（4）造句

造句要求学生用所给的词写一个句子。例如：

① 反映：_____

② 尽管：_____

③ 因……而……：_____

> **问答**
>
> 问：像改写句子、完成句子、完成对话等题型，假如要求用的词对了，但却有其他错误，怎么评分呢？
>
> 答：不要用0—1计分，这样可以有所区别。比如可以每题2分，语言点错误扣1—1.5分，其他错误扣0.5分。

造句是一个传统的题型，只要求学生在造的句子里用上规定的词即可。这个题型的优点是命题方便，但是有两点局限。第一是学生可能只是造一个很简单的句子，或只是记住了一个例句，从中看不出学生是否真的会按照教学要求使用这个词。第二是很多词有多种意思或用法，如"尽管"既是连词又是副词，用法、意思都不同，如果想考副词的用法，用造句的题型就不好限制。

（5）改错挑错

改错挑错是语言教学中的一个重要的手段，也是课堂测试的一项重要内容。选择合适的改错方式非常重要，有助于学生掌握语言，如果方法不对则会强化错误。在测试中常使用的方式有以下几种。

方式一：改错。

这个题型先给出一个错误的句子，要求学生改成正确的句子。例如：

下面的句子有错误，请把正确的句子写在横线上。

① 都留学生住在学校里。

_____

② 下课后，教室里只剩下他亲自一个人了。

_____

学生应在横线上写出正确的句子，也可以先要求学生画出错误的地方再写出正确的句子。这是成绩测试常用的题型，适合考语言点。由于学生修改的句子中还可能有其他错误，对于不同性质的错误如何扣分较难统一，难以用0—1计分，评分比较耗时，所以一般不用于大规模的水平测试。

方式二：挑错。

挑错题是要求考生挑出文章中有错误的或多余的词。剑桥BEC（高级）的阅读中就使用了这种题型。例如：

剑桥BEC（高级）的阅读第六部分（节录）

Questions 41–52

- Read the text below about IT training.
- In most of the lines (**41–52**) there is one extra word. It is either grammatically incorrect or does not fit in with the sense of the text. Some lines, however, are correct.
- If a line is correct, write **CORRECT** on your Answer Sheet.
- If there is an extra word in the line, write **the extra word** in CAPITAL LETTERS on your Answer Sheet.
- The exercise begins with two examples, (**0**) and (**00**).

Examples: | 0 | C | O | R | R | E | C | T |
| 00 | T | H | A | T |

IN-HOUSE IT TRAINING

0   One of the most important things you should consider before implementing
00 an IT training program is whether that the content is current, accurate
41 and easily be understood by trainees. In general, you should look

《剑桥BEC真题集第3辑（高级）》，2006，节录）

在这种题型中，只有一种性质的错误，即在句子中多用了一个词，有语法或语义上的问题。首先要求学生判断某一行中是否有多用的词，如果有

175

就把这个词挑出来。这种方式评分客观,可以用0—1计分,可以用于大规模的水平测试。

2. 课堂测试中其他常用题型命题应注意的问题

(1) 不要对学生的二语习得造成误导。学生在习得第二语言的过程中会犯很多错误,其中有一些错误和我们练习或测试题设计不当也有一定的关系。例如:

完成句子:

A: 毕业以后你回哪儿?

B: _____。(回去)

本来学生在习得趋向补语的宾语位置时就容易出错,常常把表示方位的宾语放在"去"的后面,而这道试题如果这样出就会使学生写出错误的句子。其实这道题括号中的词改为"回"或"回……去"就能避免这样的误导。如果认为这样会降低试题的难度,也可以采用"选择词语合适的位置"的多项选择题。

(2) 考某一个语言点时,要适当降低句中其他词语的难度。例如:

教中级水平的学生"靠……为生"后,用"改写"题考查学生是否掌握了这一结构的用法。

设想如果出这样的句子:

他穷困潦倒,只是爬爬格子,勉强糊口。

学生可能会使用"靠……为生"的结构,但会因为不懂"穷困潦倒""爬爬格子""勉强糊口"的意思而不会做这道题,而那些难词其实并不是考点。如果换成这样的句子:

小李的工作是卖照相机。

由于其他的词难度都相对较低,就能将学生的注意力集中到"靠……为生"这一结构上来。如果有学生做错,只能说明他没有掌握这一结构。

(3) 设计"完成对话"题应真实自然,符合通常的对话思路及语体特点。既然是对话,就应该是口语体,但如果要求用的是书面语词,尤其是需要绕个大圈子才能用上,就不符合普通人的对话思路和语体特点。例如:

完成对话:

A: 我们要解决发现的问题。

B: _____。（对……加以+V）

"对……加以"是个书面语的结构，人们在对话中很少使用。在考试时如果要求考生用这个结构完成对话，就会使学生写出不自然的句子。如果在生活中这样说会使人感到别扭。这种结构是不是不能考呢？也不是，如果换成完成句子，写出来的句子就可能很自然。例如：

完成句子：

我们目前有很多问题，有就业问题，有环境问题，_____。（对……加以+V）

这个长句子像是个正式发言，在这种语境中使用"对……加以"这一结构就很自然。

（4）设计"改错"题时，一般一题中只有一个错误，应该是学生在练习中出现过、教师明确纠正过的典型错误。学生的句子里往往会有好几处错误，教师都会一一改过来。但让学生改错只是语言学习或检查语言掌握情况的一种方式，所以每一题最好都只有一处错误，看学生能否识别。这样做的另一个好处是评分标准比较好掌握。

思考题

(1) 课堂测试常用题型多数都和练习的题型相同或相近，是不是练习的题型都能用于课堂测试？哪些不能用？

(2) 假如有这样一道改错题："今天我问他吃饭。"英语的ask，汉语有"问"和"请"的不同意思和用法，说英语的学生经常用错，教师已纠正过，教师希望用这道题考查学生是否掌握正确的用法。如果有个学生这样改："今天我问他吃饭吗？"这算不算改对了？应该怎么设计这种题？

第四节 案例讨论与题型评价

一、试题案例讨论

请从构造型试题命题的角度对以下试题进行讨论、分析。这些试题来自教学中的试卷、命题员提交的试卷,均为测试外国学生的汉语试题,仅供讨论。为便于讨论,不一一注明试题的具体出处。[①]

● 案例1

用所给的词语完成对话:
A: 他的汉语为什么那么好?
B: _____。(从而)

(成绩测试题)

● 案例2

把下列代词和名词变为复数形式:
Change the following pronouns and nouns into plural forms
1. 你(　　)　　2. 我(　　)　　3. 他(　　)
4. 同学(　　)　　5. 学生(　　)

(成绩测试题)

● 案例3

用所给的疑问词提问:
Raise questions with the given interrogative words

谁　吗　什么　哪儿

1. A: _____? B: 这是画报。
2. A: _____? B: 我去天安门。
3. A: _____? B: 她是我的同学。

(成绩测试题)

---

① 这些试题主要由李海燕老师提供,特此表示感谢。

案例4 口试

请看这张留言条

王平：

 我下周一到周三去上海出差，之后乘周四中午的飞机去广州。在上海期间，如果你和张平有重要的事情，可以打电话到富豪酒店跟我联系。电话是（21）63259471。

李刚　即日

你就是王平，把留言条上的内容转告张平。

（水平测试题）

案例5 写作

 请你用简要的文字概括出石油价格下跌对经济是有利还是不利，或既有利也有弊，并简述理由。

 要求：80—120字。

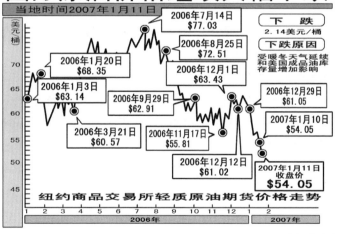

（水平测试题）

二、对构造型题型的评价

1. 构造型题型的主要优点

(1) 能测出考生的语言表达能力及语言交际能力。考查的语言技能主要是产出性的技能，考生能够提供接近实际语言交际的话语样本，测试者能以此测量考生的语言交际能力。

(2) 能引导学生真正提高语言表达能力。由于测试要考查的能力基本上就是在实际的交际中有机会使用的能力，考试能引导考生去提高实际的语言交际能力。

(3) 考生样本所提供的关于考生能力的信息量很大，所以非常适合成绩测试。因为在成绩测试中，教师不光是为了决定某道题是对是错，还为了发现学生的问题。而这一目的选择型试题是难以达到的，因为即使学生选对了，教师也不能确认他是真理解了还是蒙的，而他选错了，也不能确认反映了他的什么问题。选择型试题关注的是群体的分数分布，而不是个案研究，所以，在实际课堂教学中，一般应该以构造型题型为主。

(4) 猜对率相对比较低。说猜对率低是相对的，在水平测试中，尤其是借助一些辅导机构帮助考生猜题、押题，考生其实也会碰到一些准备好了的相似的作文题、口试题。在成绩测试中，由于考查的是一定范围内学过的内容，所以即使构造型试题也存在猜对率，但这种猜对率并非随机地瞎蒙，与提高考生语言水平的总体目标是一致的。

2. 构造型题型的主要缺点

(1) 评分要真正做到客观比较困难。在大规模水平测试中，尽管通过制订明确的评分标准和有制约机制的评分程序可以有效地提高评分的客观性，但在实际操作中有时仍难以做到客观。而在课堂的成绩测试中，由于一般难以实现多人评分，评分人主观因素的影响就更为明显。

(2) 效率不如选择型试题高。主观评分本身就费时、费力，而为了提高评分客观性采用双评、复审等措施则进一步增加了评分的工作量，这些都大大影响了构造型试题的评分及出成绩的效率。这一缺点在大规模的水平测试中表现得尤为明显，而在成绩测试中，由于课堂教学考生人数有限，问题不太突出。

思考题

请结合你自己参加过的考试,谈谈你对构造型试题的看法,你认为这类题型有哪些优点和缺点?能举几个例子吗?

本章延伸阅读

序号	主题	作者	参考资料	章节
1	构造型试题的命题	李筱菊	《语言测试科学与艺术》	第八、十章
2	评分标准	王佶旻	《语言测试概论》	第十一、十二章
		柯传仁	OPI和SOPI:两种口语测试法的相关研究及其在教学中的应用	
3	课堂成绩测试	杨翼	《对外汉语教学的成绩测试》	第六、七章

自我评价

第五章

测试分数的解释

第五章　测试分数的解释

本章需要解决的问题是考试分数出来后应该如何对分数进行解释。①我们需要学习：

1. 分数是如何分布的？什么是集中量数和离散量数？怎样计算？

2. 什么是正态分布？分数分布的数据给我们提供了哪些信息？

3. 什么是原始分和标准分？报告分数是怎么来的？

4. 什么是常模参照解释和标准参照解释？它们是什么关系？

第一节　分数的分布

一次考试结束之后我们就能得到每个学生的分数和全班的分数，如果是大规模的水平测试，我们还能得到世界各地考生的分数。为了从分数中得到更多的信息，我们需要对分数进行分析，进行量化的描述，从而作出解释。那么对于一组分数，比如一个班的分数，我们应该从什么角度来进行描述呢？

一、集中量数与离散量数

我们使用描述性统计量（descriptive statistics）描述一组分数，通常使用两种统计量：集中量数与离散量数。

集中量数（measures of central tendency）是反映一组数据集中趋势的统计量。考试之后，教师们会互相问一下各个班的成绩，比如说，这个班考

---

① 在本章及其后几章中有一些统计分析的公式，主要要求理解。在"看演示"和"练一练"中，我们会指导大家运用通用的软件来计算有关的数据（扫描二维码即可查看）。我们使用的通用软件是Office中的Excel和社会科学统计软件包SPSS。

得一般,平均70分左右,那个班不错,平均85分,这其实就是两个班分数的集中趋势,并不是最好的或最差的,是多数学生的情况,或者说是所有学生的总的趋向。最常用的集中量数有平均数、中位数和众数。

平均数(mean,或average)也称均值、均分,每个数值相加除以数值的个数就是平均数。考试中的平均分就是每个考生的分数相加除以考生的人数。平均数一般用 x 上加一横表示(读作x bar,或x杠),即 $\bar{x}$。

平均数是最常用的集中量数,简便易懂,但缺点是容易受极端分数的影响。比如某个班有一个人得0分,平均数就会降低,有两个人得满分,平均数就会上升,但这种极端分数并不能反映多数学生的情况。因此,如果想全面判断某个班的集中趋势,尤其是在班里有极端分数的情况下,我们还需要其他的集中量数。

中位数(median)也称中值,是把一组数值一个一个从低到高排列后,位于中间位置的那个数值。

假设一个班有9个学生,某次小测验满分为5分,这些学生的分数分布如表5-1所示:

表5-1 小测验分数分布示例

学生	张	王	李	赵	刘	马	田	孙	陈
分数(分)	1	2	2	2	3	3	4	4	5

中位数应该是刘的分数3分。如果总人数是偶数,中间两个人的分数又不同,中位数就取中间两个人分数的平均数。

众数(mode)是一组数值中出现次数最多的那个数值。在表5-1中,这个班的众数是2分。有时在一组数值中出现最多的数值有好几个,比如得2分的有3个人,得3分的也有3个人,统计软件通常显示最小的那个数值。

一般来说,平均数、中位数、众数越接近,说明分数的分布越好。但是有时这三个数值也会差得比较远,比如,有时在分班考试中,得0分的最多,有11个人,得平均分的是10个人,在描述集中趋势时就要综合考虑。

由于平均数简便易懂,加上在大规模考试中考生多,极端分数的影响会相对降低,所以一般使用平均数来表示一组分数的集中量数。

平均数、中位数、众数可以使用Excel中的"fx(插入函数)"进行统计。

【看演示5.1】

用Excel求写作和阅读考试的平均数、中位数和众数。

步骤：

第一步：建一个学生考试分数的Excel表格，一列为学生姓名或考号，两列为写作和阅读分数。

5.1 集中量数

第二步：先定位在"写作分"那一列最下面一格。

第三步：点"*fx*（插入函数）"，在"选择函数"中选"AVERAGE"可得到写作的平均分（平均数），把分数右下角的小方块往右拖，可得到阅读的平均分。

第四步：用同样的方法，选"MEDIAN"可得到中位数，选"MODE"可得到众数。如果在"常用函数"中找不到"MEDIAN"和"MODE"，在"全部"中能找到。

〖练一练5.1〗

用Excel求试卷X001中听力和阅读考试的平均数、中位数和众数。

练一练5.1

集中量数能帮我们看到一组分数的集中趋势，但是，只看集中量数够吗？我们看表5-2这个例子：

表5-2　A班、B班小测验分数分布示例

班	每个人的分数（分）							
A班	1	1	1	15	15	28	29	30
B班	13	14	15	15	15	15	16	17

这两个班的平均数、中位数、众数都是15分，但我们一看就知道两个班的情况不一样。两个班同学之间的差异程度不同，A班差异大，B班彼此接近。对这种区别应该如何描述？这就需要另一个描述性统计量——离散量数。

离散量数（measures of dispersion）是反映一组数据离散趋势的统计量，它反映了数据分布的变异性（variability）。简单地说，离散量数告诉我们一组分数之间的差距大还是小，差距有多大。最常用的离散量数有全距、方差、标准差。

全距（range）是最大值（maximum）和最小值（minimum）之间的差距。例如，某次听力测试，最高分43分，最低分11分，全距是32分。

全距容易理解和计算，但缺点是只考虑两端的数值，没有考虑中间的数值，所以容易受到偶然因素的影响。假如某个班正巧有一个得满分的和一个得0分的，全距一下子就大了，不太稳定。另外，全距也不能反映中间考生的差异情况，有0分考生的班和没有0分考生的班，可能中间考生的差异情况差不多，但是全距就很不一样。

怎样才能全面反映考生之间的差异情况呢？只要我们研究一组考生的分数就会发现，大部分考生的分数都和平均分有差距，有的高于平均分，有的低于平均分，它们与平均分的平均差距应该能反映这组考生分数的差异程度。

平均差（average deviation，缩写为AD）的算法是每个分数与平均分之差的绝对值相加，除以考生的个数。但是，由于平均差需要绝对值，在统计分析时不方便，所以也不常用。那么，有没有办法既能得到平均差距又不出现负数呢？于是，人们便使用了方差。

方差（variance，缩写为VAR）的算法是每个分数与平均分之差的平方和除以考生的个数。

$$S^2 = \frac{\sum(x-\bar{x})^2}{N} \qquad \text{[公式5-1]}$$

公式中，S^2是方差，x是一组分数中的一个分数，$\bar{x}$是一组分数的平均分，$\sum$读作sigma，表示连加，是数据的和，N是数据的个数。

上式中的N代表的是总体（population）的数据个数，要求对总体的有关方面进行全面的观察，总体方差缩写为VARP。从统计学的角度看，我们通常所进行的某一次测试都应该理解为是对总体的抽样（sample），即所有可能的考生中的一部分人在作答所有可能出现的试卷中的一份试卷，也就是抽样测试。抽样测试的方差缩写为VAR，公式是：

$$S^2 = \frac{\sum(x-\bar{x})^2}{N-1} \qquad \text{[公式5-2]}$$

公式中，$N-1$表示总体的抽样。至于为什么要$N-1$，可以看有关统计方法的书籍[1]。

方差便于统计分析，不过数值比较大，比如某次考试的总分是50分，但方差就可能有80分，会让人感到有些怪异，因此，人们就用开方的办法让这个数字变小。开方得到的是平方根，方差的平方根就是标准差。

标准差（standard deviation，缩写为STDEV、SD或S）是方差的平方根，表示一组分数与平均分的差异程度。

考生总体标准差的公式：

$$S=\sqrt{\frac{\Sigma(x-\bar{x})^2}{N}} \qquad \text{[公式5-3]}$$

公式中，S表示标准差，其他符号的含义与方差相同，N代表总体数据个数，总体标准差缩写为STDEVP。

通常我们统计的是总体的抽样，需要$N-1$，抽样的标准差缩写为STDEV，公式是：

$$S=\sqrt{\frac{\Sigma(x-\bar{x})^2}{N-1}} \qquad \text{[公式5-4]}$$

标准差是考试分数差异性的最常用的指标，标准差越大，说明分数分布的离散程度越高，即考生之间的差距越大；标准差越小，说明分数分布的离散程度越低，即考生之间的水平越接近。

尽管标准差在解释分数差异时容易理解，但标准差是终极统计量，不能进行加减运算，而方差却可以，所以如果要进行进一步的运算，还需要方差。（张厚粲、龚耀先，2012）

问答

问：平均差和标准差都表示所有学生的分数与平均分的距离，数值一样吗？

答：这两种参数是用不同的方式计算的，数值当然不同。我们曾经算过一次，一项满分50分的考试，平均差是2.23分，标准差是2.51分。可见两种数值是不同的，但比较接近。

---

[1] 韩宝成（2000）、李绍山（2001）等。

方差、标准差和全距可以使用Excel中的"*fx*（插入函数）"及其他方式进行统计。

【看演示5.2】

用Excel求写作和阅读考试分数的方差、标准差和全距。

步骤：

第一步、第二步与【看演示5.1】相同。

第三步：点"*fx*（插入函数）"，在"选择函数"中选"VAR"可得到方差，选"STDEV"可得到标准差。如果在"常用函数"中找不到"VAR"和"STDEV"，可在"全部"中找到。

第四步：分别按写作和阅读分数排序，最高分减最低分可得到全距。

5.2 离散量数

〖练一练5.2〗

用Excel求试卷X001中听力和阅读考试分数的方差、标准差和全距。

练一练 5.2

思考题

(1) 如果平均数、中位数、众数相差比较大说明了什么？

(2) 在水平测试和成绩测试中，标准差大好还是小好？

(3) 关于总体和抽样的问题，有同学问：假如是一个成绩测试，我要考的就是班上的这些学生，如果每个学生都来参加考试了，是不是就是总体？对这个问题，你怎么回答？

二、正态分布

正态分布（normal distribution）是一种中间高、两头低的分布。正态分布现象是一种普遍存在的、在生活中能随处观察到的现象，俗话说"两头小，中间大"。比如在一个地区，最高的人和最矮的人都是少数，多数在中间，而人数最多的那个身高就是这个地区的平均身高。再比如，考试分数，最高分和最低分人数很少，多数人在中间，平均分一般就在那个区域中。正态分布还有一个特点，就是数值越大越趋向于正态。最典型的是男女比例，在一个家庭或一个班级中，男女比例可能会相差比较大，但是在一个国家，男女比例就比较接近了。观察的时间跨度越大，地域越广，越趋向于正态分布。

在测试中常用的统计分析理论是建立在正态分布的基本假设之上的,因此,考试分数出来之后,我们应该检查一下分数是否呈正态分布,这样才能用我们的统计方法来解释分数。也就是说,如果分数分布是正态或基本正态的,我们学的那些统计量就有解释力,如果分布不是正态的,用这些统计量就可能作出错误的解释。

在统计学上,一般用正态曲线来量化描述正态分布现象。

正态曲线(the normal curve)是一条钟形曲线,有一个高峰,一个对称轴,曲线向两边延伸,以横轴为渐近线,但不会与横轴相交。(韩宝成,2000)

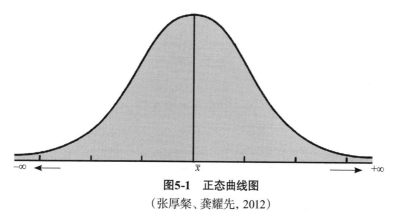

图5-1　正态曲线图
(张厚粲、龚耀先,2012)

图5-1中$\bar{x}$为平均数,这个位置上的纵轴就是对称轴,横轴上的每一个格表示一个标准差,曲线分别向正负两个方向无限延伸。

一般来说,考生越多,或者说样本量越大,考生水平的差异越大,分数的分布越接近正态。但在多数情况下,分数分布都会有些偏。如果高峰偏向左边,称作**正偏态**(positive skewed),这说明在这一群体中低分者相对较多。如果高峰偏向右边,称作**负偏态**(negative skewed),这说明在这一群体中高分者相对较多。如图5-2所示。

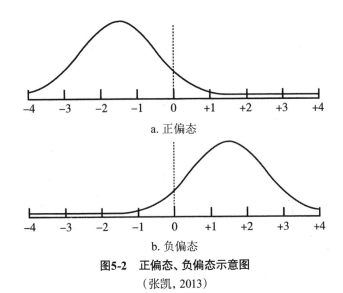

图5-2 正偏态、负偏态示意图
（张凯，2013）

对分布的偏态状况作量化描述的数值是偏度和峰度，也叫偏态值和峰值。

偏度（skewness）表示分数偏离正态程度的数值。正态分布时平均数、中位数和众数相等，偏度为0。当平均数大于中位数和众数时，偏度是正值，所以叫正偏态（见图5-2a）。而当平均数小于中位数和众数时，偏度是负值，所以叫负偏态（见图5-2b）。数值越大偏得越厉害。

峰度（kurtosis）表示分布曲线最高点的陡峭程度的数值。曲线最高点的陡峭程度反映的实际上是高峰区域分数的密集程度。正态分布时曲线最高点的分数分布合适，峰度是0，这种峰顶称为常态峰顶（mesokurtic）；如果分数密集地分布在最高点附近，峰顶就像一个突起的尖尖的高峰，峰度就是正值，数值越大越陡峭，这种峰顶称为尖顶（leptokurtic）；而如果分数不太集中在峰顶周围，而是向两边散开，曲线最高点就像一个平缓的高原，峰度就是负值，数值越大越扁，这种峰顶称为平顶

> **问答**
> 问：我觉得负偏态和正偏态的名称跟我的感觉好像正好相反。高峰在右边的时候按理说应该大，为什么反而叫负偏态？
> 答：其实，你如果以平均数为观察点来看就容易理解了。图5-2b中有虚线的那个0是平均数，高峰是众数，平均数小的时候0在高峰的左边，偏度是负数，所以叫负偏态；平均数大的时候0在高峰右边，偏度是正数，所以叫正偏态。

（platykurtic）。如图5-3所示。

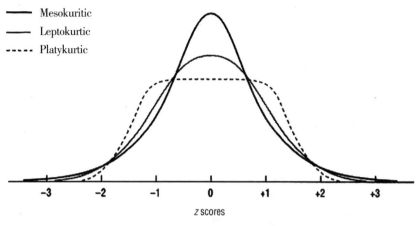

图5-3 三种峰度示意图
（Cohen & Swerdlik, 2005）

我们用两个考试的例子来说明一下如何使用偏度和峰度来描述分数的分布情况。

例如：

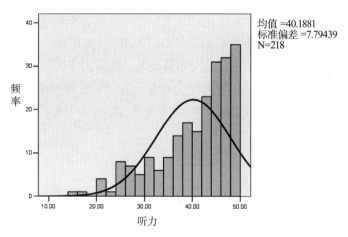

图5-4 某次考试听力原始分的直方图

在直方图中，方柱为实际数据，曲线是以平均数为中点的理想的正态曲线，在对比中可以看出实际数据偏离正态分布的情况。这组数据，偏度为-1.035，是负偏态，说明这组考生中高分者偏多；峰度为.380，正值，说明分数有些集中在高峰处。

再如：

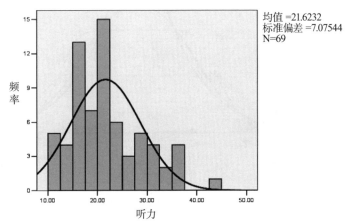

图5-5　某次考试听力原始分的直方图

偏度为.774，正偏态，说明这组考生中低分者偏多；峰度为.157，正值，说明高峰处分数分布相对较为集中。

一般来说，一个考试的偏度和峰度如果能控制在+1和-1之间，其分数分布可以看作基本符合正态分布。（刘润清、韩宝成，2000）

请注意，我们所说的分布是指某一特定的考生群体内部的分布，这种分布是以考生群体的平均分为参照点的，因此，不能简单地根据分布来判断试题的难易，因为高分者多，有题目容易或考生水平高两种可能性，反之也一样。

描述性统计量及其测试分数的分布情况可以通过SPSS进行统计。

【看演示5.3】

5.3 分数分布 SPSS

用SPSS求某次考试分数的描述性统计量，包括：

1. 集中量数（平均数、中位数、众数）；

2. 离散量数（方差、标准差、全距）；

3. 分数分布情况（偏度、峰度），用图表观察分布是否正态。

步骤：

第一步：打开SPSS，输入数据（或将Excel中的数据复制上去）。为了显示明确，可以在"variable view（变量视图）"中给需要分析的这列命名，比如命名为"测试"。

第二步：回到"data view（数据视图）"，点工具栏中的"analyze（分析）"，选"descriptive statistics（描述统计）"中的"frequency（频率）"，然后将"测试"拖入"variables（变量）"框中。

第三步：在"frequency statistics（频率统计量）"的对话框中有"central tendency（集中趋势）""dispersion（离散）""distribution（分布）"等几个区域，我们希望统计的参数都可以直接选中，然后点"continue（继续）"。

第四步：在"charts（图表）"中，可以选"histogram（直方图）"及"show normal curve on histogram（在直方图上显示正态曲线）"，点"continue（继续）""OK（确定）"，就可以得到这些参数及图表，如表5-3所示。

表5-3 描述统计量

测试

N	有效	20
	缺失	0
均值		5.6000
中值		6.0000
众数		6.00
标准差		2.32605
方差		5.411
偏度		-.127
偏度的标准误		.512
峰度		-.314
峰度的标准误		.992
全距		9.00
极小值		1.00
极大值		10.00

从表5-3中可以读到均值、中值、众数、标准差、方差等数值。从分布看，偏度为-.127，略有些负偏态，峰度为-.314，峰顶是平的，不过都在-1到+1的范围内，基本上是正态的。

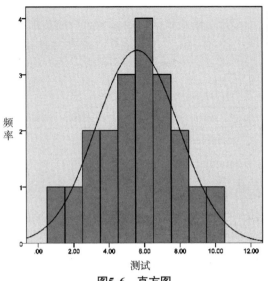

图5-6 直方图

从图5-6可以直观地看到这次考试分数的分布是基本正态的。

问答

问：峰度显示的是负数，但是图5-6中，峰顶并不是平的，这不是矛盾吗？

答：你说得对！其实图表只能帮助我们直观地理解分布的情况，比较粗略，而数值是准确的，所以当图表和数值矛盾时，应该以数值为准。

〖练一练5.3〗

用SPSS求试卷X001中听力、阅读考试的描述性统计量，包括：

1. 集中量数（平均数、中位数、众数）；

2. 离散量数（方差、标准差、全距）；

3. 分数分布情况（偏度、峰度），用图表观察分数的分布是否正态；

4. 对比听力和阅读分数对这组学生的情况作一个综合分析。

思考题

(1) 既然正态分布是自然界和人类社会中的一种普遍现象，那么，为什么会有这么多偏态？你觉得造成偏态的原因有哪些？理想的正态分布在实际生活中出现的概率究竟有多大？

(2) 有同学提了这样一个问题：假如某一组考生的整体水平都很高，他们会不会整体都偏到正态分布的一头？正态分布究竟是以考生为准还是以试卷的难度为准？

为了研究这个问题，我们做了一个试验。我们选了一组整体水平很高的考生，在50分的考试中，他们的平均分是42.0519分，我们给每位考生减去20分，使得他们成为一个接近中等水平的考生群体，然后我们统计了这两项成绩，结果如表5-4（表中测试1是原来的分数，测试1b是减分之后的分数）：

表5-4 减分前后的描述统计量

		测试 1	测试 1b
N	有效	77	77
	缺失	0	0
均值		42.0519	22.0519
中值		43.0000	23.0000
众数		43.00	23.00
标准差		4.68732	4.68732
方差		21.971	21.971
偏度		-.787	-.787
偏度的标准误		.274	.274
峰度		.856	.856
峰度的标准误		.541	.541
全距		24.00	24.00
极小值		26.00	6.00
极大值		50.00	30.00

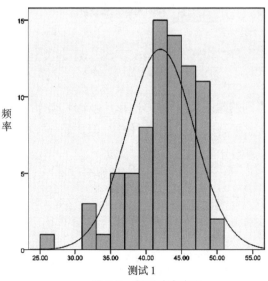

图 5-7 原测试直方图

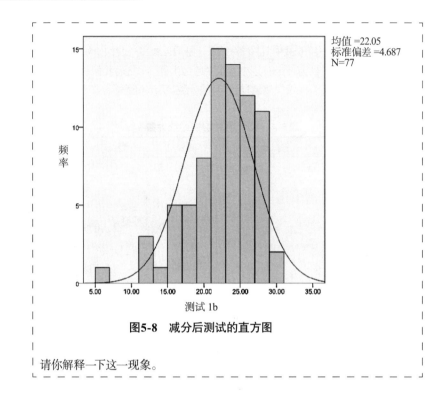

图5-8　减分后测试的直方图

请你解释一下这一现象。

第二节　标准分

一、原始分

考试后我们得到的卷面分叫**原始分**（raw score）。原始分简单、直观，在课堂测试及很多水平测试中仍被广泛使用，但原始分有很大的局限性，即在不同的考试中原始分是难以比较的。例如：

小张参加了三项考试，听力得了23分，阅读得了24分，写作得了20分，如果我们想当然地判断，可能会觉得他阅读最好，听力其次，写作最差。但实际情况可能不是这样，因为他告诉我们的是原始分。以下是他这三个原始分的相关数据：

听力23分（满分50，全体平均分21.5，标准差9.91）

阅读24分（满分50，全体平均分26.6，标准差8.22）

写作20分（满分30，全体平均分17，标准差6）

我们会发现，首先，写作不能简单比较，因为满分不同；其次，听力和阅读满分相同，但是听力的全体平均分是21.5，阅读的平均分是26.6，因此不能说阅读比听力好，听力和阅读似乎也不能简单地比较。

为了比较不同考试的分数，需要有一个统一的尺度，有一个办法就是把原始分转换成标准分。

二、标准分

标准分（standard score）是以标准差为单位，表示某一个原始分与平均分差距大小的分数。换句话说，标准分告诉我们的是一个原始分是在平均分之上还是之下，是高几个标准差还是低几个标准差。这种标准分又称为**Z分数**，Z分数的计算公式是：

$$Z=\frac{x-\bar{x}}{S} \qquad [公式5-5]$$

公式5-5中，Z是标准分，x是某个考生的原始分，$\bar{x}$是这组考生的平均分，S是标准差。

Z分数表示的是一个原始分在某一组考生分数中的位置，图5-9是Z分数的正态分布图：

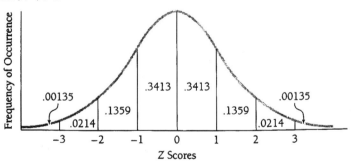

图5-9　Z分数的正态分布图
（Kaplan & Saccuzzo, 2010）

Z分数以0为平均分，1为标准差，取值范围是从-4到+4，但通常都在-3到+3之间。如果某人的原始分正好是平均分，其Z分数就是0分，如果某人的原始分比平均分高一个标准差,其Z分数就是1分,低一个标准差就是-1分。图5-9中的.3413(即0.3413或34.13%)等表示正态分布下的面积,比如Z分数1分的位置比Z分数0分高了34.13%(我们会在常模参照解释中具体解释)。

有了Z分数,我们就能直接比较小张的三项分数了。把小张三个考试的原始分代入Z分数的公式,我们就得到了他三个考试的Z分数:

听力的Z分数:(23−21.5)/9.91=0.151362

阅读的Z分数:(24−26.6)/8.22=−0.3163

写作的Z分数:(20−17)/6=0.5

现在很清楚了,小张写作最好,其次是听力,阅读最差。

三、报告分数

Z分数虽然能比较不同的考试,但由于有负数和小数,使用不方便,甚至有人会感到难以理解,为什么我考了半天却得了一个负分?为了便于人们理解,Z分数在报告的时候往往需要再作一个转换,称为**转换分数**(converted score)。转换分数是人为设定的,条件是不出现负数和小数。

在标准化测试中使用比较广泛的转换分数有:

$$T=50+10Z$$
$$CEEB=500+100Z$$
$$IQ=100+15Z \qquad [公式5-6]$$

T分数是心理测验中常用的转换分数,以50分为平均分,10分为标准差。T是为了纪念两位心理学家推孟(Terman)和桑代克(Thorndike),用他们姓名的首字母T命名的。(张厚粲、龚耀先,2012)

CEEB分是college entrance examination board的首字母缩写,是报告SAT和老托福考试的分数,主要在美国使用。这个分数和T分数非常相像,只是平均分和标准差都加了一个0。(Brown, 2005)过去人们常说托福600分,含义其实就是比平均分高一个标准差。

IQ分也叫离差智商分,以100分为平均分,15分为标准差。所以我们可以根据某人的*IQ*是否高于100来判断其是否高于平均智商。(张厚粲、龚耀先,2012)

事实上很多大规模的水平测试都有自己的报告分数，比如HSK、BCT、新托福等，报告成绩都使用自己的报告分。

现在我们使用T分数把小张的Z分数转换成报告分数：

听力的T分数：50+10×0.151362=52

阅读的T分数：50+10×(−0.3163)=47

写作的T分数：50+10×0.5=55

这样，小张的三项成绩不仅可以比较，而且容易理解。

【看演示5.4】

用Excel将考生的原始分变为标准分（Z分数和T分数）。

步骤：

第一步：建一个学生考试分数的Excel，在原始分的右边添加一列Z分数和一列T分数。为了方便，建议把平均分和标准差拷在旁边备用。

5.4 标准分

第二步：在第一个考生的Z分数列输入Z分数的公式，点"OK（确定）"，即可得到该考生的Z分数，然后下拉就可以得到所有考生的Z分数。

第三步：在第一个考生的T分数列输入T分数的公式，点"OK（确定）"，就可得到T分数，下拉即得到所有考生的T分数。

〖练一练5.4〗

用Excel求试卷X001中每个考生听力、阅读的Z分数和T分数。考生7这两项考试的原始分相同，请比较其标准分，说明其实际上的差别。

练一练 5.4

标准分的最大优点是不同的考试之间可以比较，因此一般多用于大规模的水平测试。在课堂的成绩测试中，一般不需要对不同的考试进行比较，所以通常仍然使用原始分。

思考题

(1) 从T分数到CEEB分是细化，而从老托福的报告分到新托福的报告分（120分）是粗化，从这种变化中可以看到些什么？

(2) 中国的高考是大规模的标准化水平测试，但有的省市使用原始分，有的使用标准分，你认为各自的利弊是什么？

第三节 常模参照解释与标准参照解释

设想一次考试之后,如果一个人告诉你他得了55分,你一定会很困惑,因为你不知道是否应该对他表示惋惜。为什么?因为你脑子里有一个百分制的参照系,100分满分,60分及格。但也许这个人的考试满分是60分,55分大致相当于百分制的92分,按照这个参照系他的成绩很不错了。

因此,只有把分数放在一个参照系当中,才能得到必要的解释,也才能给考试用户提供比较充分的信息。

测试分数的参照系一般有两类:一类是常模参照,一类是标准参照。

一、常模参照解释

什么是常模?我们举一个验血的例子。

假如有一次验血,你的某一个项目的测定值是8.70,你很可能不知道是什么意思,但旁边有一个正常参考值3—8,把你的测定值放在里面一对比意思就很清楚了,你的测定值比正常值高一点儿。这个正常参考值就是常模,这些参考值是根据一组有代表性的身体健康者的血液样本的测定值确定的。有了这个常模,以后每个人的验血结果都可以放进去比较,确定自己身体的健康程度。

同样道理,我们可以为考试的常模下一个定义:

常模(norm)是指一个受试团体的标准化样本在某一测试中的平均成绩。(张厚粲、龚耀先,2012)。

常模参照的评价参照系是一组人的平均成绩,这组人的答题情况通常是考试目标团体的有代表性的样本,这些样本就称为常模参照样组,也可以说这组人是常模参照样组。我们假设这组人的分数是正态分布的,根据这组人的分数分布,我们可以确定某一个考生在这组人中的位置。如图5-10所示。

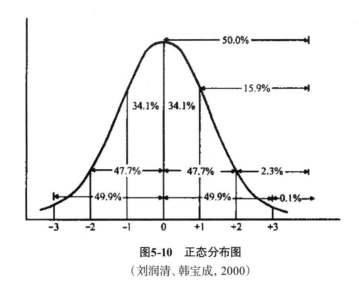

图5-10　正态分布图
（刘润清、韩宝成，2000）

图5-10中0是参照点，+1或-1各表示一个标准差，34.1%、50%等是正态分布下的面积，在考试中这些面积表示有百分之多少的考生在这一区域。我们假设一次考试，平均分是50分，标准差是10分。某个考生是60分，他比平均分多一个标准差，这个位置在正态分布图中的+1那条线上，低于那条线的面积是84.1%（50% + 34.1%）。这就是说，在这组考生中，他比大约84.1%的人高，或者说，大约有84.1%的人在他后面。用这个方法，我们就可以确定这个考生在这个参照样组中的位置。

这个参照样组的成绩就是常模。理想的常模参照组的考生背景和水平与实际参加这个考试的考生背景及水平应该比较接近，比如托福常模参照样组的考生包括不同国家、不同语种的考生，水平有高有低，以这组考生的平均成绩作为所有考生的代表。再比如老HSK的标准参照样组是由1988年北京语言学院一、二年级各120人，共240人组成的（谢小庆，1995），用他们代表当时的HSK目标考生。通过某一位考生的分数与标准样组考生分数的比较，可以估计他在标准样组中的位置，进一步推断他在所有考生中可能的位置，从而对他的分数作出解释。

常模参照解释（norm-referenced interpretations）是依据常模对考生的分数所进行的一种解释，这种解释显示了某个考生的分数在某个已定义过的考生团体中的位置。这种分数解释方式是一种相对的评价。

常模参照解释的形式有多种，最常见的是百分等级。此外，前面我们学习的标准分实际上就是一种用常模解释的分数。

百分等级（percentile ranks）是用个人在团体中所占等级位置来表示其测验结果的一种方法。（张厚粲、龚耀先，2012）一个分数的百分等级显示出常模团体中低于该分数者的百分比。百分等级也称百分位。

如果想知道一个分数在某考生团体中的百分位，有一个公式：

$$Pr = B / N \times 100 \qquad [公式5\text{-}7]$$

公式5-7中，Pr是某分数的百分等级，B是考生团体中低于该分数的人数，N是该考生团体的总人数。

设想有5个考生参加一个考试，把他们的分数代入公式，就可以得到他们的百分等级，见表5-5中的最后一列。

表5-5　5位考生的分数频率及百分等级

分数（分）	频率	百分比（%）	累积百分比（%）	百分等级[①]
36	1	20	20	0
43	1	20	40	20
67	1	20	60	40
85	1	20	80	60
92	1	20	100	80
合计	5	100	—	—

这5个人的分数不同，但频率都是1，在群体中各占20%。从低到高排列，每个分数的位置上都有一个**累积百分比**，低于某一个分数的累积百分比就应该是这个分数的百分等级。比如低于67分的累积百分比是40%，40大致就是67分的百分等级。上面这个例子，每个人的分数都不同，频率都是1，比较简单，但在实际考试中，往往会有若干个人得相同的分数，也就是说一个位置上会有若干个考生。假如同样是这个考试，如果有8位考生，百分等级就会不同。见表5-6。

[①] 在表格中，百分等级的百分号通常省略，其含义与标百分号的相同。

表5-6 8位考生的分数频率及百分等级

分数（分）	频率	百分比（%）	累积百分比（%）	百分等级
36	1	12.5	12.5	0
43	1	12.5	25	12.5
67	3	37.5	62.5	25
85	2	25	87.5	62.5
92	1	12.5	100	87.5
合计	8	100	—	—

表5-6中，得67分的有3个人，百分比是37.5%，低于这个分数的累积百分比是25%，因此67分的百分等级大致是25。由此可见，百分等级是相对于特定的考生群体而言的，同样的试卷、同样的分数，考生的人数及构成不同，百分等级就不同。因此，张厚粲、龚耀先（2012）指出百分等级是由标准化样本的累加次数求得的。

我们再设想，假如在另外一个考试中，8位考生的分数分布频率和表5-6相同，但分数是1分到5分，这8位考生的百分等级是多少呢？应该与表5-6的考生一样。由此可见百分等级关注的是分数之间的关系而不是分数本身，因此，百分等级可以在不同的考试之间进行比较。

为了简单起见，在上面这几个例子中，我们只是计算这几位考生的百分等级，所以分数与百分等级似乎是一一对应的。但是在实际的统计分析中，我们往往并不局限于实际参加考试的这几位考生，而是希望推测某个分数在考生群体中可能的百分等级，在这种情况下，我们就不能说得这么肯定了。我们可能会发现某个分数会对应几个百分等级，也就是说百分等级是一个范围，这个范围大致上应该在某分数的累积百分比和下一个分数的累积百分比之间，但肯定要低于某分数自己的累积百分比。因此，当我们用一个数字来表示某个分数的百分等级时，最好加上"左右"。至于为什么这样，我们将在第七章讲"标准误"的时候进行解释。

如果有一组分数，想知道分数与百分等级的关系可以用SPSS查找。

【看演示5.5】

某考试满分15分，样本量100。要求分10组，用SPSS查百分等级和分数的关系，并查8分的百分等级。

步骤：

第一步、第二步与【看演示5.3】相同。

5.5百分等级SPSS

第三步：在"frequency statistics（频率统计量）"的对话框中有"percentile values（百分位值）"这个区域，可以先分组，点"cut points for（割点）"（默认分10个相等组），点"continue（继续）""OK（确定）"。

我们可以得到百分等级与分数的对应表，左边一列是每个组的百分位数（百分等级），右边一列是每个等级所对应的分数。

表5-7 统计量表

测试

N	有效	100
	缺失	0
百分位数	10	3.0000
	20	5.0000
	30	6.0000
	40	7.0000
	50	7.0000
	60	8.0000
	70	9.0000
	80	10.8000
	90	12.9000

表5-7中，百分等级40和50所对应的分数都是7分，这就是我们前面讲到的，二者并不是一一对应的，百分等级是一个范围。

如果已知某一分数要查百分等级，比如想查8分的百分等级，也可以直接在频率表中查低于该分数的累积百分比，进行估计。这个例子的频率表如表5-8所示。

表5-8 频率表

		频率	百分比（%）	有效百分比（%）	累积百分比（%）
有效	1.00	3	3.0	3.0	3.0
	2.00	3	3.0	3.0	6.0
	3.00	6	6.0	6.0	12.0
	4.00	6	6.0	6.0	18.0
	5.00	9	9.0	9.0	27.0

(续表)

	频率	百分比（%）	有效百分比（%）	累积百分比（%）
6.00	12	12.0	12.0	39.0
7.00	15	15.0	15.0	54.0
8.00	8	8.0	8.0	62.0
9.00	12	12.0	12.0	74.0
10.00	6	6.0	6.0	80.0
11.00	4	4.0	4.0	84.0
12.00	6	6.0	6.0	90.0
13.00	4	4.0	4.0	94.0
14.00	4	4.0	4.0	98.0
15.00	2	2.0	2.0	100.0
合计	100	100.0	100.0	—

在表5-8中，第一列是分数，最后一列是累积百分比。8分的累积百分比是62%，7分的累积百分比是54%，8分的百分等级大约应该在54—61之间，即可能有54%—61%的考生在其后面。我们再看一下表5-7，8分的百分等级是60，正是在这个范围内。

〖练一练5.5〗

试卷X001，用SPSS分10组看百分等级和分数的关系。考生202听力、阅读考试的分数都是35分，请根据百分等级对其听力、阅读成绩作一个常模参照的解释。

练一练 5.5

在标准化考试中，百分等级并非按每次考试的原始分计算，而是根据常模参照样组的考试分数事先计算好，并以百分等级与分数对照表的形式公布出来，如表5-9所示。

表5-9 新HSK四级百分等级表

听力（分）listening	阅读（分）reading	书写（分）writing	总分（分）total score	百分等级 percentile ranks
100	99	94	287	99%
93	92	83	262	90%
88	88	76	247	80%
83	82	72	235	70%

(续表)

听力（分）listening	阅读（分）reading	书写（分）writing	总分（分）total score	百分等级 percentile ranks
80	78	67	222	60%
76	71	64	209	50%
70	65	59	195	40%
64	58	55	179	30%
58	50	50	162	20%
50	40	43	139	10%

问答

问：为什么标准化考试不公布每次考试的百分等级，而是公布事先计算好的百分等级？

答：如果公布每次考试的百分等级，只能把每个考生和参加某一次考试的考生比较，因为每次考生的水平和成分都不一样，这种分数解释的标准化程度就不高。但事先公布的百分等级是根据选定的有代表性的常模参照组的成绩定的，标准化程度就相对较高，分数解释的面也相对比较宽。

根据表5-9，如果某考生听力得了83分，在标准样组中就有70%左右的考生在他后面，而如果书写得了83分，就有90%左右的考生在他后面。

有了这个常模，以后每一个考生的分数都可以拿来和他们比，可以知道有多少人在自己后面，以此确定自己在参照样组中的位置。由于常模参照是人和人比，关注的问题是"他在哪儿"，因此是一种相对的评价。（谢小庆，1995）

思考题

（1）假如你的一个学生新HSK四级的听力和阅读都得了58分，他问你这是不是说明他这两项的水平一样，你怎么向他解释？

（2）在〖练一练5.5〗中，大家分10组查看了试卷X001中百分等级和分数的关系。如果你用SPSS多分一些组，对应关系会有什么变化？从中能发现些什么？

二、标准参照解释

1962年前后，美国心理学家Glaser提出了"常模参照测量"（norm-referenced measurement）和"标准参照测量"（criterion-referenced measurement）的概念，针对当时学校中有些人盲目追求考试的正态分布情况，提出标准参照，通过将考生实际具有的知识能力与所要求达到的知识能力标准相比较，对考生的水平作出评价。它所关心的是考生是否达到了某一特定的标准，并不关心其他人的表现。此后，常模参照和标准参照便作为一组概念在教育与心理测试界广泛使用，相应地也出现了常模参照测试和标准参照测试的提法。（罗莲，2007）

如果我们留心一下，平时教学中的大多数测试的分数其实都是用标准参照来解释的，例如听写及其他随堂小测验，分数所反映的是学生对相关词语和语言点的掌握情况，我们有一个事先规定的标准，全对是满分，全错是0分，与其他学生的得分没有关系。除了成绩测试外，部分水平测试也使用标准参照的方式进行评分并解释分数。例如OPI，在考试过程中考官一直在把考生的表现与能力等级标准进行对比，确定考生的能力在哪一个等级里。OPI考官在定级时的重要准则就是不要跟刚才那个考生比，只跟标准比。在解释分数时OPI也直接使用其能力等级标准。

这样一种分数参照系是在特定领域的目标行为中要求掌握的一些知识、技能。（Davies etc., 1999）这种分数参照系所判断的是考生的分数是否达到了规定的标准，而不考虑其他考生的答题表现。

由于标准参照是人和标准比，关注的问题是"他能做什么（can do）"，因此这是一种绝对的评价。（谢小庆，1995）

标准参照和常模参照作为分数解释的两种形式，其含义是比较清楚的。不过，由于人们又使用了标准参照测试和常模参照测试这两个概念，就产生了很多的意见分歧，分歧的焦点是如何确定一个测试是标准参照测试还是常模参照测试，以及两种测试的关系是什么。随着研究的深入，越来越多的学者认为，常模参照和标准参照应该理解为两种不同的分数解释方式而不是两种不同的测试，二者不是对立的关系。

张厚粲、龚耀先（2012）指出："常模参照测验并非指测定何种行为特质的测验，而是一种对测验结果进行解释的方式。凡采用这种方式来解释测验分数者,均称为常模参照测验。"

谢小庆(1995)认为:"常模参照—标准参照仅仅是刻画考试特征的一个连续的维度,在实际的考试实践中,几乎不存在纯粹的常模参照性考试或标准参照性考试,每个考试都处在这一维度上的一点……即使是典型的常模参照性考试如高考,也需要确定考试计划,确定一定的考试内容,也包含一定的'标准参照',否则,就不必请专家命题,只要靠统计选题就行了;即使是典型的标准参照性考试如扫盲测验,'脱盲标准'的判定也离不开对人口文化背景这一'常模'的参照。"

美国《教育与心理测试标准(第6版)》指出:"一些量表分数主要用于常模参照性解释,另一些量表分数主要用于标准参照性解释。在实践中,二者并非总是截然分开的。同一个测验的分数可以同时产生标准参照性和常模参照性的量表。"(AERA etc., 1999)①

多数测试实际上都可以从常模和标准两个方面来进行分数解释,使用哪种参照来解释分数往往取决于考试功能。例如平时教学中的听写一般都是用标准参照来解释的,但如果报告百分等级就用常模参照解释,只是一般不需要这样报告。再如高考通常使用常模参照进行分数解释,但是如果收集了足够的相关资料,也能对分数进行描述,只不过通常不需要这样做,因为高考的功能就是一次性的甄别选拔。

基于上述的理解,我们就可以为标准参照解释下一个定义。

标准参照解释(criterion-referenced interpretations)是根据施测之前制订的有关知识、技能的标准对测试分数所进行的一种解释,判断考生是否达到要求或能做什么。分数直接反映了在某个定义过的标准范围内的能力水平。这种分数解释的方式是一种绝对的评价。

水平测试如果仅仅为考生提供百分等级往往并不能满足教学的需要。例如开学前的汉语分班考试,我们能够确定每个学生在所有学生中的位置,但是得多少分的学生适合学什么难度的教材仅从位置上是看不出来的,而这一参照信息对于分班又是最为重要的。因此,在一个入学测试实施了若干次之后,如果该测试是基本稳定的,就需要找出测试的分数段与相应教材的对应关系,从而确定教材分数段。在此后的测试中,当测试分数

---

① 原文为英文,采用罗莲(2007)的中文译文。

出来之后，我们就能参考相应的教材分数段，为学生确认教材并分班。对这种分数段的解释其实就是标准参照解释，即某一分数段的学生在一般情况下适合学习某一种难度的教材或适合进入某一种水平的班级学习。

多数大规模的水平测试是用常模参照解释分数的，以便比较准确地为考生定位，不过，作为考试用户，对这样的分数解释往往并不满足。比如一家公司需要招

 问答

问：期中、期末考试应该按照标准参照解释分数，但有的教学机构规定，90分以上的学生不能超过10%，这种规定有道理吗？

答：期中、期末考试的评价原则应该是该学习阶段要求掌握的知识技能，假如学生们都掌握得很好，就都应该得高分。当然，教师在决定试卷难度时对班上不同程度的学生答对的可能性会有一个估计，但首要的标准是要求掌握的知识技能。再说为什么是10%？并没有依据。

收员工，考试成绩单只说明85%的考生在这个人的后面，其他的有用信息有多少呢？这个员工能用目的语做什么，是公司最关心的。为了满足考试用户的这种要求，有一些常模参照考试，在考试开发的同时就开始收集受试者用目的语能做什么的资料，进行持续的效度研究。随着效度研究的深入，逐渐归纳出了各分数段考生的能力特点，在此基础上对各分数段进行**能做描述**（can do statements）。能做描述会打印在分数报告上，或以其他形式向所有考试用户公布，以这种方式对考试分数作标准参照的解释。托业和托福是两个典型的实例。

托业考试是美国ETS公司为企业开发的，最初的目标考生是日本的企业员工，考试目的是检验员工在职业环境中使用英语的能力。ETS在开发托业的过程中，向8601名日本考生进行了自评问卷调查。问卷包括75个问题，如"能不能听懂顾客关于公司主要产品或服务的电话咨询""能不能在餐厅点菜""能不能与老板探讨如何提高客户服务或产品质量""能不能读懂交通标志""能不能给上司写一份便函解释需要新假期的理由"等。每个问题都有"能做""能做但有困难""不能做"三个选项。考试开发者将考生的自我评估与考生的托业分数段进行对比研究后，对托业分数的五个分数段作了能做描述（如表5-10所示）。（王洋，2004）

表5-10 老托业阅读230—350分的能做描述表（节录）[1]

	Reading	Writing
Can Do	◆ read, on storefronts, the type of store or services provided (e.g., "dry cleaning", "book store")	
Can Do with Difficulty	◆ read and understand a restaurant menu ◆ read and understand a train or bus schedule ◆ find information that I need in a telephone directory ◆ read office memoranda written to me in which the writer has used simple words or sentences ……	◆ write a list for items to take on a weekend trip ◆ write a one-or two-sentence thank-you note for a gift a friend sent to me ◆ write a brief note to a co-worker explaining why I will not be able to attend the scheduled meeting ……
Cannot Do	◆ identify inconsistencies or differences in points of view in two newspaper interviews with politicians of opposing parties	◆ write a memorandum summarizing the main points of a meeting I recently attended

　　这一能做描述大大方便了用户使用，很多企业根据这一解释制订了自己的托业成绩应用标准，比如达到某一分数段者可以担任什么工作等。

　　另一个实例是托福。

　　托福原来是一个典型的常模参照的考试，只为考生确定位置，不划分数线，也不对分数作标准参照的解释。但新托福有了改变，划出了分数段，听和读各分三段（high, intermediate, low），说、写各分四段（good, fair, limited, weak/score of zero），并对每一段作了能做描述，其中说和写还作了进一步的微技能的能做描述，如表5-11和表5-12所示。

---

[1] 采自Educational Testing Service *The Handbook of TOEIC*，为原表的节录。

表5-11 新托福成绩单上对特定阅读分数的能做描述（节录）[①]

Reading Skills	Level	Your Performance
Reading	Intermediate (15—21)	Test takers who receive a score at the INTERMEDIATE level as you did typically understand academic texts in English that require a wide range of reading abilities, although their understanding of certain parts of the text is limited. Test takers who receive a score of INTERMEDIATE level typically • have a good command of common academic structure; • have a very good understanding of grammatical structure; • can understand and connect information, make appropriate inferences and synthesize information in a range of texts but have more difficulty when the vocabulary is high level and the text is conceptually dense; ……

表 5-12 新托福成绩单上对特定写作分数的能做描述（节录）

Writing Skills	Level	Your Performance
Writing based on Knowledge and Experience	Fair (2.5—3.5)	You expressed ideas with reasons, examples, and details, but your responses indicate weakness such as: • you may not provide enough specific support and development for your main points; • your ideas may be difficult to follow because of how you organize your essay or because of the language you use to connect your ideas; • grammatical mistakes or vague/incorrect uses of words may make the writing difficult to understand.

有的考试在能做描述的基础上还进一步为考生提供诊断建议。

Versant English Test（英语自动化口语考试）是一个由计算机自动对被

---

① 表5-11和表5-12采自Educational Testing Service（2012）《托福考试官方指南（第4版）》，为原表的节录。

试的英语口语能力进行评分的测试系统。在这个测试的分数报告上，除了能做描述之外，还有对该分数段考生的诊断建议。例如，一位总分48，句子掌握48、词汇53、流利度48、发音45分的考生会得到如下诊断建议①：

> TO IMPROVE, A CANDIDATE AT THIS LEVEL SHOULD:
> • Practice listening to conversations or presentations likely to be encountered in social, professional, or academic life and identifying speaker viewpoints and attitudes as well as the information content.
> • Practice keeping up with language spoken at a normal speed by watching and summarizing TV news and current affairs programs, documentaries, live interviews, talk shows, plays, and films.
> • Practice providing clear, detailed descriptions on a wide range of subjects related to your field of interest.
> • Practice explaining a viewpoint on a topical issue giving the advantages and disadvantages of various options.
> • Practice delivering announcements or talks on general topics, departing spontaneously from the prepared text as needed and following up on interesting points raised by friends or classmates.
> ……

分数解释中的能力描述，在量化评估的基础上，通过更容易理解的语言说明，进一步作了质性评估。报告诊断建议使标准化的评估个性化，为用户使用测试分数提供了更丰富的信息。

这些做法广义上都属于标准参照解释。

思考题

(1) 如果你参加过托福等标准化水平测试，成绩单中能做描述与你的实际情况是否相符？能否和大家分享一下？

(2) 你的一个朋友在英国留学，一次论文作业得了48分，按照50分的及格线，他没及格，该课程老师的评语是他英语太差。但他后来了解到，班上所有外国留学生都没及格，连一位英语说得很流利的法国学生也才得了47分。你的朋友感到很困惑。请你用常模参照和标准参照的知识给他作一个解释，并提一些建议。

---

① 这是Versant English Test分数报告单上的诊断建议（节录），采自https://www.pearson.com/english/versant.html。（访问日期：2022年1月20日）

(3) 既然有分数段就要有分数线，处在分数段周围的考生，只差几分就被分在不同的段里，接受不同的能做描述，这种做法是否合理？你认为怎么做才合理？

本章延伸阅读

序号	主题	作者	参考资料	章节
1	描述性统计量、正态分布、标准分、百分等级、常模参照与标准参照解释	张厚粲、龚耀先	《心理测量学》	第三章第一、二节，第八章
		Cohen, R.J. & M. E. Swerdlik	*Psychological Testing and Assessment* (6th *Edition*)（《心理测验与评估（第六版）》）	第三章
		谢小庆	汉语水平考试的分数体系	
2	SPSS		任何一种SPSS指导书	如果是初学者，从数据处理开始学，然后读描述统计；如果有一些基础，直接读描述统计

自我评价

第六章

测试的质量分析及控制

第六章 测试的质量分析及控制

本章需要解决的问题是如何对测试作质量分析,并根据分析的结果改进测试,如何对测试进行质量控制。我们需要学习以下内容:

1. 什么是相关系数?相关系数给我们提供了哪些信息?怎样计算?

2. 试题或试卷的难度和区分度怎么计算?怎么解释?如何估计试题的教学敏感性?

3. 怎样对选择题作选项分析,并参考统计数据修改试题?

4. 怎样进行课堂测试的质量控制?

5. 怎样进行大规模水平测试的质量控制?

第一节 相关系数

在学习相关系数之前,我们先了解一个概念——变量。

变量(variable)是在数量上和质量上可变的事物的属性。(大辞海编辑委员会,2013)变量是相对于常量而言的,二者是相对的,比如每天规定学习10个小时,是常量,学外语和专业的时间是变量,但如果增加或减少每天的学习时间,学习时间在全天的作息时间中也成了变量。

不同的变量之间往往存在着一定的联系,如学习外语的时间与外语分数之间有联系,兄弟两人的身高之间有联系,它们之间的关系有的远有的近。我们把一个变量发生变化,另一个变量也会发生变化的这种现象称为**相关**(correlation)。

假设有 X 和 Y 两个变量,它们之间可能会有下面三种相关关系(如图6-1):

1. **正相关**(positive correlation)。如小孩儿的身高和年龄之间的关系,X 变大,Y 也变大;寒假在校学生人数和营业食堂数量的关系,X 变小,Y

也变小。

2. **负相关**（negative correlation）。如老人的年龄和体力的关系，X变大，Y反而变小；促销折扣和销量的关系，X变小，Y反而变大。

3. **零相关**（zero correlation）。如眼睛大小和视力好坏的关系，外语水平与发型的关系，X的变化与Y的变化没有关系。

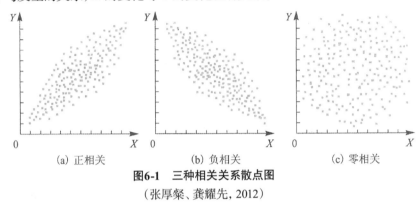

图6-1　三种相关关系散点图
（张厚粲、龚耀先，2012）

对相关关系进行量化描述的数值叫**相关系数**（correlation coefficient，简称r）。相关系数表示两个变量的相关程度及方向。相关系数的取值范围在-1到+1之间。完全正相关是1，完全负相关是-1，不存在任何相关是0。

对于相关关系应注意，X和Y之间并非简单的单向的因果关系，有时X是因，比如促销降价和销量增长；但有时Y是因，比如销量增长有了市场后促销价取消，价格上涨；而有的时候X和Y都不是原因，比如影响兄弟两人的身高相关的原因之一是父母的身高。此外，事物的变化往往是由多种因素造成的，相关系数只能说明两个变量有相关关系，并不能说明原因。

相关系数有很多种，最常用的一种是"积差相关系数"。

积差相关系数（product-moment correlation coefficient）又称"**皮尔森相关系数**"（Pearson correlation coefficient），因为这一相关系数是英国统计学家皮尔森（Pearson）提出的。积差相关系数有多种计算公式，如果知道一个考生群体的两组原始分数，可以用以下公式：

$$r = \frac{\Sigma XY - (\Sigma X)(\Sigma Y)/N}{\sqrt{\Sigma X^2 - (\Sigma X)^2/N} \cdot \sqrt{\Sigma Y^2 - (\Sigma Y)^2/N}} \qquad \text{[公式6-1]}$$

公式6-1中，r是积差相关系数，X是X组的每个原始分，Y是Y组的每个原始分，N是考生个数。

例如有10位考生，每人有听力和阅读两项分数（见表6-1），求他们的听力和阅读分数的积差相关系数。

表6-1　10位考生的听力和阅读分数

考生编号	听力（分）	阅读（分）
1	42	39
2	46	40
3	46	39
4	44	27
5	40	28
6	45	19
7	33	26
8	45	43
9	26	15
10	45	40

现在我们并不需要代入公式手工计算，使用SPSS或Excel都能很方便地计算出结果。

【看演示6.1】

用SPSS求表6-1中10位考生的听力和阅读分数的积差相关系数。

步骤：

第一步：打开SPSS，输入数据（或将Excel中的数据复制上去）。为了显示明确，可以在"variable view（变量视图）"中将这两列命名为"听力""阅读"。

第二步：点工具栏中的"analyze（分析）"，选"correlate（相关）"，选"bivariate（双变量）"。

第三步：将"听力""阅读"拖入"variables（变量）"框中，"correlation coefficient（相关系数）"中默认的"Pearson（皮尔森相关系数）"、"test of significance（显著性检验）"中默认的"two tailed（双侧检验）"无须改动，点"OK（确定）"。结果如表6-2所示。

6.1 积差相关SPSS

表6-2　积差相关系数(皮尔森相关系数)

		听力	阅读
听力	Pearson 相关性	1	.674*
	显著性(双侧)		.033
	N	10	10
阅读	Pearson 相关性	.674*	1
	显著性(双侧)	.033	
	N	10	10

*. 在 0.05 水平(双侧)上显著相关。

结果显示:

皮尔森相关系数为0.674,达到了中等相关。双侧显著性检验为0.033,没有超出0.05,表明这一相关系数比较可靠。

关于**显著性水平**(significant)应注意,只有当相关系数在0.05(*)的水平上达到显著,这一相关系数才比较可靠,如果能在0.01(**)的水平上达到显著,这一相关系数就更为可靠。[①]

并不是所有变量都可以用积差相关系数,使用积差相关系数的条件是:

1. 变量应该是两列,而且两列变量是个数相同的,一一对应,比如同一个人的两项分数。

2. 变量的总体应该是正态分布的。

3. 两列变量一般应该是连续变化的数字(如分数35, 48, 51……)。

如果两列变量是等级,应该使用**等级相关系数**(又称斯皮尔曼相关系数,Spearman correlation coefficient)。使用SPSS统计时很方便,只要在"correlation coefficient(相关系数)"的选项中选择"Spearman"就可以了。

〖练一练6.1〗

某个考试的听力和阅读试卷共100题,为了了解在80题的情况下考生的分数分布会有多大变化,我们做一个删题试验,等距删掉20题,得到一组新

---

① 关于显著性检验方面的知识不属于本书的范围,有兴趣者可查阅统计分析或SPSS的书籍。

的80题的分数,要求用SPSS计算题量100与题量80两组分数之间的积差相关系数。

思考题

(1) 能否请老师提供给你同一组学生(隐去姓名)的几门考试的分数,统计一下各项考试之间的相关系数?能发现什么规律?

(2)【看演示6.1】统计了10位考生的听力、阅读分数的积差相关系数。如果我们把数据复制两次,形成30位考生的数据,会得到表6-3的结果。

表6-3　积差相关系数(皮尔森相关系数)

		听力	阅读
听力	Pearson 相关性	1	.674**
	显著性(双侧)		.000
	N	30	30
阅读	Pearson 相关性	.674**	1
	显著性(双侧)	.000	
	N	30	30

**. 在0.01水平(双侧)上显著相关。

请比较一下表6-2和表6-3中数据的异同,想一想,这说明了什么?

第二节　难度和区分度

一、难度

难度(difficulty)也叫难易度,表示的是试题或试卷的难易程度。难度有不同的表示方式,如果按照答对率或通过率表示,记作P,简称**P值**。难度可分为题目难度和试卷难度。

题目难度(item difficulty)表示一道题目的难易程度,表示考生在某一道题目上的答对率。如果使用每题答对为1分、答错为0分的0—1计分方式,公式是:

$$P=答对某题的人数 / 总人数 \qquad [公式6-2]$$

例如某次考试100人，某道题70人答对，该题的难度是：

$$P=70/100=0.7$$

如果不采用0—1计分，像构造型试题每题有若干分，可以用平均分公式：

$$P=某题的平均分 / 某题的满分值 \qquad [公式6-3]$$

例如某写作题满分30分，所有考生的平均分是24分，该题的难度是：

$$P=24/30=0.8$$

平均分公式也可用于0—1计分，因为满分为1分，某题的平均分也就是该题的答对率。由于平均分用软件很容易求出来，因此，软件统计通常使用平均分公式。

试卷难度（test difficulty）表示全卷或试卷中某一个单项的难易程度，即考生在全卷或某个单项上的答对率。

求试卷的全卷或其中某一单项的难度，可以把全卷或某一单项看成是一道大题，因此也可以使用平均分公式：

$$P=全卷（或单项）的平均分 / 全卷（或单项）的总分 \qquad [公式6-4]$$

例如全卷的平均分56分，满分100分，全卷难度为：

$$P=56/100=0.56$$

听力部分的平均分31分，满分50分，听力部分的难度为：

$$P=31/50=0.62$$

全卷或某一单项的难度还有一个计算方法，可以把每一题的P值相加，再除以题目数。这种方法与公式6-4的计算结果是相同的。

P值在0—1之间，0最难，全错；1最容易，全对。一般来说，0.3—0.7都处于中等难度的范围，0.3以下的偏难，0.7以上的偏易，0.5表示50%的人答对，50%的人答错。对于四个选项的题目，由于随机猜测的可能性占0.25，中等难度应该是(0.5+0.25+1)/2=0.625。（张厚粲、龚耀先，2012）

P值所表示的难度是相对的，只是特定的考生群体作答特定试卷或试题的难度，同样的试卷或试题由不同的考生群体做，P值不会完全相同。当然，在考生群体构成基本相同的情况下，不同的考生群体，尽管具体的P值会有所不同，但难题一般都会难，反之亦然。这就是说，难度值仍有一定的稳定性。

在组卷的时候，特别是在测试水平差距比较大的考生群体时，需要有意识地保留一些0.3以下或0.7以上的试题,从而使整个试卷包含适合不同水平考生的试题,此外也是由于P值具有相对性。

P值可以用Excel求得。

【看演示6.2】

某次听力阅读考试,全卷共100题,其中听力50题,阅读50题,每题1分,总分100分。考生人数(样本量)为94。

6.2 求难度

用Excel统计:

1. 求每题的难度(P值);

2. 求听力部分的难度(P值)。

步骤:

第一步:定位在Excel第一题那一列最下面的一格,在"fx(插入函数)"中选"AVERAGE"可得到平均数。

第二步:按住该数据所在方框右下角的小方块,向右拖,便得到每道题的P值。

第三步:建立一个听力部分的Excel,定位在第一位考生的最后一道听力题的右侧一格,点"∑自动求和",得到该生的听力总分。向下拉,得到所有考生的听力总分。

第四步:在"fx(插入函数)"中选"AVERAGE",算出全体考生听力的平均分。

第五步:由于听力总分是50分,输入"=听力平均分所在位置/50"的公式,得到听力部分的P值。

〖练一练6.2〗

用Excel统计试卷X002:

1. 求每题的难度(P值);

2. 求听力和阅读部分的难度(P值)。

练一练6.2

P值容易求取和理解,但是由于P值表示的是答对率,不是等距的,第一题难度0.5,第二题难度0.7,我们不能说第一题比第二题难0.2。此外,从理论上说,答对率不能进行加减运算,在组卷时不方便。要想得到等距的难度值,需要把P值变为Z值。

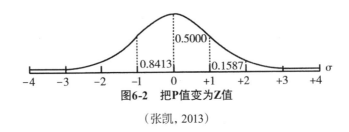

图6-2 把P值变为Z值

（张凯，2013）

在图6-2中，0.8413、0.5000、0.1587都是P值，可以看成是正态分布下的面积，其中0.5000表示一半的面积，而0.8413还要加上对称轴左边0.3413的面积。横轴上从-4到+4是标准差，表示该点与中点0的距离。Z值表示的就是横轴上的某一点与中点0的距离相当于多少个标准差。我们从图6-2中可以看出，P值大于0.5000时，其Z值是负数；P值为0.5000时，Z值是0；P值小于0.5000时，其Z值是正数。

由于Z值有负数和小数，使用不便，通常将Z值转化为**Delta等距难度指数**（简称Delta值）。Delta值是美国ETS公司设计的一种表示标准难度的量表，公式如下：

$$\varDelta = 13 + 4Z \qquad \text{[公式6-5]}$$

公式6-5中，$\varDelta$读作Delta，是Delta值的符号；Z是Z值，13是人为设定的平均数。Delta值的取值范围在1—25之间，1最容易，25最难。

【看演示6.3】

6.3 求Z值和Delta值

求P值0.8413和0.1587的Z值和Delta值。

1. 求P值0.8413的Z值和Delta值。

步骤：

第一步：0.5000减P值，即0.5000 - 0.8413=-0.3413。

第二步：查正态分布表（查表时不考虑负号），P值0.3413的Z值是1.00。

第三步：由于-0.3413是负数，所以0.8413的Z值是负的，即-1，也就是图6-2中-1的位置。

第四步：将Z值代入Delta公式：$\varDelta = 13 + 4Z$，就可以得到Delta值。

2. 求P值0.1587的Z值和Delta值。

步骤：

第一步：0.5000减P值，即0.5000 - 0.1587=0.3413。

第二步：查正态分布表，P值0.3413的Z值是1.00。

第三步：由于0.3413是正数，所以0.3413的Z值是+1，也就是图6-2中+1的位置。

第四步：将Z值代入Delta公式：$\Delta=13+4Z$，就可以得到Delta值。

我们可以看到，P值0.8413的Delta值是9，是容易题；P值0.1587的Delta值是17，是比较难的题。第二题比第一题的难度高8个Delta值，这比较符合人们的思维习惯。这种难度表达法的另一个优点是能进一步计算各部分Delta值的平均值，比如我们可以说听力第一部分的平均Delta值是10，第二部分的平均Delta值是14，第二部分难一些。

〖练一练6.3〗

查正态分布表，把X002的第1题和第56题的P值变为Z值，求出Delta值，并对这两题的Delta值作一个比较。

表6-4　正态分布表

（王景英，2001，节录）

Z	Y	P	Z	Y	P
.90	.26609	.31594	1.20	.19419	.38493
.91	.26369	.31859	1.21	.19186	.38686
.92	.26129	.32121	1.22	.18954	.38877
.93	.25888	.32381	1.23	.18724	.39065
.94	.25647	.32639	1.24	.18494	.39251
.95	.25406	.32894	1.25	.18265	.39435
.96	.25164	.33147	1.26	.18037	.39617
.97	.24923	.33398	1.27	.17810	.39796
.98	.24681	.33646	1.28	.17585	.39973
.99	.24439	.33891	1.29	.17360	.40147
1.00	.24197	.34134	1.30	.17137	.40320

在大规模的水平测试中通常使用有关专业统计软件〔（如"现代教育与心理测量通用分析系统"[①]（analysis of test，简称ANOTE）〕直接算出各题的Delta值。当然，由于P值使用更为简便，在一般的难度分析中，尤其是在课堂测试中最常使用的仍然是P值。

---

① 该软件由江西师范大学研发。

思考题

某次汉语考试,分别在多个国家举行,按照是否属于汉字圈国家,可以把考生分为两组:汉字圈组和非汉字圈组。两组考生的总分大致接近,汉字圈组为47.12,非汉字圈组为50.76,但在听力和阅读单项上两组各有高低。考试中五道阅读题的难度值见表6-5。请通过P值和Delta值分析一下这两组在这五道题上的难度情况,再观察一下这两种难度表达方式的特点。

表6-5　两组考生的阅读难度值

题号	汉字圈组		非汉字圈组	
	P值	Delta值	P值	Delta值
1	0.5700	12.2948	0.5610	12.3865
2	0.2450	15.7611	0.1707	16.8058
3	0.3250	14.8145	0.2927	15.1818
4	0.5700	12.2948	0.5366	12.6328
5	0.3600	14.4333	0.1951	16.4371
平均值	—	13.9197	—	14.6888

二、区分度

区分度(discriminating power)是一个题目区分考生能力的程度。

求题目的区分度通常使用两种方法:分组法和相关法。

1. 分组法

使用分组法得到的是**区分度指数**(discrimination index),简称**D值**(张厚粲、龚耀先,2012)。分组法将考生分为高分组和低分组,两组的人数相同。通常从高分和低分两端各取27%左右,一般在25%—33%的范围内均可。考生人数少(样本量<100)时,也可以按考分排队,从中间分成两组(郑日昌,2008)。分组时要特别注意,两组人数必须相同,人数是奇数时去掉中间一个人。然后用以下两个公式计算:

　　D=(高分组答对人数－低分组答对人数)/一组的总人数　　[公式6-6]

或者

　　D=高分组的答对率－低分组的答对率　　[公式6-7]

公式中，D表示区分度指数。D值在-1到+1之间，越接近+1区分度越高，0表示没有区分度，0以下表示区分度为负。

以下这两个例子分别使用两种分组法。

小样本例子：某班10人，高分组5人，低分组5人。如表6-6所示统计三道题的D值。

表6-6　从中间分两组求D值

题号	高分组答对人数	低分组答对人数	D值
1	4	1	0.6
2	5	5	0
3	2	3	-0.2

较大样本例子：某场考试128人，按照两端取27%的比例，高分组、低分组各35人，采用答对率（平均分）的公式，统计出每题的D值。考试中有三道题如表6-7所示：

表6-7　从两端各取27%分组求D值

题号	高分组答对率	低分组答对率	D值
10	1	1	0
13	0.885714	0.342857	0.542857
84	0.085714	0.142857	-0.057143

在这两个例子中，第1和第13题高分组的答对人数或答对率高于低分组，说明这些题能有效地把不同水平的学生区分开，区分度高。而第2题和第10题，高分组和低分组的学生都答对了，D值是0，如果是水平测试的试卷，这些题没有起到应有的作用，是无效试题。第3题和第84题，低分组的答对人数或答对率反而比高分组高，其中原因很复杂，就84题而言，可能是因为题目太难，这类试题必须删掉。

分组法的优点是容易理解，但是在统计时一般只考虑两端的考生，而忽略中间的考生，遗漏了很多重要的信息。另外，分组的比例不同，D值也不同，不够精确。

2. 相关法

相关法通过每道题目与总分的相关系数估计题目的区分度。其原理是，总分高的考生其水平应该是高的，一道题目，假如答对的考生的总平均分高，答错的考生总平均分低，那么这道题的区分度就高。如果答对和答错的考生的总分相同，说明这道题在区分考生水平方面没有作用。而如果答错的考生总分反而高，说明这道题有问题，是负区分度。

用来估计区分度的相关系数主要有三种。

（1）点二列相关系数（point biserial correlation coefficient）

这种相关系数的两列数值应该是正态分布的，其中一列是连续变量（如61, 62, 63……），也就是总分，另一列是二分变量，即用0—1计分的每题的小题分，只有对和错两种分。这类题既包括多项选择题、是非题等选择型试题，也包括以0—1计分的填空等构造型试题。相关系数计算的是每一道小题分和总分的相关系数。

例如某测验满分50分，每题1分，10个考生在一道选择题上的答题情况及其总分如表6-8：

表6-8　10个考生的答题情况

考生	N01	N02	N03	N04	N05	N06	N07	N08	N09	N10
第50题分数	0	0	1	1	1	0	1	0	1	1
总分	22	17	25	31	18	24	31	23	21	27

每个学生都有两个数据，一个是在这一道小题上的得分，对是1分，错是0分，这是二分变量；另一个是其总分，是连续变量。

点二列相关系数的计算公式是：

$$r_{pb} = \frac{\overline{X}_p - \overline{X}_q}{S_t} \sqrt{pq} \qquad [公式6-8]$$

公式6-8中，r_{pb}为点二列相关系数，$\overline{X}_p$为答对该题的人的总分的平均分，$\overline{X}_q$为答错该题的人的总分的平均分，S_t为所有考生总分的标准差，p为答对该题的人在全体考生中的百分比，q为答错该题的人在全体考生中的百分比（$q=1-p$）。

将上例中的数据代入这个公式后，可以得到这道题的点二列相关系数为0.43。

（2）**二列相关系数**（biserial correlation coefficient）

二列相关系数的两列数据原来都是正态分布的连续变量，但其中的一列被人为地变为二分变量。例如有一份总分为100分的试卷，其中有一道大题满分为10分，这本来是连续变量。但这道大题被人为地确定了一个6分的合格线，合格的1分，不合格的0分，使这道题变成了二分变量的题。要计算这道大题与总分的相关系数可使用二列相关系数。

二列相关系数也可以用来计算0—1计分的选择题。

（3）**积差相关系数**

我们在本章第一节已经介绍了积差相关系数（皮尔森相关系数）。积差相关系数的两列数据都是正态分布的连续变量，都是像总分那样的分数，因此如果想统计分值在2分及以上的题目的区分度，就应该计算这道题和总分的积差相关系数。不仅如此，对于0—1计分的选择题，积差相关系数与点二列相关系数的计算数值是相同的，所以积差相关系数也可以用于0—1计分的选择题。由于点二列相关系数的计算步骤比较多，所以如果使用Excel等通用软件，可以用积差相关系数来替代点二列相关系数。

在这几种区分度数值中，分组法的算法简单易懂，但精度较低；相关法的精度较高，适用于大规模的水平测试。相关系数的计算虽然比较复杂，但一般都可以使用统计分析软件，尤其是积差相关系数，使用Excel、SPSS等通用软件能很方便地计算。

一般来说，点二列相关系数、积差相关系数大于等于0.2，二列相关系数、D值大于等于0.3便可以认为区分度合格。和难度值一样，区分度也是根据特定考生群体作答特定的试题统计出来的，同样的试题，不同的考生群体作答后的区分度数值也会有所区别，因此，区分度也是相对的。当然，相对中也有绝对的一面。在考生群体构成基本相同的情况下，试题的区分度仍会有一定的稳定性，区分度高的试题，尽管不同群体区分度的数值会有所差别，但都会相对比较高。对于这个问题，张凯（2013）指出，题目参数（难度、区分度）固然和被试的水平有关，但也和题目本身的性能有关。

D值和点二列相关系数（积差相关系数）可以使用Excel统计。[1]

---

[1] 本书中使用Excel进行统计分析的公式来自Brown（2005）。

【看演示6.4】

某次听力阅读考试,全卷共100题,听力50题,阅读50题。每题1分,总分100分,样本量128。

要求用Excel统计:

1. 用分组法求每题的D值;

2. 用积差相关公式求每题与总分的相关系数(r)。

步骤:

第一步:把Excel按总分排序。按照27%的比例,将高分的35人定为高分组,将低分的35人定为低分组。

第二步:在第一题那一列的下面,点"$f(x)$插入函数",在"选择函数"中选"AVERAGE",分别得到高分组和低分组的平均分,然后按住右下角的小方块,向右拖便得到每道题高分组和低分组的P值。

第三步:求D值。用第一题的高分组P值减低分组P值,得到第一题的D值。然后按住右下角的小方块,向右拖便得到每道题的D值。

第四步:求积差相关系数(r)。定位在第一题的下面(在本例中为B列),在本例中的总分在CX列,输入第一题和总分的积差相关公式"=CORREL(B2:B129, $CX2:$CX129)"。CORREL是求相关系数的指令,B2:B129是B列(第一题)的所有考生的数据,中间加逗号,$CX2:$CX129是CX列(总分)的所有考生的数据,用$符号将这列数据固定住。点"OK(确定)",得到第一题的r值。

第五步:按住第一题r值格子右下角的小方块,向右拖,便得到每道题的r值。

〖练一练6.4〗

用Excel统计试卷X002:

1. 用分组法求每题的D值;

2. 用积差相关公式求每题与总分的相关系数(r)。

思考题

某次在多国举行的汉语考试中,五道阅读题的区分度见下表。请分析一下这五道题对汉字圈组和非汉字圈组考生的区分度,再观察一下积差相关、点二列相关、二列相关的数值有什么特点。

表6-9 两组考生五道题的区分度

题号	汉字圈组			非汉字圈组		
	积差相关	点二列相关	二列相关	积差相关	点二列相关	二列相关
1	0.5590	0.5590	0.7046	0.3461	0.3461	0.4356
2	0.6022	0.6022	0.8239	0.6231	0.6231	0.9241
3	0.5959	0.5959	0.7754	0.5585	0.5585	0.7392
4	0.5638	0.5638	0.7106	0.5115	0.5115	0.6421
5	0.4785	0.4785	0.6324	0.2677	0.2677	0.3543

三、难度与区分度的关系

在讨论难度与区分度的关系之前,我们先借助ANOTE软件来看看某次考试的实例。

我们首先看一下试卷中两道试题的难度、区分度数据。

表6-10 第6题的难度、区分度

题号	P 值	Delta 值	积差相关	点二列相关	二列相关
6	0.5452	12.5459	0.3570	0.3570	0.4485

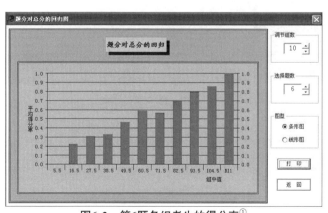

图6-3 第6题各组考生的得分率[①]

---

① 图6-3、图6-4、图6-5均使用ANOTE生成。

如表6-10所示,第6题从得分率(P值)和Delta值看都是中等难度,从积差相关、点二列相关、二列相关系数看都在0.2及0.3以上,图6-3按得分率把所有考生分为10组,组中值是每组考生的平均得分率,直观地反映出这一题能把不同分数的考生区分开来,是一道好题。

表6-11　第85题的难度、区分度

题号	P值	Delta值	积差相关	点二列相关	二列相关
85	0.1809	16.6491	0.0804	0.0804	0.1176

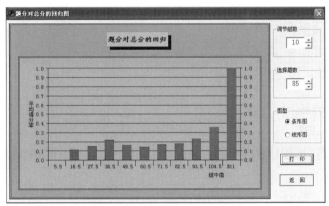

图6-4　第85题各组考生的得分率

第85题从得分率(P值)和Delta值看难度都很高,从图6-4可以看出,各个分数段考生的得分都很低,彼此没有多少差别,因此积差相关、点二列相关、二列相关系数都很低,不是好题。

难度和区分度确实是有关系的,一般来说,中等难度的试题区分度往往比较高,这在选择题上表现得最为明显。太容易的题,大多数人都能做出来,能够区分水平的空间比较小,区分度就不容易高。如果题太难,不仅区分度会低,还可能出现负区分度,高分组的考生可能由于考虑得太复杂而被误导,错得很多,而低分组的考生倒可能会蒙对一些。但是这不是绝对的,中等难度也有区分度低的,容易题和难题也有区分度高的。如图6-5所示(图中的小圆点表示试题)。

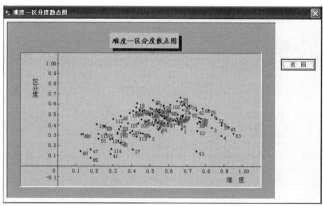

图6-5　全卷的难度–区分度散点图

从整个试卷看,中等难度的高区分度试题确实比较集中,但也有区分度一般的。而容易题和难题中也有区分度高的,这些题尤为可贵。决定试题区分度高低的并不是难度,而是语料的选择、设问角度的选定、选项的设计等。因此,如果考生群体的水平比较接近,比较理想的水平测试试卷最好是难度中等,这样区分度往往会比较高。但如果考生群体的水平差异比较大(比如在分班测试中),比较理想的水平测试试卷应该是试题的区分度都合格,而各种难度的试题都有,中等的比例大一些。至于成绩测试,首先要考虑的是内容的覆盖面,有些试题即使是比较容易或比较难,但属于必须考查的内容,同样应该出。此外,成绩测试一般采用标准参照解释分数,如果学生普遍掌握得比较好,分数就会偏高,试题难度值就会偏易,区分度也可能会降低,但这是可以接受的。不过,即使是在成绩测试中,负区分度的试题仍然是有问题的。

 思考题

(1)某次汉语测试汉字圈组阅读题(51—100题)各段的难度和区分度的情况,如表6-12所示。

表6-12　汉字圈组阅读题的难度、区分度

难度

P值	试题
>0.70	t051、t054、t058、t069、t099

（续表）

P值	试题
0.30—0.70	t052、t053、t056、t057、t059、t060、t061、t062、t063、t064、t065、t066、t067、t068、t070、t071、t074、t075、t077、t078、t080、t081、t082、t083、t085、t086、t087、t088、t089、t090、t091、t092、t093、t094、t096、t097、t098、t100
<0.30	t055、t072、t073、t076、t079、t084、t095

区分度

点二列相关系数	试题
>0.40	t054、t055、t057、t059、t060、t061、t063、t064、t065、t066、t067、t068、t070、t071、t072、t073、t075、t076、t077、t078、t080、t081、t082、t083、t085、t086、t087、t088、t089、t090、t091、t092、t093、t094、t095、t096、t097、t098、t099、t100
0.21—0.40	t051、t052、t053、t056、t062、t069、t074、t079、t084
0—0.20	t058
<0	—

从中能分析出一些什么？

（2）在该次汉语测试中，非汉字圈组阅读题（51—100题）各段的难度和区分度的情况，如表6-13所示。

表6-13　非汉字圈组阅读题的难度、区分度

难度

P值	试题
>0.70	t051、t052、t054、t069、t088、t092、t099
0.30—0.70	t055、t056、t058、t059、t061、t062、t064、t065、t066、t067、t068、t070、t072、t075、t076、t077、t078、t080、t081、t082、t085、t086、t087、t090、t091、t093、t094、t097、t100
<0.30	t053、t057、t060、t063、t071、t073、t074、t079、t083、t084、t089、t095、t096、t098

区分度

点二列相关系数	试题
>0.40	t057、t059、t060、t062、t064、t066、t067、t068、t070、t071、t072、t074、t076、t077、t078、t079、t081、t082、t083、t084、t086、t095、t096、t097、t098

(续表)

点二列相关系数	试题
0.21—0.40	t051、t052、t053、t055、t056、t058、t061、t063、t065、t075、t085、t087、t089、t090、t092、t093、t094、t099、t100
0—0.20	t054、t073、t080、t091
<0	t069、t088

从中能分析出一些什么？

(3) 如果对比一下汉字圈组和非汉字圈组的情况，能分析出一些什么？

四、教学敏感性

课堂测试的目的是考查学生是否掌握了有关的知识技能。使用D值或点二列相关系数来分析这类测试中试题的区分度，解释力不是很强，因为如果某个语言点全班确实都掌握得很好，某道题就可能全对，但我们不能说这道题没有提供有用的信息。在课堂测试中我们关心的是学生在教学前后的变化能否在试题中体现出来，或者及格与不及格两组学生的差别在试题中能否体现出来，也就是试题对于教学是否敏感，我们称之为试题的**教学敏感性**(instructional sensitivity)。检查试题的教学敏感性可以使用以下两种指数。

1. 差异指数

差异指数(difference index，简称DI) 指试题所反映的考生从未掌握到掌握有关知识技能的差异程度。

公式是：

$$DI = P_2 - P_1 \qquad [公式6\text{-}9]$$

公式6-9中，DI是差异指数，P_1表示尚未学习有关知识者的试题答对率，P_2表示已学习过有关知识者的试题答对率。

计算差异指数有两种方法：

方法一：在教学活动开始之前和结束之后分别测试某组学生，计算两次测试的试题答对率差异。

方法二：找已经学习过和尚未学习过有关知识的两组学生分别测试，

计算两组学生的试题答对率差异。

> **问答**
> 问：如果期末让学生重做一遍入学考试题是不是就能得到 DI 呢？会不会有的学生期末分数反而低？
> 答：这是一个得到 DI 的好办法。期末分数反而低的学生是会有的，原因是多方面的。

DI 的取值范围是-1到+1，如果某一题已学过者对的多，未学过者对的少，DI 是正值，数值越高，说明教学越有效；如果两组都对，DI 是0，说明这个知识点不必学习；如果两组都错，说明教学没起到应有的作用；如果是负值，说明试题有问题，或教学有问题。

差异指数能够从教学的角度来分析试题的区分作用，对改进课堂教学中的测试有参考作用。其缺点是一道题需要考两次，尤其是考未学习者，操作会有难度。

2. B指数

采用一次考试的数据也可以作一些分析，如果某项学习内容及格与否很重要而且及格的标准比较清楚，可以使用B指数。

B指数（the B-Index）指反映某道试题及格者的答对率与不及格者的答对率的差异程度。

首先需要确定及格线（cut-point），再将考生分成及格组与不及格组，然后统计。

公式是：

$$B\text{-}index = P_p - P_f \qquad [公式6\text{-}10]$$

公式6-10中，$B\text{-}index$ 是B指数，P_p（pass）是及格组的答对率，P_f（fail）是不及格组的答对率。

B指数值的取值范围是-1到+1，如果是正值而且数值较高，说明该试题对及格的鉴别作用强，全对或全错B指数就是零，说明该试题对鉴别能否及格没起到作用，负值则说明该试题有问题。对课堂测试来讲，如果是全对，即使对及格没有起到作用，也不能简单地判断试题没有价值，而如果全错则说明试题或教学有问题，要具体分析。

B指数其实也是一种分组法，它与D值的区别只是D值是按照两端各27%来分出高分组和低分组，而B指数是按照及格线分组。

【看演示6.5】[①]

1. 甲试卷由开学前和期末两批学生做过，统计每题的差异指数DI。
2. 乙试卷在考试后要求确定及格分数，并统计每题的B指数。

步骤：

第一步：为了统计甲试卷的差异指数DI，先统计第一次考试每题的平均分，得到P_1；再统计第二次考试每题的平均分，得到P_2。

第二步：P_2减P_1，得到DI。

第三步：为了统计乙试卷的B指数，先按照总分排序，按照分数线将考生分为及格组和不及格组。

第四步：分别统计及格组和不及格组的平均分，得到P_p和P_f值。

第五步：P_p减P_f，得到B指数。

〖练一练6.5〗

1. 统计甲试卷每题的差异指数DI，从中可以得到哪些信息？
2. 为乙试卷确定分数线，然后统计每题的B指数，并比较不同分数线的B指数有哪些不同。

练一练6.5

思考题

某大学本科汉语入学考试，试卷包括听力、阅读、写作等几部分内容，满分130分，确定70分为汉语测试的录取线。按照总分排序，以70分为及格线计算出每题的B指数，再以高分段和低分段各27%计算出每题的D值。其中听力部分有10道选择题的数据如表6-14所示。

表6-14　10道听力题的B指数与D值

题号	第11题	第12题	第13题	第14题	第15题
B指数	0.085781	0.127497	0.344888	-0.04289	0.130435
D值	0.151515	0.003788	0.337121	0.037879	0.250000
题号	第16题	第17题	第18题	第19题	第20题
B指数	0.095182	0.310811	0.343713	0.256169	0.274971
D值	0.208333	0.401515	0.450758	0.280303	0.284091

请比较B指数和D值的结果，能发现些什么？

---

① 该部分的计算方法比较简单，未提供演示视频。

第三节 选项分析

难度、区分度等数据给我们提供了某一道试题的一些基本信息，对于选择题来说，如果我们想进一步了解每个选项的信息，可以使用选项分析。**选项分析**(option analysis)是借助于统计分析手段取得各个选项的有关数据，并结合试题内容，对选项进行分析的方法。选项分析可以为试题的筛选、修改提供参考信息。

我们先看一个好试题的例子。

28. 他们认为李心刚哪方面条件不够？

　　A. 学历　　B. 年龄　　C. 专业　　D. 工作经验　　（答案：C）

表6-15　第28题的选项信息

xt28	均值	N	标准差	合计 N 的 %
A	46.1111	9	10.55278	11.4%
B	27.5000	2	.70711	2.5%
C	59.0889	45	10.59336	57.0%
D	45.3478	23	10.80239	29.1%
总计	52.8101	79	12.97737	100.0%
P 值	0.56962	点二列相关系数		0.560171

如表6-15所示，这道题点二列相关系数达到0.560171，区分度很高，难度中等。观察一下四个选项，选正确项C的人其总分的平均分为59.0889分，明显高于选择其他选项的人。从各个选项的人数分布看，选正确项的人最多，但其他选项也都有人选，其中A、D选项都有适度的干扰作用。从各个选项的标准差看，除了B选项之外，其他选项的内部差异接近。

我们再看一个有问题的试题的例子。

24. 小张买设备的计划表要由谁批准？

　　A. 研发部经理

　　B. 财务部经理

　　C. 研发部经理和财务部经理

　　D. 研发部经理和总经理

　　　　　　　　　　　　（答案：D）

表6-16　第24题的选项信息

xt24	均值	N	标准差	合计 N 的 %
未答	28.0000	1	.	1.3%
A	56.5000	12	16.83341	15.2%
B	52.5556	18	9.28137	22.8%
C	52.4583	24	13.70490	30.4%
D	52.5417	24	12.24737	30.4%
总计	48.41112	79	10.41341	100.0%
P 值	0.303797	点二列相关系数		−0.01375

如表6-16所示，这道题的点二列相关系数为−0.01375，是负区分度，难度中等。选择正确项的人总分平均分52.5417分，低于干扰项A的平均分，与另外两个干扰项的平均分差不多。这表明不少水平高的考生被误导选择了A，而选择正确项的人基本上是受随机因素支配的。再结合选项的内容可以看到，实际上A和C当中都包含了部分正确选项，问题表述不清楚，选项不严密。

在大规模的水平测试中，为了保证试题的质量，我们往往需要对所使用的试题先进行预测，根据预测结果对试题进行筛选和修改。选项分析的数据有助于我们修改试题。

下面是一个参考选项分析的数据修改试题的实例。

研究人员要开发一个针对初级水平的职场汉语水平考试，试卷设计出来后首先找初级水平的学习商务汉语的学生试做，再根据预测数据对不好的试题进行修改。以下是修改前的一道试题：

46题

李小姐：
　　田中先生下周二到公司谈购买电脑的问题，请您安排。
　　　　　　　　　　张东

46.田中先生：
A.这个周二来
B.来参观公司
C.想来买电脑　（答案：C）

表6-17 第46题的选项信息

xt46	均值	N	标准差	合计N的%
A	50.4762	21	11.28990	23.6%
B	55.0000	7	15.28616	7.9%
C	54.7049	61	12.56098	68.5%
总计	53.7303	89	12.48159	100.0%
P值	0.6854	点二列相关系数		0.1159

如表6-17所示，该题的预测数据显示点二列相关系数为0.1159，区分度偏低。从选项分析上看是干扰项B的干扰作用过强，选择B的考生的总分平均分超过了选择正确项C的学生。考虑到目标考生为初级水平，修改时更换了B选项，并对其他方面也作了一些相应的修改。以下是修改后的试题：

46题

李小姐：
　　田中先生下星期二来公司购买二十台电脑，请你安排一下。
　　　　　　　　　　张东

46. 田中先生：
A. 这周来
B. 去开会
C. 要买电脑　　（答案：C）

表6-18 第46题的选项信息

VAR00046	均值	N	标准差	合计N的%
A	37.0000	1	.	10.0%
C	59.3333	9	11.90588	90.0%
总计	57.1000	10	13.26189	100.0%
P值	0.9	点二列相关系数		0.53253

如表6-18所示，修改后的测试，点二列相关系数为0.53253，区分度提高了。B选项的干扰作用被削弱，基本上达到了目的。不过，从整个试题来看，修改后B选项的干扰作用过小，以至于没有人选。又由于文本内容的难度进一步降低，使得整个试题的难度也降低了。从这个角度看，目前这种修改并不是很理想。

考试机构一般使用专用软件进行选项分析，除了专用软件外，SPSS也可以提供选项的数据。上文中的例子就是用SPSS统计出来的。

【看演示6.6】

参考选项分析的数据，修改试卷J01中区分度不合格的试题。

步骤：

第一步：用试卷J01的分数文件（0—1计分的Excel文件），在Excel中统计全卷各题的难度（P值）、区分度（点二列相关系数）（方法见【看演示6.2】），找出区分度不合格的试题。

6.6 选项分析 SPSS

第二步：整理试卷J01的选项文件（机读的Excel原始文件）。这个文件记录了每个考生在每一题上的选项：1是A，2是B，4是C，8是D（这是由有关公司人为设定的代号，不同的公司可能不同）。在考生顺序相同的前提下，把J01的分数文件中的"总分（zf）"加到选项文件的最后一列。

第三步：把J01的选项文件中的各题的选项及总分的数据拷入SPSS（题号行和考生序号列不必拷）。为了看得清楚，可以在"variable view（变量视图）"中为"总分"列改名（如zf, total等）。

第四步：在"analyze（分析）"中选"compare means（比较均值）"，再选"mean（均值）"。

在对话框中，把"总分（zf）"拖入"dependent list（因变量列表）"，把需要查看的试题拖入"independent list（自变量列表）"。系统默认的统计量是"mean（均值）""number of cases（个案数）""standard deviation（标准差）"，如果还想加统计量，比如"percent of total N（总个案数的百分比）"，可以在"option（选项）"里增添。

点"continue（继续）""OK（确定）"，即可得到如上文所示的选项数据。

〖练一练6.6〗

1. 使用Excel求试卷N01[①]全卷各题的难度（P值）、区分度（点二列相关系数）。

练一练 6.6

2. 观察区分度好的试题的选项数据，讨论一下那些试题为什么好。

3. 以下这个阅读材料中试题的区分度不合格，请用SPSS分析这些选项，参考选项数据修改不好的试题。

---

① 试卷N01是一份考查实用汉语能力的水平考试的预测卷，考生是有一定的汉语基础的外国学生。"N01听读选项"表中的答案是机读时输入的答案，有的可能输入有误。

63—64题

中国电信 ￥100+5

拨 17968，世界触手可及
客户服务电话：010-58500100

17968 IP 电话卡
只限北京地区使用

有效期至：2007.10.31
2007.1.15 0:00—2.28 24:00
开卡即送 10 元话费

63. 这张卡：

　　A. 长期有效　　　　B. 能打国际长途

　　C. 密码是17968　　D. 在上海也可使用

64. 如果2007年3月1日开卡，这张卡可使用的话费是多少？

　　A. 100元　　　　　B. 105元

　　C. 110元　　　　　D. 115元

思考题

(1) 表6-19是用专门软件对某一道试题所作的选项数据统计，其中G代表考生组，G1是最低分组，G5是最高分组，*号为正确项。

从这道题的选项数据中可以得到哪些信息？

表6-19　某题的选项分析

选项	G1	G2	G3	G4	G5	均值	点二列相关
未答	13	3	1	0	0	26.79	-.445
A*	22	29	37	48	52	54.80	.333
B	2	2	4	2	1	48.29	-.014
C	19	22	15	7	3	43.43	-.232
D	2	2	1	1	0	40.74	-.085
样本量	288	满分	1.0	区分度	.333	难度	.69

（2）某个初级职场汉语考试，有这样一道听力题：

[录音]

第33题. 寄书花了多少钱？

男：你好，这些书寄到北京要多少钱？

女：我看看，如果三天到得450元，7天到是400元，一个月到是200元。

男：我要三天到的。

女：一共450元。

[卷面]

33. 寄书花了多少钱？

A. 200元　　　　B. 400元　　　　C. 450元

[答案] C

这道题在预测中的数据是：答对率为0.9605，点二列相关系数为-0.0517。预测样本量76，这些预测考生与正式考生类型相同。为了进一步了解负区分度的原因，统计了选项的数据，见表6-20。

表6-20　第33题的选项分析

VAR00033	均值	N	标准差	合计 N 的 %
B	64.0000	3	3.00000	3.9%
C	62.4110	73	4.53944	96.1%
总计	62.4737	76	4.48545	100.0%

请作一个选项分析，对原因作一个估计，决定是否需要修改，如果修改应该怎么改？

第四节　测试的质量控制

测试在命题、组卷、施测、评分、定分等环节中都可能产生质量问题，因此，我们需要一些原则及规范的程序，并利用一些技术手段来监控测试的质量。

一、课堂测试

课堂测试的形式多样，其中期中、期末考试的一般工作流程为"命题

→审题及修改→施测→评分→成绩合成→试卷分析"。

课堂测试的命题者、施测者、评分者通常都是任课教师,这是由课堂测试的特点决定的,测试的针对性强,也很便捷,但缺点是测试质量容易受到个人主观因素的影响,甚至出了问题都不容易发现。应该在以下几个环节控制课堂测试的质量:

(1)加强同行审题。平行班任课教师共同审题和修改试题能有效地减少个人主观因素的影响,能发现一些命题人容易忽略的错误,包括命题错误及文字错误等。

(2)施测过程应规范化。除了要求学生一律关闭手机等基本要求外,教师一般不回答与考试内容有关的任何问题,平时有问必答的教师角色应转变为守口如瓶的考官角色,尤其是在一对一的口试中更应保证不对任何学生多透露信息。如果需要向学生说明某些补充信息,则应向所有学生说明。

(3)统一评分标准。由于任课教师既是评分标准的制订者又是执行者,在评分过程中容易出现不一致的情况,如前紧后松,教师应敏锐地监控自己的评分状态,保持前后一致。不过,有时在评分的过程中发现了某些系统性的问题,这些问题与命题时考虑不周有关,可以对评分标准作一些必要的调整,但一旦调整了标准,已阅试卷的评分应统一改过来。

(4)加强试卷分析。试卷分析包括学生问题分析和试题质量分析两个方面。学生问题分析是促进学生学习的重要手段,应将发现的问题及时反馈给学生。试题质量分析可使用平均分、标准差等来评估试卷的分布情况,可使用难度、区分度等参数来监测试题的质量。只是对于成绩测试来说,难度、区分度的解读应区别于水平测试。难度中等或偏低可以说明学生较好地掌握了教学内容,难度偏高则或者说明学生掌握得不好,或者说明试题有问题。区分度高在成绩测试中并不是追求的目标,如果某题学生们都掌握得不错,区分度低甚至零区分度都是可以接受的,但如果负区分度肯定说明命题有问题。由于课堂测试通常难以进行预测,无法事先根据分析结果修改、删除试题,但是,如果发现确实因为试题的问题使学生的分数受到不应有的影响,教师可以对分数作必要的处理。此外,试卷分析的结果可用于改进今后的命题。

二、大规模的水平测试

在大规模的水平测试中,由于标准化程度要求高,考试次数多,而且同一种考试的不同试卷难度应尽可能接近、分数应尽可能等值,因此往往需要有一套更加规范的工作流程。

大规模水平测试作为一种商业性的产品,运营的过程非常复杂,包括宣传推广、报名及组织考试、证书发放等。从考试本身的命题、实施的角度看,在确定了考试大纲及命题细则之后,大规模水平测试的一般的工作流程为"命题员培训→命题员提交待审试卷→审题→合成预测卷→预测→分析预测数据→合成正式试卷并作全卷检查→施测→评分→数据分析及等值→确定分数→报告成绩"。

我们仅从测试质量控制的角度说明如下几个环节:

(1)命题员培训。大规模水平测试的命题有专业人员命题和命题员命题两种形式。第一种形式的优点是试题质量高,但缺点是命题数量受到很大限制。第二种形式不仅可以明显地扩大题源,加快命题速度,而且还能吸收到一些新鲜的思路,增加试题材料的多样性,但缺点是试题质量良莠不齐,成本并不低。因此,命题员培训就成为保证试题质量的第一个重要的环节。培训时需要让命题员掌握每一种试题的标准和要求并作出保密承诺。

(2)**审题**。命题员提交的待审试卷俗称"毛坯题",严格地说仍然只是备用试题的原料。审题的第一步工作是筛选,由审题小组对每一套待审试卷进行初查,把可用的试题和经过修改后可用的试题挑选出来。第二步工作是修改,由专业人员对入选试题作不同程度的加工,以达到备用试题的要求。

(3)**预测**。按照考试的内容设计和难度要求,用审题后得到的备用试题组成预测卷,找到与目标考生的特征最为接近的考生群体进行试测,以便取得试题数据。预测是免费的,对预测考生来说是得到一次模拟考试的机会和免费的成绩。预测考生的数量一般至少30人,如能有100人则数据更为可靠。不过,由于预测需要成本,人数也不必过多。尽管预测能在正式考试前提供宝贵的试题数据,但也有很多麻烦。首先,为了避免记忆效应,预测过的试题不能用于临近日期的正式考试。其次,预测花费的人力、物力很大,找预测考生有时也并不容易,预测往往成为制约试卷生成的瓶颈,成为考试研发的一大负担。最后,考生试测时并不一定认真,影响预测数

> **❓ 问答**
> 问：能不能不跟学生说这是为了研制试题搞的预测呢？
> 答：学生不会相信的。应该如实告诉他们双方得到的好处。

据的质量。因此，有的考试研发机构在正式卷中加入少量不计分的试题进行预测，这是个好办法，只是如果考试次数不多，得到的预测题数量有限。

（4）分析预测数据。统计预测的数据，就可以得到每一题的难度、区分度、选项参数，还可以得到一些全卷的重要参数。根据这些参数，有一部分试题可以直接用于正式卷，有一些需要作一些修改，还有一些只能删掉。

（5）合成正式试卷并作全卷检查。按照考试的设计，我们可以选用内容和参数都符合要求的试题拼成正式试卷。内容要求包括话题的分布及比例，也包括对词汇量的检查，比如新HSK要求某一级试卷中的词汇应该在该级词汇大纲的范围内，尤其是一二三级的词汇要求尤为严格，超纲词应一律换掉。正式卷的难度控制需要借助于预测中的难度参数，在拼卷时使用Delta值来控制某一部分的试题难度非常方便。

组成正式卷之后还需要进行全卷检查，包括文字检查、答案检查、排版检查等。除了试卷研发人员之外，最好再请未参与试卷研制的母语者试做。研发人员在出完试卷后无论怎么检查都有可能会遗漏一些问题，如答案不唯一，选项设计不合理，调整选项顺序后答案没及时修改造成答案错误，有些词句在排版的过程中被误删，丢字落字，等等。由于研发人员对内容过于熟悉，有些问题自己往往查不出来，因此，试卷完成后最好请几位中等文化水平以上的母语者试做一遍。试做者的身份相当于考生，对试卷内容完全不熟悉，需要像考生一样认真答题，因此考生在考试时碰到的问题他们也会碰到。由于他们是母语者，从理论上说，第二语言的汉语试卷他们都能答对，如果几位母语者某道试题都做错了，很可能是试题设计有问题。他们试做后的答案也是检查标准答案的最好参考。

（6）施测。大规模水平测试的考试地点往往分散在不同地区甚至世界各地，因此统一的施测程序就尤其重要。大规模水平测试要求考试用时一致、程序一致、指令一致。在考试之前往往要对监考人员进行专门的培训，编制专门的监考手册，规范每一个步骤。根据不同考试的设计，有的考试规定考生不许"跨区"做题，即只能在规定的时间内做规定的试题，有的考试在规定的时间会收走试题（如新HSK六级的写作，在考生阅读10分钟书写材料后收走材料，避免考生在缩写时抄写）。不统一考试程序，考试就无法实现标准化。

（7）评分。大规模水平测试的评分一般分为机器评分和人工评分两种。选择题通常采用机器评分，在答案输入正确的情况下，出错的可能性很小，而且能快速得到原始分，效率很高。人工评分是保证主观题分数准确性的关键。为了保证评分质量，需要制订明确、细化的评分标准，对评分员进行培训。培训时除了讲解评分细则外，一个重要的方法是让参加培训的人员分别试评若干份答卷，一起讨论，调整各自的打分尺度。在评分的过程中，主评需要随时监测。尤其是双评的答卷，假如两个评分员的分数差距超过了设定值，主评就需要重评。假如某个评分员评分存在有规律的偏松或偏紧，主评就要及时提醒；假如某个评分员的重评率高，就应采取相应措施。目前很多大规模水平测试都采用网上评卷系统，即使不是机考，也会事先将主观题答卷扫描进计算机，评分员在网上评分。双评的答卷分配是随机的，背对背的双评或多评更为客观，系统会根据设定的条件自动将一评后的答卷发给二评，如果一评、二评的分数差距在设定值之内（比如3分），系统会自动以平均分得出成绩。假如超出设定值，系统会随机提交给三评，假如差距仍然在设定值之外就提交仲裁。仲裁通常由主评或专家担任，直接定分。网上分发答卷不会出现等待和窝工，效率很高，而且主评通过网络系统可以及时掌握阅卷进度，监督每个评分员的评分情况，及时发现问题。

（8）数据分析及等值。得到原始分之后，就可以分析试卷的分数分布，分析试卷的信度、标准误差等各项试卷参数（我们将在第七章具体讲解）以及每道题的难度、区分度等试题参数，从而对某一次考试的质量作出一个评估。对于一次性的考试，比如高考，就可以直接在该次考试原始分的基础上定出每位考生的成绩。不过，很多大规模水平测试是多次性的常规化的考试，像托福、雅思、HSK等每年都要考很多次，每次考试原则上应该使用不同的试卷，这些不同的试卷在题型上应完全相同，在长度（字数）和难度上也要求尽可能接近，可以理解为是同一份试卷的不同复本，或者叫平行卷。然而，由于语言材料的多样性和多变性，即便能勉强做到在长度（字数）上接近，但要在难度上接近却是极为困难的。考生都有这个体会,有时考完雅思很高兴,试题都做出来了,有时就觉得题目很难,没考好。如果每次考生的成绩都只是以那一次的原始分来定,考生就会感到有时吃亏了,有时占便宜了,也就是分数不等值。因此,对于有复本的标准化测试,**等值**是测试质量控制以及保证分数解释一致性的一个重要手段。等值化(equating)就是将测验不同版本的分数统一在一个量表上的过程(谢小庆,2000)。等值的方式有线性等值(linear equating)、等百分位等值(equi-percentile equating)、项目反应等值等。

我们以老HSK为例,用郭树军(1995a)的一项研究简单解释一下线性等值的原理。

老HSK(初中等)听力考试原始分共50分,某考生如果碰到一份较容易的试卷,可能得33分,而如果碰到一份较难的试卷则可能只得27分。等值就是希望对分数进行适当的调整。老HSK使用的是共同参照(锚)测验的线性等值,研发者以1988年编的BJ88-89卷为标准卷,标准卷的考生是1988年北京语言学院一、二年级的240名考生,这些考生在标准卷上的成绩就是标准参照样组。如果其他复本考试的分数与标准卷的分数能等值,参加复本考试的考生在某种意义上也可以看作是参加了标准卷的考试,他们的成绩就可以和标准样组的考生成绩比较,从而得到一个统一的解释。要把标准卷和此后新编的复本卷联系起来,研发者使用的办法是在复本卷中包含一定比例的标准卷中的试题,这些试题就是共同题,俗称锚题。当复本卷考完之后,除了统计复本卷本身的试题参数之外,还要统计共同题的参数,并与标准卷进行比较。如表6-21所示。

表6-21 老HSK复本卷与标准卷样本统计特征(节录)

(郭树军,1995a,略改)

试卷		BJ88-89标准卷		J316复本卷	
分测验平均数与标准差	听力	28.579	11.008	27.004	9.916
共同参照测验平均数与标准差	听力	5.133	2.139	5.342	2.074

如果只看听力分测验的平均分,J316复本卷的分数要比标准卷低,但是看共同测验(听力中的所有锚题)的平均分,复本卷却比标准卷高,由此

可以判断，考复本卷的考生水平略高于标准卷的考生，复本卷听力分数低是由试题偏难造成的。经过等值之后，J316复本卷的分数会略微提高，从而使考生不因试卷偏难而在分数上吃亏。

不过，等值技术只适合对难度接近的试卷进行微调，郭树军(1995a)将它比喻为短波收音机的微调旋钮，认为不能把弥补测验不足的希望寄托在等值上，要想使各复本卷之间在分数上等值，关键还要在命题组卷上下功夫。

思考题

(1) 一次期末考试，你按照预定的评分标准评完所有试卷之后发现，一个90分以上的学生都没有，最高分89分，有两个不及格的，一个30分，一个58分。根据你对这个班级学生的了解，他们的成绩应该比这个好。你应该怎么做？为什么？

(2) 如果你负责一个大规模的水平测试最后的全卷检查工作，在选择母语者试做时，你是去找有名的专家还是普通的大学生？为什么？

(3) 两份平行试卷，根据经验判断存在难度差异，从测试的数据看平均分也差异明显，在这种情况下，使用等值的方法能否对分数差异进行校正？为什么？

本章延伸阅读

序号	主题	作者	参考资料	章节
1	相关系数	王景英	《教育统计学》	第五章
2	难度、区分度、选项分析	张厚粲、龚耀先	《心理测量学》	第五章第二节
		张凯	《语言测验理论与实践》	第五章第四节
3	使用Excel统计有关参数的操作方法	Brown, J.D.	Testing in Language Programs: A Comprehensive Guide to English Language Assessment (《语言项目中的测试与评价》)	第七章
4	SPSS		任何一种SPSS指导书	相关分析、均值检验

自我评价

第七章

信度及真分数理论的局限

第七章 信度及真分数理论的局限

本章需要学习的是信度和真分数理论,了解信度的计算方法,知道真分数理论的局限并对现代测试理论有所了解。

内容包括:

1. 什么是信度、误差?
2. 什么是真分数理论?
3. 怎样计算信度?
4. 真分数理论的局限是什么?
5. 什么是概化理论?
6. 什么是项目反应理论?

第一节 信 度

一、信度、误差和真分数

信度(reliability)是考试分数的稳定性和一致性程度,也叫可靠性。

假设考生能力不变,用同一份试卷让同一组考生做两次,分数应该一样,这说明试卷非常稳定、可靠。但谁都知道完全一样几乎是不可能的,之所以不可能是因为存在误差。

误差(error)是影响考试分数可靠性的干扰因素。误差可以分为若干种类型,与信度有关系的误差是**随机误差**(random error),也叫**测量误差**(measurement error)。这种误差使得几次测量的结果不一致,而且这种不一致是无系统的、随机的。

一般来说,测量误差主要有四个来源。

(1)来自考生。首先,考生的考试动机会带来误差。例如,某校的一次入学分班考试,一位上学期的老生写作得了0分,这显然不能反映其写作水平。经了解,该生之所以一个字没写是因为他觉得写文章太累,他知道分班的机制,即使分数低一些也不会去低班。由此带来的写作分数的误差是由考生的作答动机造成的。有的标准化测试找学校里的学生做预测，由于次数太多，学生已经知道这种预测仅仅是为了取得数据，因此不认真作答，预测分数与正式考试分数的相关系数很低，其误差也是考生动机造成的。另外，考生的心理生理状况也会带来误差。有的考生考试时过分紧张，或没休息好、身体不好，都会造成考试时发挥失常，使得考试分数不能反映其真实水平。除此之外，考生考试经验的不同也会带来误差。对某种考试缺少经验的考生会丢掉一些按照其能力本不应该丢掉的分数，从而带来误差。

（2）来自试卷。有的考试在设计题型时考虑不周，如口试中的"复述"题，选用笑话作为复述材料，本意是想活跃气氛，但有的考生大笑之后在复述时发现故事的细节忘了。有时是试题编写得不好，问题或选项设计不合理，误导了考生。有的是试题难度过高，不会做的考生随机得分，或难度过低，本来会做的考生随机丢分。有的考试并不需要考速度，但题量太大，时间不够，多数考生做不完。有的考试指导语不清楚，考生不知道某题型该如何做，或误解题目要求。有时试卷有印刷错误，使考生困惑或找不到正确答案。

（3）来自考试环境。考试环境包括考场环境、考生周围人的环境。在考场光线上，有的座位阳光直射，有的座位光线偏暗，都会影响考生答题。在声音上，假如考场外锄草机工作的声音会使考生烦躁。尤其是在听力考试时，如果播音设备声音小或不够清楚，坐在后面的考生会直接受到影响。人的环境是指主监考和其他考生的影响。如果主考有口音或语速过快会影响考生作答。在考听力时考生对任何干扰都极为敏感，如果在播放录音时监考在教室里走动会干扰考生，有时监考觉得无聊在小声聊天儿，考生会极为反感，特别是当他们能听懂聊天儿内容的时候，监考的闲聊会直接分散其注意力。在用录音的方式考口试时，通常考生集中在语音室里，当大家都说的时候其他考生说的话也多少会带来干扰。

（4）来自评分过程。一般来说，客观题在评分过程中不易出现误差，但有时也会出现，例如在机读答题卡时标准答案输错，使得本来做对的考生丢了分，而做错的学生得了分。但主要的误差还是来自主观题评分。如果评分标准不明确，评分员培训不严格，不同的评分员掌握标准的宽严尺度不同，都会造成误差。即使同一个评分员，在身体疲倦或长时间评分后敏感度降低，也会造成误差。双评及多人评分机制，尤其是使用计算机评分监控系统会降低误差率,但不可能消除评分误差。

正是由于测量误差是影响信度的主要因素,因此信度和误差是一个问题的两个方面,误差大,信度就低,误差小,信度就高。从理论上解释信度与误差之间的关系,使用最为广泛的是真分数理论(true score theory)。

真分数(true score)就是测量中不存在误差的真值,由于在实际测量中不可能没有误差,因此真分数只是一个假设。但这个假设却是真分数理论的基础,如果没有这个假设,测试就没有了目标,减少误差的努力就没有了方向。由于测量误差是无序的、随机的,有时会高于真分数,有时又低于真分数,所以,如果对一个被试测量无数次,不同方向的差异就会彼此抵消,从而接近真分数,所以真分数也可以定义为无数次测量的平均值。

我们在实际测试中得到的分数称为**实测分数**(actual test score),或实得分数、观测分数(observed score),实测分数里面包含了真分数和测量误差。

真分数理论的基本公式是:

$$X = T + E \qquad [公式7\text{-}1]$$

公式7-1中,X表示实测分数,T表示真分数,E表示测量误差。由于真分数被认为是稳定不变的,所以两次测量中实测分数的不同应该是由测量误差引起的。

真分数理论用以下三个基本假设来说明真分数和误差的性质:

(1)误差分数的平均数是零。
(2)误差分数与真分数互相独立,即零相关。
(3)两次测量的误差分数之间为零相关。

(金瑜,2001)

对于这几个假设应该从理论的角度来理解:"误差分数的平均数是零"是指无数次测量的平均数,具体到一两次测量则不一定;"误差分数与真分数互相独立,即零相关"是一个概念上的假设,只是表明真分数绝对不是误差;"两次测量的误差分数之间为零相关"也是一个概念上的假设,只是表明测量误差是随机的,因此误差之间没有关系。

真分数理论是一个在实测分数和被试的能力真值之间建立实证关系的理论,这一理论也被称为**经典测试理论**(classical test theory,简称CTT)。我们在前面学习的难度、区分度等概念都是经典测试理论的概念。

这一理论是建立在随机抽样理论的基础之上的。**随机抽样理论**（random sampling theory）的一个基本原理就是由样本推论总体。在真分数理论中，样本就是具体的实测分数，总体从理论上说是不受具体测试限制的真分数，真分数是推论出来的。

思考题

(1) 在录音口试时，考生们在一个教室里同时说，各说各的，尽管整个教室嗡嗡响，但专心说话时倒还打扰不大。当一个考生感觉到周围人都不说了，安静下来了，而自己准备好的内容还没说完，时间也没到，但觉得让大家听自己一个人说显得有点儿傻，便也不说了。从误差的角度，你怎么解释这一现象？

(2) 假如你连续参加两次托福考试，分数恰巧都一样，能不能说这就是你的真分数？能不能说明托福考试的信度高到了没有误差的程度？为什么？

二、信度的分类及计算

真分数理论的基本公式其实只是说明真分数、测量误差和实测分数之间关系的一个简明的数学表达式，只用这个公式其实是无法计算的，因为真分数和测量误差的值都不知道，我们能看到的只有实测分数。怎么才能找到真分数及测量误差值呢？办法是根据实测分数来估计。设想我们对相同的被试进行两次测量，假如两个实测分数之间的相关系数高，我们就可以推断测量误差比较小，实测分数比较接近于真分数，反之，则测量误差大，实测分数离真分数比较远。我们把两次测试结果之间的相关系数称为**信度系数**（coefficient of reliability）。

如果按照估计信度的方法来划分，常用的信度主要有五类：

1. 重测信度

重测信度（test-retest reliability）也叫复测信度，是指同一组考生在不同时间用同一份试卷测试两次后，两组分数的相关程度。重测信度要求两次测试的考生完全相同，即每位考生应该有两个分数。另外，由于使用同一份试卷，要求两次考试应间隔一段时间。通常使用积差相关系数来计算两次考试分数的相关系数，得到的就是重测信度系数。

这种方式既简单又容易理解，同样的试卷同样的考生，其相关系数最有说服力。但是在操作上会有两个问题，一是考生一般不愿意同一份卷子做两遍，会产生厌倦感；二是间隔的时间很难把握，间隔短了会有记忆效应，间隔时间长了，考生水平会发生变化，对于语言能力测试这个问题尤为明显。因此在实践中不常使用。

 问答

问：既然重测信度实际上很难操作，现在是不是只是一个概念，没有实用价值呢？

答：也不是，在心理学的人格测验中还有实用价值，因为人格特点的变化相对比较慢。

2. 复本信度

复本（alternate-form）即平行卷，是指两份在性质、内容范围、题型、题量、难度等方面基本相同的试卷。**复本信度**（alternate-form reliability）是指同一组考生测试两份平行卷后，两次考试分数的相关程度。计算两次考试分数间的积差相关系数得到的就是复本信度系数。

这种方式解决了前面所说的那两个问题，但是又有别的问题。首先是平行卷要做到真正平行很难，尤其是难度相同很难实现。在不能做到真正平行的情况下，两次考试相关系数的说服力就受到影响。其次是这一方式仍然需要考两次，用于考试研制是可以的，但在实际应用的考试中，不可能让考生每个考试都考两次，因此，这一方式无法计算实际应用的考试的信度。

3. 分半信度

能否只考一次就计算出考试的信度呢？心理学家们想出来的办法是把同一份试卷分成两份小试卷，通过计算两份小试卷分数的相关系数来估计信度。分半的方法有很多种，其中最为常用的是奇数题为一份试卷，可以称为X卷，偶数题为另一份试卷，可以称为Y卷。考试分数也就分为X和Y两组分数，计算这两组分数的积差相关系数，得到的就是分半信度系数。

分半信度（split-half reliability）就是同一份试卷的同一次考试内部两组分数的一致性程度，可以反映出两组试题的同质性程度。

这种方法把一份试卷变成两份小试卷，每份小试卷的试题数因而都减少了一半。由于信度系数与试题数量有关，题量减少后系数会降低，不能反映全卷的信度系数，所以需要用斯皮尔曼—布朗公式（Spearman-Brown formula）对分半信度系数进行校正，校正后的分半信度系数为整份试卷或整个分测验的信度系数。

斯皮尔曼－布朗公式是：

$$r = \frac{2 \times Rxy}{1+Rxy}$$

[公式7-2]

公式7-2中，Rxy是两个半份试卷（X卷与Y卷）的相关系数，r是全卷的信度系数。

分半信度系数可以使用Excel来计算。

【看演示7.1】

7.1 分半信度

用Excel求某测试的听力部分的分半信度、校正的分半信度。

步骤：

第一步：在听力最后一题的右侧加上"奇数""偶数"两列，用以保存各奇数题的总分（X卷）和各偶数题的总分（Y卷）。

第二步：在第一位考生"奇数"格中加出奇数题的得分。可以事先准备好序列号，粘贴到"奇数"格中就可以得到1—49题中奇数题的得分总和。

第三步：按住第一位考生"奇数"格右下角的小方块，向右拉，就得到了该生2—50题中偶数题的得分总和。

第四步：按住右下角的小方块，将第一位考生的"奇数"格和"偶数"格向下拉，就能得到所有考生的奇数题总分和偶数题总分。

第五步：用此前介绍过的CORREL公式算出所有考生奇数题和偶数题的积差相关系数（由于只有两列数值，不需要加$符号）。

第六步：在另一格中输入斯皮尔曼－布朗公式，得到校正后的分半信度系数。

〖练一练7.1〗

练一练 7.1

用Excel计算试卷X002阅读部分的分半信度、校正的分半信度。

4. 内部一致性信度

分半信度只用一次考试就能得到信度系数，可以用来估计实际使用的考试的信度，操作简便，很受欢迎。但也有一定的局限性，奇偶分半法只是众多的分半方式之一，使用不同的分半方式，信度系数是不同的，分半信度不具有唯一性。心理学家便抓住试卷的最小单位——题目，通过计算试卷中题目之间的一致性程度来估计试卷的内部一致性，这样的信度被称为**内**

部一致性信度(internal consistency reliability)。

估计内部一致性信度最常用的是KR-20公式和Alpha系数。

(1)KR-20公式

KR-20公式也叫库德—里查逊公式20(Kuder-Richardson formula 20),是由美国心理学家库德(Kuder)和里查逊(Richardson)提出来的。公式是:

$$r = \frac{n}{n-1}\left(1 - \frac{\Sigma pq}{SD_t^2}\right)$$
[公式7-3]

公式7-3中,n是题目数;p是某一题的答对率;q是某一题的答错率,即$1-p$;Σ是加和;SD_t^2是总分的方差。

这一公式适用于0—1计分的试卷。如果某试卷不是0—1计分,比如有的试题分值是2分、3分,或者考试分为几个部分,如听力、阅读,各个部分的总分不可能是0—1分,这时就需要使用Alpha系数。

(2)Alpha系数

Alpha系数(coefficient alpha)是由克伦巴赫(Cronbach)等人研究出来的,所以又称克伦巴赫α系数(Cronbach coefficient alpha)。Alpha系数的公式是从KR-20公式发展出来的(张厚粲、龚耀先,2012),通过计算题目的方差来估计试卷的一致性程度。Alpha系数公式是:

$$\alpha = \frac{n}{n-1}\left(1 - \frac{\Sigma SD_i^2}{SD_t^2}\right)$$
[公式7-4]

公式7-4中,SD_i^2是每道题或每个部分的方差,其他部分都与KR-20公式相同。

实际上,在0—1计分时,pq等于SD_i^2,这时Alpha系数与KR-20公式的估计值相等,从这个意义上可以说,KR-20公式是Alpha系数的一种特例。因此,在一般的情况下,无论是否采用0—1计分,只用Alpha系数就可以了。Alpha系数表明,试卷的信度是由每一题的方差决定的,每一题的方差大,试卷的Alpha系数就高。由于Alpha系数只需要一次考试的数据,0—1或非0—1计分都能使用,计算简便,在实际的测试中运用广泛。

Alpha系数可以使用SPSS直接获取。

【看演示7.2】

7.2Alpha信度

使用SPSS求某个测试全卷的Alpha信度系数,并观察每道题对全卷信度的影响。

步骤:

第一步:将某测试的小题分文件拷入SPSS,文件应包含每位考生在每道试题上的得分情况,不必拷总分。

第二步:依次点"analyze(分析)""scale(度量)""reliability analysis(可靠性分析)"。

第三步:在"reliability analysis(可靠性分析)"对话框,将左侧备选框中的所有试题都拖入右侧的"item(项目)"框中。点该框右上角的"statistics(统计量)",打开"reliability analysis: statistics(可靠性分析:统计量)"对话框,在"descriptive for(描述性)"中的"scale if item deleted(如果项已删除则进行度量)"上打钩。然后点"continue(继续)""OK(确定)"。

结果如表7-1所示。

表7-1 Alpha 信度系数

可靠性统计量

Cronbach's Alpha	项数
.913	100

Alpha系数为0.913。

在表7-2中,可以看到每一道题对全卷信度的影响。

表7-2 项总计统计量(节录)

题目	项已删除的刻度均值	项已删除的刻度方差	校正的项总计相关性	项已删除的Cronbach's Alpha值
VAR00001	61.0532	180.180	.294	.913
VAR00002	60.9681	182.590	.088	.914
VAR00003	61.1170	181.524	.143	.914
VAR00004	61.0000	180.215	.339	.912

表7-2中从右面数的第二列"corrected item-total correlation"（校正的项总计相关性）为每一题与总分的相关系数（区分度），最右面一列为"Cronbach's Alpha if item deleted"（项已删除的Cronbach's Alpha值）。例如第1题的区分度是0.294，中等，如果删除此题，全卷信度没有变化。第2题的区分度0.088，相当低，如果删除此题，全卷信度0.914，略有提高。第4题的区分度是0.339，较高，如果删除此题，全卷的信度0.912，略有降低。

从以上例子可以看到，Alpha系数是基于每一题的方差的，根据每一题的方差估计出全卷的信度。

〚练一练7.2〛

使用SPSS求试卷X002全卷的Alpha信度系数，并观察每道题对全卷信度的影响。

5. 评分者信度

一般来说，前几类信度适用于客观试题，特别是选择型试题，但不太适用于口试、写作这类主观试题。第一，因为这类主观题考试一般试题比较少，有时很难分半（比如只有一道或三道题），计算题目间的一致性意义也不大。第二，主观题考试的一个主要的误差来源是评分过程中的误差，为了控制评分误差，往往采用多人印象法，多人的评分是否一致直接关系到信度的高低，因此，有多人评分的主观题往往需要统计评分者信度。

评分者信度（interscorer reliability），也叫评分者一致性信度，是由两个或多个评分者给相同的考试结果评分时，各个分数之间的一致性程度。

估计评分者一致性信度的方法有多种。如果是两位评分员，考试采用的是连续变化的分数时，可以用积差相关系数；如果考试采用等级评分，可以用等级相关系数；如果是三位以上的评分员，一般用**肯德尔和谐系数**（Kendall's coefficient of concordance），也译为肯德尔协同系数。

【看演示7.3】

某项口试录音测试，共两道题，每位考生每一题的录音都由两位评分员评分。用积差相关系数检验评分者一致性信度。①

7.3 两位评分者一致性信度

---

① 尽管Excel或SPSS都可以用，但如果有多道试题，用SPSS需要分别计算，而用Excel更为简便。

步骤:

第一步: 准备好两位评分者对每一题的Excel评分文件。

第二步: 在"第一题评分员1"这列的最下面一格,输入CORREL公式,不必加$符号,计算出第一组的积差相关系数。

第三步: 把第一组积差相关系数右下角的小方块往右拖,就能得到其他各组的相关系数。

第四步: 从中选择你所需要的相关系数。例如,在这些评分数据中,第一题评分员1和评分员2的相关系数是需要的,表示第一题评分者一致性信度,而第一题评分员2与第二题评分员1的相关系数对于评分者一致性信度没意义,可删除。

〖练一练7.3〗

练一练 7.3

某项写作测试共两道题,每位考生每一题的作文都由两位评分员评分。请用积差相关系数检验评分者一致性信度。

若评分员为三位及以上,可用以下方法统计评分者一致性信度。

【看演示7.4】

三位评分员为64位考生的一道口语题评分。要求用肯德尔和谐系数检验评分者一致性信度。

7.4 肯德尔和谐系数 SPSS

步骤:

第一步: 在Excel表格上输入评分数据,纵列为"评分员(p)",横排为"考生(ks)"。

第二步: 将数据拷到SPSS上(只需拷评分数据)。依次点"analyze(分析)""nonparametric tests(非参数检验)""legacy dialogs(旧对话框)""K related samples(K个相关样本)"。

第三步: 将所有评分数据拖入"test variables(检验变量)"框,然后在下面的"test type(检验类型)"选框中的"Kendall's W(肯德尔和谐系数)"上打钩。

点"OK(确定)"便可得到如表7-3所示结果。

表7-3　检验统计量

N	3
Kendall's W[a]	.796
卡方	150.397
df	63
渐近显著性	.000

a. Kendall 协同系数

表7-3中，Kendall's W为肯德尔和谐系数，0.796表明三位评分员的评分一致性很高。卡方（Chi-Square）为卡方检验。df为自由度。渐近显著性（Asymp. sig.）是显著性检验的一种，0.000表明显著性水平很高，统计结果可靠。

〖练一练7.4〗

某次口语考试，5位考官分别为10位考生评定口语等级。请使用SPSS统计肯德尔和谐系数，检验评分者一致性信度。

练一练 7.4

三、影响信度系数的因素

一般来说，以下这些因素会影响信度系数：

（1）题量的大小。从理论上说，题目越多，信度系数越高。比如一套由100道试题组成的客观题试卷，全卷的Alpha系数能在0.9以上，但作为试卷组成部分的听力和阅读，每部分的Alpha系数可能只能达到0.8。其实试题的质量并没有变，只是由于试题数量的减少导致信度系数下降。因此在可能的情况下，适当增加题量可以减少偶然性的影响，提高信度系数，使得测试结果更为稳定。但试题数量也不可能过分增加，这取决于考试的时间和考生在心理、体力上的承受力。试题过多会使考生产生疲倦和厌烦，反而会增加随机误差。

（2）考生群体同质性的高低。Alpha系数的基础是试题的方差，也就是所有考生在答某道试题时的差异性大小，如果这组考生的水平差距大，表明同质性低，异质性高，做某道试题时答对和答错的人都很多，分数的离散程度就高，方差就大，全卷的试题方差就大，考试分数的Alpha系数就高。相反，同样是这份试卷，如果换了另一批水平接近的考生，同质性高，某道题多数人都答对了，或多数人都答错了，方差就小，各题都差不多这样，全卷的Alpha系数就肯定会低下来。因此，同样一份试卷由同质性程度不一样的考生来做，Alpha系数等信度系数是不同的。信度系数具有相对性。

（3）试题区分度的高低。在前面求Alpha系数的演示中，我们观察了每道试题对全卷信度系数的影响。我们能明显看出，试题的区分度越高或区分度高的试题越多，整个试卷的信度系数就越高，其原理是试题方差对试卷信度系数的影响，或者说是试卷信度系数对于每道题方差的依赖。同样一批考生，做一份区分度低的试卷，他们之间的差异性便不能充分显示出来，试卷的信度系数就低。而如果给他们一份区分度高的试卷，他们之间的能力差别就能从分数上反映出来，试卷的信度系数就高。从这个角度看，信度系数又可以说具有某种绝对性，即区分度高的试卷尽管同质性不同的考生作答时信度系数会有所不同，但信度肯定是比较高的，反之亦然。这就要求我们在命题的过程中努力提高试题的区分度。

（4）试题难度的高低。在前面讲试题难度和区分度的关系时，我们讲过试题难度和区分度往往是相关联的，一般来讲，过难或过易的试题区分度都有可能降低，因而就会降低试卷的信度。从这个角度来讲，如果试题的难度适中，试卷的信度就容易高。对于这个问题，张厚粲、龚耀先（2012）认为，"测验难度与信度没有直接的对应关系，但是它也会对信度产生影响"，试卷题目太难或太易时，"分数的分布范围就会缩小，从而影响到实得分数的离均差，造成信度系数降低"。

（5）评分客观性的高低。我们在前面评分者一致性信度中谈到，在主观题测试中，如果能通过明确标准、严格培训、及时监控等措施使得几位评分员的打分尽可能接近，评分者一致性信度系数就会提高。这里我们要注意的是信度系数的高低标准，客观题和主观题考试是有区别的。一般来说，客观题考试的全卷信度系数应在0.9以上，主观题考试的信度系数达到0.7或0.8已经不易。

思考题

一次在多国举行的汉语考试,全卷100题,听力、阅读各50题。考生分为两组:汉字圈组和非汉字圈组。我们在第六章的难度和区分度的思考题中已经对这两组考生的答题结果进行过一些观察,现在我们再观察一下阅读部分的信度系数。

表7-4 两个组的Alpha信度系数与校正的分半信度系数

考生	汉字圈组	非汉字圈组
Alpha信度系数	0.9432	0.8987
校正的分半信度系数	0.9454	0.8592

请结合第六章思考题中这两组学生阅读部分的难度和区分度数据对阅读信度作一个分析。

四、测量标准误差

我们前面讲到了测量误差,正是测量误差影响了分数的稳定性。尽管我们很想知道在一次考试的分数中测量误差究竟有多少,然而测量误差又似乎是看不见摸不着的。现在,我们知道了某一份试卷在某一次考试中的信度系数,按照真分数理论,就有可能估计出测量误差的大小。我们一般用**测量标准误差**(standard error of measurement,简称"**标准误**",SEM)来表示某次考试的误差。标准误的计算公式是:

$$SEM = SD\sqrt{1-r} \qquad [公式\ 7\text{-}5]$$

公式7-5中,SEM是标准误,SD是标准差,r是信度系数。

从这个简明的公式中可以看到,信度系数(r)越接近于1,$1-r$的值就越小,误差就越小。不过,标准误还与试卷的标准差有关,标准差大了,标准误也会大。

假设某份试卷某次考试的信度系数是0.9,试卷标准差是10分,代入公式,标准误就是3.16分。请注意,3.16分并不是系数,而是分数。有了标准误我们就可以估计出某次考试的测量误差是多少分了。

【看演示7.5】

已知某项测试的Alpha信度系数，用Excel求全卷的标准误。

步骤：

第一步：打开某次考试的小题分数文件（0—1计分），算出总分。

第二步：在最后一个考生的总分下面一格用函数中的STDEV算出这次考试的标准差，在下面一格填入已经算出的考试信度系数（如Alpha系数）。

第三步：在下面一格中输入标准误的公式：=SD*SQRT（1−r）。SD和r可以输入已算出的数值，也可以输入其在Excel表中的位置。点"（OK）确定"，即得到SEM。

〖练一练7.5〗

已知试卷X004的Alpha信度系数为0.927，请用Excel求全卷的标准误。

思考题

我们在上一小节的思考题中观察了在阅读部分的考试中汉字圈组和非汉字圈组的信度系数，现在我们再观察一下这部分的标准误。

表7-5　两个组的标准差、Alpha 信度系数和标准误

考生	汉字圈组	非汉字圈组
标准差	11.86564	9.546101
Alpha信度系数	0.9432	0.8987
标准误	2.827908	2.978700

这两组学生的标准误反映了什么？

五、置信区间

根据标准误，可以估计出某个考分的真分数的范围，这个范围叫作真分数的置信区间。

置信区间（confidence interval）是一个测试分数的范围，真分数很可能就在这个范围之内（Cohen & Swerdlik, 2005）。

第七章　信度及真分数理论的局限

例如，某次考试满分100分，标准误是4分。假设某个考生的考分是50分，上下各考虑一个标准误(+4或-4)，我们就可以估计，他的真分数很可能在46—54分之间。也就是说，可能他的水平要比50分高，应该在53—54分，因为种种原因没有充分发挥出来；或者他的实际水平不到50分，大概在46—47分，因为种种原因超常发挥。无论是哪种情况，他的真分数估计都在这个范围内。但是我们这样判断的把握有多大？由于我们只考虑了正负各一个标准误，根据正态分布，正确判断的可能性只有68.26%（张凯，2002b），也就是有31.74%的可能性误判。如果我们想把正确判断的可能性提高到96%，把误判的可能性缩小到4%，就需要扩大范围，考虑正负各两个标准误(+8或-8)，这时我们就有96%的把握说他的真分数在42—58分之间（如图7-1所示）。

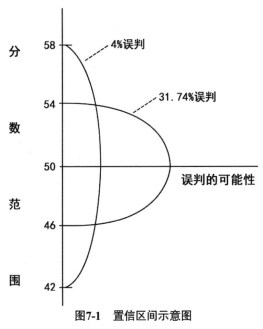

图7-1　置信区间示意图

在图7-1中，纵轴代表分数范围，横轴代表误判的可能性，两轴的交汇点50是这个例子中的考试分数。从这个示意图中可以看到，在我们确定置信区间的范围时，如果范围宽，就比较可靠，但精度就低；而要想精度高就得缩小分数范围，但判断的可靠性就降低了。因此，要根据需要在分数精度和可靠性之间作出选择。

有了标准误和置信区间的概念后，我们终于可以说在一定意义上我们找到了真分数，只不过我们找到的是一个范围。然而"范围"这个观点是我们认识分数最重要的一个观点，即由于测量误差不可能避免，考试分数应该理解为是一个范围，而不是一个点。

我们在第五章讲百分等级时曾讲过百分等级是一个范围，现在我们可以理解了，因为分数本身就是一个范围。

有了这一观点，我们就能引导考生正确理解分数。在大规模的水平测试中，几分之差并不能说明考生水平的高低。水平测试的成绩出来后，假如教师以几分之差来比较学生的水平，只能是误导。

思考题

（1）有个学生考新HSK五级，第一次得了190分，一个月后又考，得了185分，便误以为自己退步了。你应该怎么样向他解释？

（2）有了信度、误差、置信区间等概念后，你对测试中的准确与模糊有了什么新的认识？

第二节　真分数理论的局限

真分数理论即CTT从20世纪初发端，到20世纪50年代前后成熟，通常人们把美国学者古力克森（Gulliksen）1950年出版的《心理测验的理论》作为其成熟的一个标志。CTT的理论方法比较容易理解和操作，张厚粲、龚耀先（2012）认为，直到目前CTT仍是心理和教育测验领域中应用最广的测试理论。但CTT也有明显的局限性。我们在学习试题难度、区分度和信度时就已经能看到几个问题。

第一，测试的难度、区分度、信度等指标都是相对的。

首先，我们看试题难度P值，不同水平的考生做同一道试题，试题的P值不同。比如同一道听力题目，甲组的P值是0.33，乙组的P值就是0.29，这很容易解释，这两组考生的听力水平不同，答对率当然不同。这种情况带来的问题是，我们为试题标难度时到底标哪一个？可能有人会说把这两组考生的数据放在一起。那么如果还有其他考生要来考这道题呢？可以预计，其他考生加入后，难度值还会变。尽管难度值的变化中也有其稳定的一面，但我们做题库时要标一个难度值就不好标。

其次，我们再看区分度，区分度也是相对的，不同的考生做同一道题，其D值或点二列相关系数也不一样。比如同一道阅读题，甲组的点二列相关系数是0.26，区分度一般，但乙组的点二列相关系数是0.37，区分度比较高。这当然反映了这道试题对于两组考生的区分能力不同，但哪个区分度可以代表这道题的区分度呢？尽管区分度也有其稳定的一面，但在题库中很难标一个区分度值。

除了每道题的难度和区分度以外，试卷的信度系数也是相对的。比如，某一次考试的阅读部分，甲组的Alpha信度系数是0.9432，信度很高，而乙组的Alpha信度系数是0.8987，尽管还可以，但显然低于甲组。因此，当我们要评价这份试卷的稳定性和可靠性时，我们只能说试卷对于甲组考生而言信度很高，而对乙组考生而言信度要低一些。由于对测试信度的评价是有条件的，对于误差的估计和真分数置信区间的估计也有相当的不确定性。

从这些例子我们可以清楚地看出，CTT的难度、区分度、信度所反映的只是特定的考生对某一试题或某组试题的作答数据，有相对性。尽管这些数值也有稳定的一面，一般来说在教学中使用影响不大，但要做标准化测试的题库就有困难。

第二，考生的测试分数依赖于试卷的难度。

标准化测试的每次考试一般应使用不同的试卷，从理论上说，这些复本卷或平行卷的难度应该几乎相同，只有这样，考生在不同考试中的得分才具有可比性。尽管用等值的方法可以对分数进行微调，但前提是复本试卷间的难度应该相当接近，而实际上，由于考试材料的多样性等多种因素，所有平行试卷的难度都相当接近是很难做到的，往往是同样水平的考生做一份较难的试卷得分就低，做一份较容易的试卷得分就高，也就是说某个考生的考试分数实际上仍然只能说明其在某一次考试中的成绩，还无法很有说服力地推断考生使用其他试卷可能的分数。

第三，CTT的误差信息还较为笼统。

在学习信度时我们已经了解到，信度的核心问题其实是测量误差问题,测量误差越小信度就越高。我们也了解到,测量误差有多种来源。但是CTT却只是把实测分数分为真分数和误差分数两个部分,只能给我们提供一个笼统的信度系数、一个笼统的标准误。实际上,测量误差往往有多种来源,仅仅从信度系数和标准误,我们还无法知道误差源在哪里,每种误差的大小是多少,因此难以对误差进行有效的控制,也无法根据一次特定的考试资料来推测在其他情况下可能的误差情况。

第四,考试参数一般只能在施测之后才能得到。

考试的试题难度、区分度或考试信度等参数都是考完之后统计出来的,对于有预测的考试,尽管有预测数据,但由于预测考生与正式考生可能有差别,试题的预测参数和正式考试的参数往往并不相同,因此只能起一定的参考作用。而有些考试由于种种原因难以进行预测,所以CTT无法预测考生在考试中的表现。

思考题

(1)假如有人想用P值和点二列相关系数建一个题库,你应该向他提什么建议?
(2)现在你对真分数的置信区间又有了哪些进一步的看法?

第三节 概化理论、项目反应理论

针对CTT的这些问题,20世纪六七十年代以后出现了一些新的理论,由于其理论方法与经典测试理论很不相同,被称为现代测试理论。在现代测试理论中,影响最大的是概化理论和项目反应理论。

一、概化理论

概化理论(generalizability theory,简称GT)是克伦巴赫等人以方差分析为基础创立的一种分析多种误差的理论方法。方差分析(analysis of variance,简称ANOVA)是一种对三个以上的数据样本进行差异性检验的方法,这一方法能把多个因素在数据样本变异过程中的作用分离出来并进行比较。一般认为，克伦巴赫等人1963年的《概化理论：信度理论的丰富和发展》和1972年的专著《行为测量的可靠性：测验分数和剖面图的概化理论》标志着概化理论的正式形成。(金瑜, 2001)

问答
问：这个克伦巴赫和提出 Alpha 信度的克伦巴赫是同一个人吗？
答：是同一个人，他是一位美国教育心理学家，在这两项工作上都做了重要的贡献。

GT认为，测试的根本目的是通过某一次特定的测试来推论在更广泛的条件下可能获得的测量结果。GT通过系统地分析实测分数的多种误差来源来研究这个问题。(张厚粲、龚耀先, 2012)

GT认为测量都是在特定的条件下实现的，GT把希望测量的对象称为**测量目标**（object of measurement），把特定的测量条件称为**测量侧面**（facets of measurement，简称"侧面"）。比如在一次写作考试中，被试的写作水平是测量目标，考试题目和评分员是两个测量的条件，因而是两个侧面。每个侧面又都有不同的条件数量，条件数量称为侧面的水平。假如在某次写作考试中有两个题目，题目侧面的水平就是2，假如有三个评分员来评分，评分员侧面的水平就是3。测量目标和侧面构成了**测量情境关系**（the context of measurement situation）。情境关系是特定而具体的，某些成分的变化就可以构成不同的情境关系。比如，如果想用这些评分资料来检查几位评分员的评分质量，评分员就成了测量目标，而被试则成了一个侧面，即测量条件。

GT用方差分析的方法来区分误差的不同来源。GT认为测量数据的总方差可以分解成来源不同的方差分量。其中测试目标的方差是真方差，有些类似于经典测试理论中的真分数，而测量侧面的方差并不是要考查的东西，因此是误差方差，此外各个方差分量之间的交互作用的方差也属于误差方差，这些都类似于经典测试理论中的误差。与经典测试理论不同的是，GT中的误差方差是可以分解的。GT不仅可以分解误差方差，而且可以有针对性地去处理各种误差方差。(漆书青等, 2002)

GT假设存在一个**可接受的观察全域**（universe of admissible observations），这个全域包含了所有可能存在的观察，也就是测量，实际的某一次测量可以看作这个全域中随机抽取出来的一个样本。(金瑜, 2001)比如，我们要考查被试使用1000个汉语常用词的能力,我们的测试方式是让被试用随机选出的10个常用词各造一个句子,写下来,由随机选出的3位老师来评分。根据被试的分数,我们可以对被试书面使用1000个汉语常用词的能力作出某种推断。这就是概化理论中"概化"这个词的含义,即推断。根据概化理论,被试的汉语能力是测量目标,试题和评分员是测量侧面,由于这些侧面是从全域中随机抽取的,因此叫**随机侧面**(random facets)。显然,要从1000个词中随机抽取10个词是有误差的,让3个评分员给造句评分也是有误差的。如果我们把侧面固定住,误差是不是就能够减小呢?答案是肯定的。设想我们某次课学了10个生词,下一次课我们就听写这10个词。在这种情况下,试题的全域就缩小为10个词,抽样误差就没有了,由于听写评分的正确答案是唯一的,所以评分误差也可以忽略不计,这就相当于我们把这两个侧面固定住了,或者说侧面条件包括了全域的所有条件,这种侧面叫作**固定侧面**(fixed facets)。在固定侧面时,虽然误差减小了,但同时能够推断能力的范围也缩小了,根据被试的分数我们只能知道他们对这10个词的听后书写能力。每个侧面都固定的测量只是所有测量中的一个特例,在这种情况下,GT几乎没有用武之地。因此,适合使用概化理论的测量至少要有一个侧面是随机的。

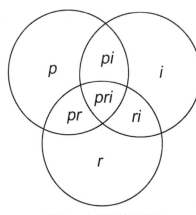

图7-2 交叉设计文氏图

根据测量目标和测量侧面的不同关系,我们应该选择不同的设计。设计分为**交叉设计**(crossed design)和**嵌套设计**(nested design)两类。如果测量目标和每个侧面的每一个条件都互相交叉就是交叉设计。比如,有10个被试,每人做2道写作题,4个评分员每人都要给所有被试的所有的题评分。图7-2是一个交叉设计的文氏图(Venn Diagram),其中p(person)是被试方差,即测量目标方差,i(item)是试题方差,r(rater)是评分员方差。此外,pi(被试与试题)、ri(评分员与试题)、pr(被试与评分员)、pri(被试、评分员和试题)是交互作用的方差。

如果测量目标只和侧面中的部分条件联系就是嵌套设计。比如,10

个被试中部分人的写作题由甲、乙评分员评分,另一部分由丙、丁评分员评分。

下面我们用李海燕(2008)对BCT[①]口语考试研究的实例来具体看一下如何运用交叉设计进行GT分析。

BCT的口语考试有两道难度不同的试题,第一题的任务是与商务有关的生活和社交类的,第二题的任务是商务业务类的。口试采用录音形式,评分员三人一组独立评分。在交叉设计中,题目侧面的条件是2,评分员侧面的条件是3。研究者要研究的是BCT口语考试的信度和误差情况如何,应该考几道试题最合适。

GT的分析按照两个步骤依次进行,即**G研究**(G study)和**D研究**(D study)。

G研究的任务是根据测试数据求出各个方差分量,也就是用方差分析的方法求出图7-2中的七个方差分量,方差分量估计值用σ^2表示(σ读作sigma)。研究者分析了2007—2008年的七次考试,我们仅看其中的两次考试,结果如表7-6。

表7-6　BCT口试p×i×r设计G研究变异分量估计值及占总变异的百分比(节录)

(李海燕,2008)

考试时间及地区	类别	Person	Item	Rater	pi	pr	ri	pri
2007.6 国内	σ^2	2.0573	4.6018	0.0036	0.4257	0.1090	0.0053	0.3080
	百分比	27.39%	61.27%	0.05%	5.67%	1.45%	0.07%	4.10%
2007.9 韩国	σ^2	3.6943	3.6815	0.00124	1.04375	0.08399	-5.9347	0.2352
	百分比	42.27%	42.12%	0.014%	11.94%	0.96%	0	2.69%

被试方差是目标方差,越大越好;评分员方差反映的是评分者一致性信度,越小越好;试题方差以及其他的交互作用的方差都属于误差方差,也应该小。从G研究结果看,评分员方差确实很小,表明BCT口试的评分员一致性信度很好,交互作用的几个方差都很小,表明这几个方面的误差比较小。但是,试题的方差却非常大,国内考试甚至超过了被试方差,韩国考试也与被试方差几乎相同,这是研发人员在作GT分析之前没有想到的。

[①] 李海燕(2008)分析的BCT指的是北京大学受国家汉办委托负责研制的BCT。

试题方差大说明了两个任务之间的难度差距很大，这本来是研发人员的考试设计意图，体现了生活和业务两种任务的区别，使得初级水平者在第一题中也能有所表现，而中高水平者在第二题中能有发挥空间，拉开档次，但没想到这会带来如此明显的误差。由于BCT的口语成绩是两道题合在一起，这种试题侧面的误差并不会影响被试的成绩，但毕竟暴露了考试设计中的问题，这使BCT的研发人员认识到应该控制口试中两个任务的难度差距。

在G研究的基础上，就可以进一步进行D研究。D研究的任务是通过增加或者固定某些侧面的条件来观察测试精度的变化，选择最佳方案，为决策提供依据。在D研究中有两个类似于经典理论中的信度系数的指标：一个叫**概化系数**（generalizability coefficient），简称G系数，记作$E\rho^2$，是目标方差与总方差的比，取值范围0—1，适合常模参照的解释；另一个叫**可靠性指数**（index of dependability），也叫依存性指数，简称φ系数，记作φ（读作fai），取值范围0—1，适合标准参照的解释。

如果将评分员条件固定为3，BCT口语考试的概化系数和可靠性指数如表7-7。

表7-7　BCT口试P×I×R设计D研究概化系数和可靠性指数（n'r=3）（节录）

（李海燕，2008）

考试时间及地区	类别	n'i=1	2	3	4	5	6	7	8
2007.6 国内	$E\rho^2$	0.78	0.87	0.91	0.92	0.94	0.94	0.95	0.95
	φ	0.28	0.44	0.54	0.61	0.66	0.697	0.73	0.75
2007.9 韩国	$E\rho^2$	0.76	0.86	0.90	0.92	0.94	0.95	0.95	0.96
	φ	0.43	0.60	0.69	0.75	0.79	0.82	0.84	0.85

从表7-7中可以看出，在目前2道题的情况下，概化系数已在0.8以上，说明BCT口试的总体信度很高，已达到进行常模参照解释的要求。可靠性指数韩国考试基本可以，但国内考试还偏低。如果试题增加到3题，概化系数就能在0.9及以上，可靠性指数也有明显的提高，基本上

能达到要求。如果增加到4题，则概化系数和可靠性指数就都能达到很理想的高度。但如果进一步增加到5—8题，指标的提高幅度又趋缓。考虑到考试的经济原则和可操作性，研究者选择的方案是，目前的试题结构可行，如果需要可以再增加1道试题。

GT的运算比较复杂，不过方差分析部分可以采用SPSS中的方差分析（ANOVA）进行，然后根据公式计算有关数值。公式可以参考漆书青等（2002）的《现代教育与心理测量学原理》。如果要进行大量的计算，最好使用专门的统计软件，如GLM和GENOVA等。

我们可以对概化理论作一个小结：

第一，概化理论可以帮助我们分解误差，了解各种误差的来源及数量，发现一些采用经典测试理论发现不了的误差问题，从而更有针对性地控制误差。金瑜（2001）认为，概压理论的重心是表示各个测量误差来源的方差分量，而不是概化系数，研究时应该以探究误差来源和减小误差为重。

第二，运用概化理论，我们可以在可观察的考试数据的基础上，通过改变有关侧面的条件，把测试结果推广到更大的范围，进行预测，在多种可能的方案中选取最佳方案，减少考试研发过程中的盲目性。

第三，概化理论尽管有很多优点，但也有一些问题。张厚粲、龚耀先（2012）指出，如果侧面过多，在模型设计和施测上都会有困难。为保证样本的代表性必须对施测条件进行一定的有效控制。

第四，概化理论是对经典测试理论的发展，有人把它比喻为经典测试理论和方差分析的孩子，但是它还不能取代经典测试理论。

二、项目反应理论

概化理论尽管发展了经典测试理论，但是漆书青等（2002）认为，由于概化理论和经典测试理论都属于随机抽样理论，概化理论并没有改变经典测试理论的微观结构，因此试题没有固定参数等问题并没有得到解决。这些问题是在项目反应理论中得到解决的。

1952年和1953年，美国学者洛德（Lord）提出了第一个正式的项目反应模型，标志着项目反应理论的创立。（漆书青等，2002）由于模型及计算过程复杂,难以推广。20世纪70年代后随着计算机的发展,这一理论逐渐得到应用。1980年洛德的《应用项目反应理论解决实际的测验问题》出版,此后这一理论逐渐被广泛接受。(张厚粲、龚耀先,2012)

项目反应理论(item response theory,简称IRT)是建立在**潜在特质理论**(latent trait theory)的基础之上的。什么是潜在特质理论呢?假设被试对于测试中的项目(即题目)的反应是受到某种看不见的心理特质的支配的,看不见的心理特质就是潜在特质,潜在特质理论研究的是潜在特质的结构,以及这种特质与被试对项目的反应之间的关系。项目反应理论就是用数学模型来解释被试在项目上的反应与潜在特质的关系的一套理论方法。在项目反应理论中所使用的数学模型可以用**项目特征曲线**(item characteristic curve)来表示,曲线显示出被试答对某一个项目的概率和其潜在特征值之间的函数关系。在语言测试中,这种潜在特征值指被试的语言能力值。由于在项目反应理论中,被试的能力值和项目的难度值被定义在同一个量表上,因此,项目特征曲线也显示出项目本身的难度等质量信息。

问答

问:"项目"和"题目"有什么区别?
答:这两个词英语都是item,是一样的。由于在引进这个理论时翻译成"项目",所以我们在谈论这个理论时一般都用"项目"。此外还有"测验",就是指测试,同样道理。

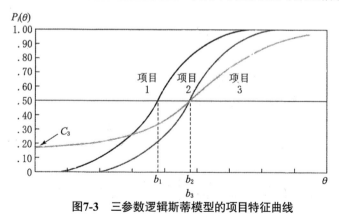

图7-3　三参数逻辑斯蒂模型的项目特征曲线
(张厚粲、龚耀先,2012)

在图7-3中,横轴表示项目难度(b)和被试的能力(θ,读作theta),越往右表示项目越难,被试的能力越强;纵轴表示不同能力值的人答对某一项目的概率；曲线显示出被试答对项目的概率随着能力值的提高而加大。曲线有一个拐点，在纵轴上是0.50，表示50%的答对概率，在横轴上对应的点是某一项目的难度值。比如，项目2的难度（b_2）就要比项目1的难度（b_1）大。除了难度值之外，图7-3还显示了项目的区分度和猜测度。项目3的拐点和项目2相同，表明这两个项目的难度相同，但是它们的斜率（即区分度）不同。项目2比较陡，表明对能力的变化敏感，区分度较高，而项目3比较平缓，表明对于能力变化的敏感程度低，区分度比较低。此外，项目3还显示其猜测度比另外两个项目高，在横轴0这个点上，项目3在纵轴上有一定的数值（c_3），表示这个项目即使对于能力很低的被试都有一定的答对概率。这个例子是**三参数模型**，如果是**双参数模型**，就是假定猜测度很小，可以忽略不计。而在**单参数模型**中，则认为试题的区分度接近，也可忽略不计，只有一个难度值。

项目反应模型是建立在强假设的基础上的，我们通常使用的IRT模型有几个前提假设。第一个是单维性（uni-dimensionality），指的是一个测验中的每个项目所测量的是同一种心理特质，即每道题测的是同一种能力。第二个假设是局部独立性（local independence），指的是某一特定水平的被试对某一项目的反应不受其他项目的影响，或者说测验中各项目之间是不相关的。第三个假设是被试不受作答时间的影响，如果答不对是因为不会答，不是时间不够。使用IRT首先要进行这些前提条件的检验，如果需要测量的资料不符合这些前提条件就不适合使用IRT。在此基础上需要选取合适的模型。比如，如果实际项目的区分度相差较大就不能选单参数模型，项目中猜测度较大就不能选双参数模型。必须进行实际项目资料和模型的拟合检验。

选好了模型之后就要使用专用软件（如BILOG）进行参数估计，得到每一道试题的a值、b值、c值及每个被试的θ值。由于IRT的参数估计是在一种数学模型中进行的，因此，所得到的参数，例如b值并不是特定被试作答特定试卷的答对率，而是某一能力的被试作答某一项目的答对概率。因此，这些参数值与具体的考生和具体的试卷已经没有直接的关系了。

在IRT中没有使用CTT中信度的概念，而是使用**信息函数**（information function）的概念来表示项目和测验的测量精度和误差。信息函数分为项目信息函数和测验信息函数两种。

项目信息函数（item information function）是指某一特定项目对不同水平的被试分别能提供多大的信息量。信息量越大，测量精度就越高。如图7-4所示。

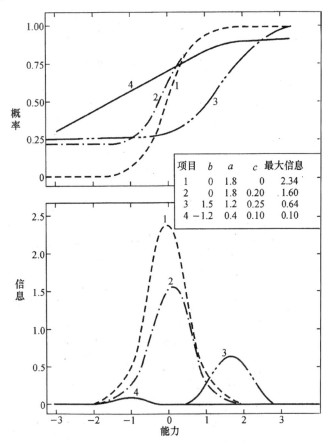

图7-4　项目信息函数曲线（下）与反应函数曲线（上）

（漆书青等，2002）

在图7-4中有1、2、3、4共四个项目，我们从两幅图中间的那个表中可以看到，项目1的区分度a值最大，猜测度c值最小，项目信息函数最大。项目2的难度、区分度都和项目1相同，但是猜测度比较大，所以项目信息函数就比项目1小。项目3的难度比前两个大，区分度略低，猜测度很大，因此项目信息量要低很多。项目4的难度要小于前三个，区分度很低，有一定的猜测度，项目信息函数最低。注意，表中标的是最大信息量，指的是当被试的水平与这个项目的难度最接近时可以提供的信息量,如果被试的水平与这个项目有差距,信息量还会减少。我们仍然以这四个项目为例,假如被试的能力值是0(0并不表示没有能力,而是表示平均能力),项目1的b值也是0,因此对这个被试就能提供最大信息量。项目2的难度相同,也能有最大信息量。但项目3的难度和被试的能力值有一定的差距,所以尽管其最大信息量还有一些,但对于这个被试能提供的信息量几乎是0。项目4的难度与这个被试也有差距,因此,信息量也同样几乎是0。

测验信息函数(test information function)指在一个测验中全部项目的信息函数的和。信息函数具有可加性,同时,每个项目所提供的信息量不受其他项目的影响。另外,和项目信息函数一样,测验信息函数也是相对于特定被试而言的,同样的一个测验,对于不同水平的被试,测验信息函数并不相同。被试的水平和测验的难度越接近,测验能提供的信息量就越大。由于测验信息函数表示的是整个测验的精度,其作用相当于CTT中的信度。

在学习信度时我们知道,信度和误差是相反的,信度越高,误差越小。我们还学过,用标准误和置信区间可以表示真分数的范围。在IRT中也有相应的概念,测验信息函数在某一特质水平上的值的平方根的倒数,就是该点特质水平估计值的估计标准误(漆书青等,2002),记作$SE(\theta)$。根据估计标准误,可以算出对特定被试测验的置信区间。和CTT比较,标准误和置信区间等概念有相似的一面,也有不同的一面。不同的一面是,CTT中的测量标准误和置信区间对所有的被试都是相同的,而IRT中的估计标准误和置信区间对不同的考生是不同的。可以看出,IRT对于测试误差描述得更加细致、准确。

项目反应理论不仅提供了一种全新的理论解释,而且推动了题库建设、测试等值,特别是实现了计算机自适应考试的开发。

计算机考试如果从组卷方式上可以分为两个大类,一类是成卷的计算机考试(computer based test),这类考试的试卷是固定的,一次考试所有考生考的都是同样的试题;另一类是**计算机自适应考试**(computerized adaptive test,简称CAT),这类考试能根据不同考生能力组成不同的试卷,每个考生所做的试题不同,考试用的时间也不相同。

按照项目反应理论，考生能力值（特质水平值）和试题难度值是对应的，因此可以根据被试所做试题的难度来估计其能力值。

CAT的试测过程分为两个阶段。一是试验性探测阶段。考试系统先随机选取中等难度的试题，如果被试做对，下一题就给更难的；如果做错就给更容易的。假如某被试大多都对，就给最难的题；假如大多都错，就给最简单的题，直到被试既有答对又有答错时，探测阶段结束。到这一阶段可以估计出被试的能力在哪一段上，但这还只是粗略的估计。二是精确估计真值阶段。根据初步估计的能力值，增加相应难度值的试题，累积信息量，逐步修正估计值，逐渐趋近被试能力的真值。由于信息函数是可以累加的，随着项目增加，测验信息函数也在不断增加，当信息量达到一定的标准值时，测试便可以结束，也就是通常所说的收敛，这时得到的被试的能力值就是测试结果。当然，这个能力值要转换成报告分数才能报告给考生。

> **问答**
> 问：信息量达到多少才能收敛呢？会不会总也收敛不了？
> 答：精度越高，收敛需要的时间越长，所以测试设计者需要根据需要的测试精度，规定合适的标准值。

CAT的设计思想和OPI口语考试的思路有些像，都是根据考生的水平来给题，根据考生完成不同难度的题来估计考生的水平，这是一种因人施测的思想，只不过OPI是靠考官进行判断，而CAT是由计算机依据IRT的原理进行估算。在CAT考试中，每个被试实际做的题目、测试的终止处都不相同。由于每人只做与自己能力相近的那部分试题，带来了两个好处。第一个是低水平的考生不必做难题，能减少考生的受挫感，而高水平的考生又不必去做太容易的试题，能减少无聊感，减少因为粗心做错简单的题带来的测量误差。第二个好处是整个测试时间大大缩短，提高了考试效率。有的CAT还可网考，更加便利。

不过，目前CAT还只能使用选择型试题，无法使用构造型试题。在选择型试题中，小题最为合适，长文章的一组试题，尽管也有一些处理方法，总不是CAT的长项。另外，由于CAT需要大型题库，适合大规模的水平测试，在课堂测试中一般还难以实现。

整体来看，由于IRT是针对CTT的局限性研究出来的，显示出很大的优越性。

首先，IRT的难度值、区分度值都是不变的，都是独立于具体的被试的。无论什么样的被试来做某一个项目，项目的a值、b值、c值都不变。这就为建立题库创造了很好的条件，我们就可以明确地标出每道试题的参数。

其次，被试的测试分数也不再依赖于具体的试卷。这一点在自适应考试CAT中看得非常清楚。每个被试的试卷的难度都是不同的，被试的测试结果并不是根据试卷的答对率决定的，而是根据被试作答不同难度的试题的情况决定的。比如，一个低水平被试做一组简单的试题，答对率是0.5，而一个高水平的被试做一组难的试题，答对率也是0.5，很明显这两个被试的测试结果是不同的。而两个水平相同的被试尽管试卷不同，却可能得到相同的测试结果。

再次，由于IRT的误差是根据每个被试的信息函数算出的，更为细致。

最后，由于IRT的项目参数不变，能够在正式考试之前就知道正式考试中的项目参数，并且对某一水平的被试答对项目的概率作出估计，可以减少命题的盲目性。

当然，IRT也有其局限性，张厚粲、龚耀先（2012）指出，项目反应理论的模型建立在较强的假设基础上，即对资料的条件要求相当严格，在资料对模型的拟合度上也非常严格。因此它只适用于大样本的资料分析，应用性受到限制。

问答

问：IRT需要的样本量究竟有多大？
答：如果使用三参数模型，理想的情况下一般需要有1000人的样本。

在进行参数估计时需要大样本，要使各个特质水平区间都有必要数量的被试（漆书青等，2002），这种要求在一般的课堂测试中是难以满足的。

总的来看，概化理论和项目反应理论都是针对经典测试理论的局限性发展出来的全新的现代测试理论，其理论与方法更为严谨。不过，由于经典理论在操作上简单易行，至今仍然是使用最为广泛的理论方法，尤其是在课堂测试中往往更适合使用经典测试理论。

思考题

(1) GT最有魅力之处是什么？为什么？
(2) 你同意GT不能取代经典测试理论的观点吗？为什么？
(3) IRT最吸引你的是什么？为什么？
(4) 新托福是一个新型的计算机考试，但并没有使用自适应的形式，而是使用固定试卷，你认为原因可能是什么？

本章延伸阅读

序号	主题	作者	参考资料	章节
1	信度	张厚粲、龚耀先	《心理测量学》	第六章
		张凯	《语言测验理论与实践》	第七章第一节
2	概化理论和项目反应理论	漆书青、戴海崎、丁树良	《现代教育与心理测量学原理》	第一篇第三章、第二篇
3	SPSS		任何一种SPSS指导书	可靠性分析、非参数检验

自我评价

第八章

效度及测试的使用

第八章 效度及测试的使用

本章需要学习的是关于效度、公平性、测试使用的理论和方法。内容包括：

1. 什么是效度？怎样检验？
2. 效度和信度的关系是什么？
3. 什么是公平性？公平性和效度有什么关系？
4. 什么是反拨效应？
5. 效度和测试的使用是什么关系？

第一节 效 度

一、效度的基本概念

效度（validity），又叫有效性，"即测验能够测出所欲测量属性的程度"（张厚粲、龚耀先，2012），也就是说，效度是指考试在多大程度上能够考出设计者想考的东西。这是衡量测试是否有效的最重要的指标。

在测量中，除了测量误差之外，还有一种系统误差。

系统误差(systematic error)是由与测试目的无关的因素所引起的恒定的、系统的、有规律的变化，存在于每次测量中。这种误差与随机误差不同，是定向的，"它永远系统性地偏向一边"（张厚粲、龚耀先，2012）。

举个例子，有两家快递公司A和B，某客户要求他们送货时都要开单位抬头的发票，用于报销。A的发票有时开有时不开，有时开得对有时又不对，完全无规律，不稳定。B则每次都开，只不过每次的发票抬头都不是单位，而是个人，使得客户没法报销。A的误差有些像测量误差，我们可以估计这家公司管理混乱。B的误差就不同，很稳定，但是该公司所给的东西不是客户要的，也许是某个地方出了系统性的错误。B的误差就有些像系统误差。

与效度有关的误差主要是系统误差。

构念(construct), 也翻译成"构想""结构", 是测试所准备测量的心理特质或假设性的概念, 比如智力、动机、焦虑、创造性、语言交际能力等心理特质。这些构念和一般的概念不同, 比如, "桌子"是个一般的概念, 看得见摸得着, 不是假设的, 但"智力"却是一个假设性的概念, 我们对它有理论上的定义。一方面, 需要用测试来证明它的存在以及理论解释的正确; 另一方面, 一个测试所测出来的究竟是什么能力, 能否测出我们希望测出的心理特质, 也需要证明。

例如巴克曼提出语言交际能力的构念, 并对这一构念有一个理论的说明, 认为语言交际能力是由语法能力、语用能力、社会语言能力构成的, 并使用了一些测量方式对此进行证明。

效度就是采用测试及其他评估方式对构念进行测量的有效程度。

Messick (1989) 认为, 效度面对两种主要的威胁: 一种是**构念代表性不足**(construct under-representation), 测试太狭窄, 不能包含构念的重要维度和侧面; 另一种是**构念无关方差**(construct-irrelevant variance), 测试包含了过多的可靠方差, 但这些方差与需要解释的构念是无关的。前者如一个声称要考查语言交际能力的考试却没有口试, 那么语言交际能力这一构念的口头交际维度和侧面就没有一个途径能考查出来, 这种考试就是构念代表性不足。后者如一个声称考查普通语言交际能力的考试, 试题中却有很专业的法律知识, 由法律专业知识带来的方差是可靠的, 但这种方差不能解释普通语言交际能力的构念, 这便是构念无关方差, 也就是系统误差。

金瑜 (2001) 指出效度有三个性质, 我们结合一些新的资料进一步说明:

(1) 效度主要是针对测试结果的。效度更多地与分数解释有关, 也就是测试得到的这个分数能否有效地解释设计者所要测的某一种能力, 或者说, 由测试得来的分数变异是不是有效变异, 分数变异是不是由所要测量的那种能力引起的。例如, 考中国学生的数学使用英语试卷, 试卷本身没有问题, 考试程序也没有问题, 结果每个学生也都得到了一个互相区别的分数, 但问题是在对这些分数进行解释时如果把它解释成数学能力, 其效度就很低, 因为其中语言能力的差别起了很大的作用。假如记录下中国考生答题时的思维活动, 很可能会发现有汉英的语码转换, 这在英语母语考生中是没有的，即使是过程研究，效度分析也着眼于分数解释。因此，如果测试分数能较好地解释有效变异，效度就高，如果分数较多地解释了与测试目的无关的变异，效度就不高。

（2）效度是针对某种特定的测试目的的。举个例子，我们设计一个"把"字句的小测验，如果用于检查某一教学阶段学生对"把"字句的掌握情况，其分数解释的效度就高。但如果用于解释学生的综合语言交际能力，其效度就不高。"把"字句只是语言交际中的一个因素，大量的其他因素在这个测验中都考不出来。因此，我们不能简单地说这个测验是否有效，只能说其测验分数对于某一种目的是否有效。效度并不是测试本身的属性，而是关于分数的预期解释和使用的综合评价。张厚粲、龚耀先（2012）认为："需要证明有效的是：对某一次测验结果得出的解释的有效性，而不是笼统地考察某一个测验的有效性。"从这个角度来看，当我们谈论效度时，说这次测试分数解释的效度较高比说这个测试效度较高更为严谨。

（3）效度只有程度上的差异。正因为效度是具体的而不是笼统的，具有相对性，因此，我们不能说考试有效度或没效度，只能说某次考试分数解释的效度比较高，而另一次则比较低。

 问答
问：如果按照这种观点，一些考试宣传册上说某个考试是高效度的考试是不是一种广告语言？
答：严格地说起来是这样。

二、效度概念的演变过程

效度的概念从20世纪初提出到现在一直在不断变化。变化大致上分为三个阶段。

第一阶段：简单的相关分析阶段。1915年美国有的教师开始把学生的测验分数和教师的评估相比较，如果二者相关度高就证明测验有效。心理学家也开始用相关系数来证明测验的效度。1921年美国教育研究指导协会提出了"效度"这一概念。（常晓宇，2005）

第二阶段：效度分类阶段。20世纪30年代，人们认识到效度应该体现测试对于教学内容的代表性，便提出考试的课程效度（curricular validity），后来变为**内容效度**（content validity）。与此同时，使用相关分析的预测效度(predictive validity)和共时效度(concurrent validity)被归为一类,即**效标关联效度**(criterion-related validity)。效标(criterion)是用来衡量一个测试是否有效的外在的、公认的标准参照物。所谓效标关联效度是指某一个测试的分数与测试之外的某个效标的相关程度。1955年,克伦巴赫等人提出了**构念效度**(construct validity),所谓构念效度就是"衡量一个测验能否测量出预测构想的程度"。(张厚粲、龚耀先,2012)。这样便形成了内容效度、效标关联效度、构念效度为主的分类效度的格局,分类效度成为20世纪50年代到80年代的主流。

第三阶段:一元化阶段。20世纪80年代,克伦巴赫等人又提出"所有效度都是一个",认为"对于几乎所有的测验都应该结合这三种方法共同建立一种解释"。1985年,美国《教育与心理测试标准(第5版)》提出了效度一元化,内容效度、效标关联效度、构念效度不再被称作效度种类。

此后Messick(1989)提出了整体效度观念,认为"经验证据和理论依据在多大程度上支持对分数的解释与使用,对这个问题进行的综合评价就是效度"。美国1989年出版的《教育测量(第3版)》和1999年出版的《教育与心理测试标准(第6版)》[①]对新的效度观念进行了完整的阐述。(谢小庆,2013a)根据整体效度观念,构念是效度的核心,被用来定义效度,即效度就是测验对构念进行测量的有效程度。既然这样就没必要再单独提构念效度了,效度可以说就是构念效度,只不过其内涵比原来的加深了,外延比原来的扩大了。效度研究就成了从多方面对构念的有效性提供证据并论证的过程,证据既包括理论,也包括经验,论证应该有系统性。不仅如此,整体效度观念还明确地把测试的使用及社会效果作为提供证据的重要方面,并提出效度需要持续不断地验证。

 思考题

从效度概念的变化及人们目前对效度的认识中可以看到一种什么趋势?

---

① 谢小庆(2013a)译为"《教育与心理测验标准(第6版)》"。

三、效度的研究范式

既然效度是一个整体,效度研究的过程实际上就是一个用经验证据和理论从多方面对考试分数的解释和使用进行论证的过程。因此效度的研究范式可以分两个部分来说明:一是积累证据,二是进行论证。我们结合实例进行介绍。

(一) 积累证据

《教育与心理测试标准(第6版)》提出了搜取效度证据的五个方面(AERA etc., 1999)。尽管这个标准强调不跟随传统的术语,但我们认为,一个好的研究范式应该不仅能指导现在的研究,也能解释以往进行的效度研究工作,因为以往研究者所进行的内容效度、效标关联效度、构念效度的研究实际上就是从几个方面为效度提供证据。因此,下面的实例中也包括了以往的分类效度研究中的实例。

我们从以下五个方面搜取效度证据。

(1) 基于内容的证据

基于内容的证据(evidence based on content)是通过分析测试内容与希望测量的构念之间的关系而得到的。内容包括主题、词汇、题型以及施测与评分程序,涵盖但不限于原来的内容效度的研究内容。每个语言测试都会根据其测试构念划定一个目的语使用域,也就是一个内容范围,如BCT的目的语使用域应该是汉语第二语言学习者在商务业务及相关的生活、社交中需要使用的汉语,而一个课堂的单元测试的内容范围则可能是某一单元学习的词汇、语法点和相关技能。任何一份具体的试卷都应该看作是一个范围内无数可能的试卷中的一个样本,这个样本应该有代表性,尽可能地代表某一个范围的总体知识或技能,因此,测试的内容应该尽可能涵盖所要考查的学习范围或交际任务范围。在成绩测试中,基于内容的证据很重要,一般测试考查的内容应该在某一阶段的教学内容的边界之内。在水平测试中,尽管其内容的边界不像成绩测试那样清晰,但仍可以通过词汇表、语法项目表、任务表、功能表等对试题内容进行检查,各个部分的内容覆盖面如何,比例是否恰当,避免内容分布太偏。

搜取基于内容的证据的一个具体做法是在命题之前先编制双向细目

表,组卷时逐项检查试题内容是否符合双向细目表。检查可以由命题者自查、互查,也可以请专家对试卷内容进行审查。专家要检查试题内容是否有代表性、是否会产生构念无关方差、是否适合考试对象、对不同的考生群体是否公平,同时还要检查题型设计是否存在构念代表性不足等问题。

图8-1是在BCT的相关研究中使用过的一个试题内容检查表,要求检查者标出每一题考查的交际项目。

A	B	C	D	E	F	G	H	I	J
			第1题	第2题	第3题	第4题	第5题	第6题	第7题
内容范围	生活	饮食			✓				
		住宿							
		出行		✓					
		购物					✓	✓	
		社交							
		文化							
		娱乐							
		卫生保健							
		其他							
	业务	招聘/求职							
		人事管理							
		会见							
		业务联系							
		办公项事	✓			✓			
		内部运营							✓
		考察/会展							
		贸易活动							
		营销							

图8-1　BCT试题内容检查表

基于内容的证据,其局限是只能说明试题考了什么,难以说明考生在作答这些试题的过程中实际需要调动一些什么能力。

(2)基于反应过程的证据

基于反应过程的证据(evidence based on response processes),反应过程指的是考生答题时的心理反应过程和评分员给主观题打分时的心理反应过程(张洁,2017),通过采集考生或评分员在考试或评分时的心理活动的信息,对考试构念进行验证。证据的搜集方式主要有两种:一种是问卷、访谈,在考试或评分之后向有关人员询问;另一种是实验,使用有声思维法、眼动研究、反应时研究、摄像等手段,采集过程性信息,整理分析。

以有声思维法为例,这一方法是要求参加实验的考生边做题边把出现在脑子里的想法都说出来,无论出现的是母语还是目的语,用录音机录下来,研究者通过转写分析考生的答题过程。

例如,一个中国考生在做大学英语四级的阅读题时这样说:

这个tragedy, judging from, likely to apologize, the shedder of tears is likely to apologize, 这个shedder不知道什么意思; 嗯, 要是知道这个就好解决了; crying usually wins sympathy, sympathy, 哦, 怜悯, crying usually wins sympathy from other people; one who sheds tears in public will be blamed, 哇, 这个肯定不对, 不用看了……result in tragedy, crying会导致tragedy, 不对, 不对; 选A。

(郭纯洁, 2007, 节录)

下面这个实例是孔文（2011）使用有声思维法进行的有关考生答题过程的研究。

实验对象是中国大学英语专业二年级的学生, 实验材料是英语专业四级考试（TEM4）的阅读题。阅读题型有两大类, 第一大类的答案能直接在文本中找到, 像字面理解题和信息重组或重释题; 第二大类的答案一般无法直接在文本中找到, 像推理题和评判题。研究的问题是: 考生是否按照命题者的期望在文本不同层面上找出不同问题类型的答案? 不同水平组考生在阅读和答题过程中使用的策略有何异同? 研究结果是73.3%的考生是按照命题者的预期作答的。在有效答题策略上, 考生最常采用母语翻译策略来帮助理解和记忆, 但是这一策略从低分组到高分组明显递减。在无效答题策略上（比如读不懂文章时凭常识猜）高分组远低于低分组。这些证据证明了TEM4阅读题的构念在实际操作中基本上实现了。同时, 研究也提供了部分试题命题不当的证据, 比如有一道题低分组12名考生都没看懂正确选项, 却有一半考生猜对了答案。原因是答案与原文中的词汇是同根词。这类命题的失误使得答对率虚高, 掩盖了考生存在的问题。

这个实例告诉我们, 基于反应过程的证据能为我们提供仅靠分析试题内容得不到的效度证据, 并发现仅靠题目数据发现不了的问题。

（3）基于内部结构的证据

基于内部结构的证据（evidence based on internal structure）是指通过分析测试内部的试题及各种成分之间的结构关系来验证实际的结构与测试构念是否吻合, 进而为相关测试提供分数解释的证据。

以往的很多构念效度（或称结构效度）的研究实际上都是在搜取基于内部结构的证据。常用的研究方法有相关分析、因素分析等。

相关分析的基本思路是通过分析考试各部分分数之间的相关系数来研究考试分数的内部结构。郭树军(1995b)使用相关分析的方法检验HSK(初中等)的内部结构效度是一个典型的实例。

HSK(初中等)由听力理解、语法结构、阅读理解、综合填空四个分测验组成,报告分数也是四项分别报告的。其理论假设是,这四项测验可以测出考生汉语水平的四个方面,是相对独立的,所以应该分别测量,并可以对考试分数分别进行解释。是否真能这样解释,开始时人们并不是很清楚。

研究者采用的是Grant Henning的内部结构效度的研究方法。这一方法的基本假设是:若一个题目与所在的分测验的点二列相关系数高于与其他分测验的相关系数,这个题目就具有结构效度;反之,就缺乏结构效度。用这个方法,研究者检验了6份试卷的1020个题目,然后算出每一项分测验的内部结构效度比例,结果发现,听力和阅读分测验的比例最高,而语法分测验的比例最低。结论是:很难说语法分测验较准确地测出了它该测的东西(如图8-2)。

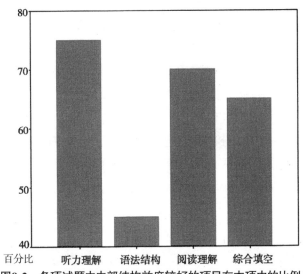

图8-2　各项试题中内部结构效度较好的项目在本项中的比例
(郭树军,1995b)

后来研究者重新分类,按照考生接受信息的不同方式,把听力分为一类,定义为听的能力,把语法、阅读、综合分为一类,定义为读的能力,以此构成汉语水平。重新分类后的结果比较理想,总的内部结构效度比例由0.648提高到0.8176。由此研究者得出了结论:"我们说HSK主要考了'听''读'两种能力比我们说它考了四种能力要有把握得多,恰当得多,有意义得多。"

有些研究喜欢以各项分测验之间相关系数高来证明其内部一致性高,实际上,从效度的角度看,各分测验之间的相关系数过高也证明了每一项分测验的独特作用并不大。因此,一个考试比较理想的相关系数应该是每一项分测验的组内相关高,而组间相关中等。

因素分析是提供内部结构证据的另一个重要的方法。

1961年英国统计学家Moser Scott在调查研究时发现,他原来的57个原始变量通过因素分析变成了5个新的综合变量,他称之为因素,他发现这5个因素就能解释95%的原始信息。(杨晓明,2004)**因素分析**(factor analysis),也译为因子分析,基本思想是对原始变量进行分类,把相关性高的分在一类中,而不同的类别之间相关较低。通过这种减量处理,不仅分析的工作量大大减少,而且能够发现一些本质性的基本结构,即模型。

因素分析分为两种:探索性因素分析(exploratory factor analysis,简称EFA)和验证性因素分析(confirmatory factor analysis,简称CFA)。EFA主要用在分析项目背后的构念,以便建立模型,而CFA主要用在模型的验证上。(陈正昌,2015)

符华均等(2013)采用因素分析的方法研究了新HSK(五级)的内部结构,是使用因素分析的一个典型的实例。

新HSK(五级)的构念是:笔试应该能测出考生在听、读、写三个方面的语言运用能力,因此考试从听力理解、阅读理解、书面表达三个维度进行考查。研究者以一次考试的6281名考生的分数为样本,随机抽取3141人进行探索性因素分析,另外3140人作验证性因素分析。

首先进行探索性因素分析,研究者提取出3个因素,各题型在3个因素上的负荷信息见表8-1。

表8-1 新HSK（五级）在3个因素上的负荷信息

（符华均等，2013，略改动）

题型	因素1	因素2	因素3
听力一	0.98	-0.05	0.01
听力二	0.67	0.22	0.03
阅读一	0.19	0.75	-0.06
阅读二	-0.08	0.82	-0.04
阅读三	0.12	0.69	0.04
书写一	0.07	0.58	0.16
书写二	0.06	0.31	0.47
书写三	0.00	-0.07	0.83

表8-1显示，听力的两个题型在因素1上负荷最大，可概括为听力理解能力；阅读的三个题型和"书写一"在因素2上负荷最大，可以概括为阅读理解能力；"书写二、三"在因素3上负荷最大，可概括为书面表达能力。这个结果总体上验证了考试构念。只有"书写一"是个例外，它在因素2上的负荷要明显超出在因素3上的负荷。在验证性因素分析中设计了三种模型，主要区别是"书写一"考的是什么能力。结果证明，"书写一"考了阅读和书写两种能力。而这一分析是符合事实的，"书写一"是要求考生把几个词排列成一个句子然后写下来，这个题型主要考的是阅读后的语法结构能力，由于词已经在试卷上印出来，写的方面其实只考了抄写的能力。

因素分析可以使用SPSS及其系列中的AMOS软件进行统计。

通过这两个例子我们能清楚地看到，一个测试实际上测出来的是什么能力与我们预先设想的可能并不一致，而这种不一致仅仅在试题内容上是不容易看出来的，通过内部结构的检验，一些问题才会暴露出来。

（4）基于与其他变量之间关系的证据

基于与其他变量之间关系的证据（evidence based on relations to other variables）是通过对某一种测试的分数与该测试的外部变量的关系分析，取得效度的证据。外部变量包括该测试的效标，也包括一些其他测试，那些测试与该测试的构念有的相同，有的相关，有的不同。该测试的分数与这些变量之间的不同关系就是效度证据。

我们先看效标关联的证据采集方法。

研究者通常按照如下步骤操作：

① 确定效标。效标的种类很多，例如，一个考查学术型英语能力的考试可以把学生在英语国家的大学第一年的学习成绩作为效标，也可以把已经得到公认的学术型英语考试的成绩作为效标。

② 确定考生样组。考生样组应该是目标考试的典型考生，他们的考试成绩应该是有代表性的样本。例如老HSK（初中等）的考生样组是北京语言学院一、二年级的学生。

③ 施测。请选定的考生作答目标试卷，取得考试分数。

④ 收集考生的效标资料。如果效标资料是某一个得到公认的考试资料，则需要请这些选定的考生在一定的期限内去参加作为效标的考试，例如，开发英语考试时，考试开发者会请选定的考生在规定时间内去参加托福考试。

⑤ 计算考试分数与考生的效标资料之间的相关系数。

从效标与考试的时间关系上，可以分为共时研究和预测研究。**共时研究**（concurrent study）分析考试与近期效标的相关程度。**预测研究**（predictive study）分析考试与一段时间之后的效标的相关程度，目的是检验考试对于考生某方面能力预见的准确程度。

汉语口语考试（spoken Chinese test，简称SCT）的效度分析（李晓琪、李靖华，2014）是共时研究的一个典型的实例。

SCT是由北京大学和培生公司（Pearson）于2012年共同开发的自动化汉语口语考试，使用ordinate technology的核心技术，旨在测量一个人对标准汉语（即普通话）的听说水平（李海燕、李晓琪，2014）。该考试可以在任何时间、任何地点通过电话或计算机进行。试题录音由具有不同方言背景的汉语母语者提供，代表了人们在说普通话时经常听到的各种口音和风格。考试无须人工评分，5分钟之内就可得到考试结果。考试总时长25分钟，共80道题，分为八个题型：声调词语、朗读、重复、问答、声调识别（词）、声调识别（句子）、组词、短文重述。考试报告一个总分和语法、词汇、流利度、发音、声调等五个诊断分数。报告分数在20—80分之间。

SCT的便捷、客观是毋庸置疑的，但由于其题型除短文重述外答案都是基本确定的，没有人工评分，能否真正测出一个人的汉语听说水平，其效度需要证明。考试开发者用多种方式提供了效度证明，其中很重要的一个证据是与OPI的共时研究。

OPI是一个已经得到公认的面试型口语水平考试，有自身的效度研究资料，已给其他的自动化口语考试作过效度验证，因此，研究者选取OPI作为效标。

被试共130人，数据搜集共进行了三次，每个被试在相近的时间内参加OPI和SCT，其OPI至少由两个评分员评分。计算OPI和SCT的积差相关系数，三次分别为0.816、0.853、0.899，在0.01水平上双侧检验显著相关。

通过这项研究，考试开发者得到了与其他变量的关系的证据。

使用效标关联的最大问题是，效标是否有效往往值得怀疑。例如老托福曾被当作效标，但是其自身的有效性靠什么来证明？新托福的出现本身就证明了老托福的效度有问题，因此不再适合作为效标。既然效标本身也需要论证，如果这样一个一个地论证下去，会陷入无穷论证或循环论证。其实，如果我们不把效标绝对化，而只是把它当作一个构念相同或相近的外部变量，它与考试的相关性仍然能够成为一种有意义的效度证据。

考试分数与外部变量的关系证据也可以通过分析与其他构念相近或不同的测量之间的关系获得。常用的方法是多特质多方法矩阵。

1959年，坎贝尔（Campbell）和费斯科（Fiske）提出了**多特质多方法矩阵**（multitrait-multimethod matrix，简称MTMM），即在研究时使用多种不同的方法来测量多种不同的特质，计算它们之间的相关系数，组成一个相关矩阵，获取会聚证据和区分证据。

会聚证据（convergent evidence），原来称作会聚效度（convergent validity），是指使用不同方法测量相同特质的分数之间应该高相关，例如面试和录音测试的口语分数应该高相关。

区分证据（discriminant evidence），原来称作区分效度（discriminant validity），是指测量不同特质的分数之间应该低相关，包括使用相同方法的，例如纸笔考试的阅读和听力应该低相关，也包括使用不同方法的，例如纸笔考试的写作和面试的口头表达，也应该低相关。

坎贝尔和费斯科认为，一个效度好的测验，应该同时具备较好的会聚效度和区分效度。他们举了一个例子，用自陈问卷、投射技术、同伴评定三种方法测量支配性、社交性、成就动机三种特质，得到图8-3所示结果：

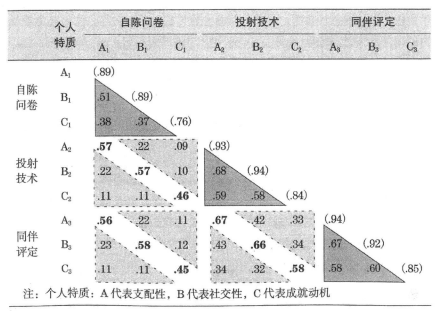

图8-3　多特质-多方法矩阵
（Campbell & Fiske, 1959）[1]

在图8-3中，三角形之间字体加深的两排相关系数是不同方法测量的相同特质，实线三角形内的相关系数是相同方法测量的不同特质，虚线三角形内的相关系数是使用不同方法测量的不同特质（括号内为信度系数）。在这个例子中，用三种方式希望测的构念相同，提供了会聚证据，而测试方式本身并不是要测的构念，提供的是区分证据。

MTMM在设计和数据上要求很高，但是在统计分析上只需要使用相关分析等常用方法。

以上这些证据主要还是关于考试本身的证据，其实，当考试投入使用之后，很关键的一个问题是考试的分数能否有效地对

 问答

问：在有的书中，MTMM是检验构念效度的方法，现在怎么和效标关联效度放在一起谈呢？
答：因为这两个使用的都是外部变量，搜集证据的方式是一类。既然效度是一个，自然可以放在一起。

考试之外的语言交际行为进行推测，为决策提供依据。Messick（1996）指出："分数解释以及基于分数所做的决策，实际上是把考试分数外推到未

---

[1] 原文为英文，采用张厚粲、龚耀先（2012）的中文译文。

经测试的行为，其基础就是测试分数与使用后果存在着经过论证的关系。所有实证证据都应当汇集起来支持分数解释与决策依据。"考试使用的结果近些年被列入了效度证据，这体现了测试评价工作者对于效度认识的深化。

(5) 基于测试结果的证据

基于测试结果的证据（evidence based on consequences of testing）指的是把测试在实际使用中的结果作为效度证据。大多数测试都是为了满足某种社会需求而设计的，测试使用者依据测试分数作出决策，产生某种结果。如果使用结果与测试设计者的构念相符，则可以提供支持的证据，但如果不符，也不一定都是测试的问题。由于效度并不是测试本身的属性，是包括测试分数使用在内的综合属性，因此，测试结果的证据就必须在测试分数使用的各个环节中去寻找。某校分班方式的改革实践是一个典型的实例。

某大学的长期汉语进修项目有几百个学生，从基础班到高级班有二三十个班。每个学期开学时都要进行分班考试，根据考试分数排队分班。该校使用过多种试卷，既有自己命的分班试卷，又有外部的标准化考试试卷，但结果都差不多。学生分到班里上了几天课就要求换班，有的班因换走的学生太多而需要撤掉，而有的班换进去的人太多又需要拆成两个班，分班成了老大难问题。开始时大家都认为是考试不准，于是命题教师便努力改进考试，比如增加写作考试，调整题型和试题难度，结果有所改进，但没有根本的改变。比如1997年秋的换班率为27.7%，1998年春改成新题型之后降为25%（刘超英等，2000）。教师们认为换班的原因非常复杂，但是教材不合适仍然是主要的原因，因为学生在进入班级前连教材都没有看过，于是教师们建议增加一个确认教材的环节，教师和学生面谈，让学生看一看教材是否合适，教师判断一下该生是否适合学习该教材，最后学生签字确认。实施这一方法后情况明显改善。经过十几年的不断完善，这一分班模式日益成熟。2015年秋的换班率降到6.69%。从1998年到2015年，分班测试的题型没有大的变化，但分数的使用方式变了，由直接按照分数排队，到按照分数推荐教材，分数的解释变为某一个分数段推荐使用某一种教材。面谈的功能并不是打分，而是教师提供咨询，学生与教师商谈后自己决定。确认教材的环节起了关键的作用。但是，这是否意味着分班考试分数的效度不高呢？在确认教材和换班的过程中，教材会有所调整，分析一下教材调整的幅度，可以对测试分数的推荐作用作出一个评估。见表8-2。

表8-2 确认教材及换班中的教材变动情况（2015年9月）

教材情况	教材一致	调1本教材	调2本教材	调3本教材	调4本教材	调5本教材	调6本教材
人数（人）	252	72	9	2	2	0	2
比例	74.34%	21.24%	2.65%	0.59%	0.59%	0	0.59%

表8-2显示，学生实际使用的教材与推荐教材一致的占多数，调整一两本教材在正常的误差范围内，如果算上调整1本和2本教材的，测试推荐教材的有效率就分别达到了95.58%和98.23%，分班考试分数对教材估计的准确性相当高。通过综合分析可以看到，该校分班考试的分数是有效的，但是只有借助于确认教材这一非测试的评估方式，考试分数的有效性才能发挥作用，产生预期的分班效果。这就是测试结果的效度证据。

（二）进行论证

积累证据的目的是进行论证。在相当一段时间内，论证的思路是，积累尽可能多的证据来支持考试，证据之间是一种罗列的关系。后来研究者认识到，好的效度论证应该能够整合多种证据来支持特定考试使用中的分数解释。效度论证应该能够使考试构念的定义更加精确，能够对考试提出修改建议并指出进一步的研究领域。（AERA etc., 1999）不过，究竟如何整合以及解释证据之间的内在关系呢？在研究中一些学者提出，仅仅靠事实或可观察的行为还不足以对测验的效度提供足够的支持，只有当证据与一些假设结合在一起时，才能对测验提供支持。（谢小庆，2013b）按照这种思路，论证的过程如同一场辩论，在立论和反驳中检验测试构念。

近年来，教育测试界一直在探索效度验证中组织证据的方式，在各种方式中Kane提出的基于论证的验证模式（argument-based approach to validation）影响很大。Kane的模式分为两个步骤，第一步是解释性论证，即搭建理论框架；第二步是效度论证，检验理论框架。Kane采用Toulmin的实用推理模型（practical reasoning model）进行推理论证。（韩宝成、罗凯洲，2013）在这个模型中有几个要素："事实"（data）、"理由"（warrant）、

"证据"(backing)、"反驳"(rebuttal)、"结论"(claim)。要想从事实推出结论必须有理由作为基础，而这一理由又需要有证据支持，在推出肯定性观点的过程中会有反驳来质疑，反驳也是有证据的，经过论证，对原有观点作出限定，在此基础上得出结论（如图8-4）。

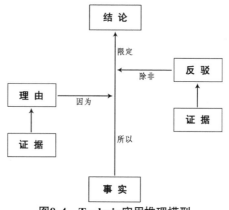

图8-4　Toulmin实用推理模型
（转引自Bachman & Palmer, 2010）[①]

论证是一个系统，在这一系统中，证据本身也需要得到论证，而得出的结论又能够成为其他论证中的事实或理由及反驳的证据。

我们以300页某大学分班的实例为例作一个简单的说明。在关于考试使用结果的论证中，事实是2015年秋该校的换班率只有6.69%，换教材的幅度总体上比较小；理由是如果分班考试设计合理就应该能较好地预测学生的汉语水平，并能为学生推荐与其水平接近的汉语教材；理由的证据有分班考试的定义，学生的语言水平与所使用的教材难度间有对应关系，考试设计的内容符合考试构念等；反驳的观点是只用考试分数分班效果不理想，其证据是1997年秋的换班率高达27.7%，把换班率降下来的是确认教材的环节；经过限定后得出了结论，即该校的分班考试能较好地预测学生的汉语水平，并能为学生推荐与其水平接近的汉语教材，但考试分数需要和确认教材环节相结合。这只是一个论证，要想使这个论证完全站住脚，作为理由的几个证据还需要论证，比如学生的语言水平与教材的对应关系，考试的内容是否符合考试构念。此外，这一论证的结论在是否能用

[①] 刘超英翻译成中文时参考了韩宝成、罗凯洲（2013）和谢小庆（2013b），略简化。

自评取代部分考试的论证中又可以作为证据来支持理由。

有的学者主张这种论证应该从施测做到决策,而巴克曼和帕尔默则进一步提出这种论证应该从测试开发就开始,他们提出的"测试使用论证"(assessment use argument,简称AUA),将测试开发和使用统一在一个框架中进行论证,使用justify(证明合理)这一动词来说明这种行为。论证需根据特定的考试对象、考试目的,针对特定的考试进行,贯穿从测试开发到分数使用的全过程。

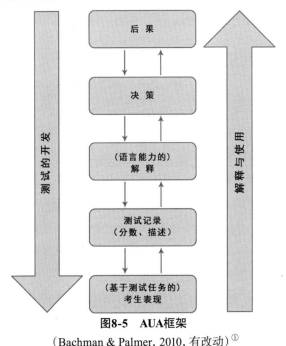

图8-5　AUA框架

(Bachman & Palmer, 2010, 有改动)[①]

由于效度问题是测试评估的核心问题,人们对于效度的探讨势必将无穷尽地进行下去。在下面关于公平性和测试使用的学习中,我们还将从其他角度继续讨论效度问题。

---

① 原文为英文,采用韩宝成、罗凯洲(2013)的中文译文。

思考题

(1) 你认为汉语水平考试效度的内容证据应该从哪些方面来获取?
(2) 如果请你搜集外国学生考试时思维过程的证据,你打算用什么方法?
(3) 课堂小测验或期中考试等成绩测试的构念是什么?应该怎样论证?
(4) 你认为纯粹的语法能力能测出来吗?如何论证分数中没有词汇和汉字的因素?

四、信度与效度的关系

信度与效度的关系,可以归纳为表8-3所示三种情况。

表8-3 信度与效度的关系

信度高——效度高	信度低——效度低
信度高——效度低	×

第一种情况,信度高——效度高。考试稳定,两次时间相近的考试的分数很接近,能把测量误差控制在很低的程度,同时考试分数能很好地解释我们要考的某种能力的差别。这是最理想的。

第二种情况,信度低——效度低。考试不稳定,测量误差大,两次时间相近的考试之间的分数相差很大,同时考试分数也不能解释我们要考的某种能力的差别。例如一个语言测试,语言能力差的得了中等分,语言能力强的得了低分。这是最糟的。

第三种情况,信度高——效度低。考试稳定,两次时间相近的考试的得分很接近,按照真分数理论,考生的得分相当接近于真分数,应该说,它确实考出了某一种能力,但它考出的这种能力并不是考试设计者要考的能力。我们设想一种语言考试,本来是要考语言交际能力,但结果出现了高分低能的情况。所谓低能并不是绝对的没有能力,他们可能有很强的应试能力,在选择题上的得分也并不是蒙的,而是根据他们丰富的考试经验和应试训练中学到的应试技巧做出来的。应试技巧本身是一种真的能力,所以他们的分数很稳定。但问题是应试技巧并不是考试设计者所要考的能力，应试技巧强而语言能力一般的考生的高分数，难以用语言交际能力的构念来解释。由应试技巧带来的方差就是 Messick(1989) 所说的构念无关方差，当一个考试的构念无关方差在相当程度上左右着分数的高低时，这个考试便会出现"信度高——效度低"的现象。从这个角度来看，真分数确实能反映一种能力，但这种能力是什么，我们可能并不知道，它也许并不是我们所要测的那种能力。老托福之所以要改版，并不是由于信度的问题，而是由于效度的问题。从理论层面看，从结构主义的语言能力观到交际语言能力观，考试设计者的构念发生了变化；从实践层面看，原有的考试形式经过多年的商业性运作，其出题规律已经被考试培训机构摸透，在这种情况下，老托福的分数所反映出来的能力中，语言知识能力和应试能力的方差加大了，而实际语言交际能力的方差相对缩小了，这与考试设计者现在想要测的能力已经合不上了。

第四种情况，信度低——效度高。这是不可能存在的，因为如果考试没有稳定性，就不可能准确测出任何一种能力，当然就更谈不上设计者想测的能力了，因此不可能有效。

因此，信度是基础，效度是核心。信度低效度必然低，但信度高效度不一定高。

在谈到信度和效度的关系时，有一种说法，即客观题信度高效度低，主观题信度低效度高。这是对信度、效度概念的误用，实际上是把信度与信度系数混为一谈了。一般来说客观型试题的信度系数（如 Alpha 系数等）确实要比主观型试题高，但这并不能说明主观型试题的信度低，因为信度的核心是测量误差小，系数只是一种表示方式，主观型和客观型试题的信度系数一般很难直接比较。另外，也不能说主观型试题的效度就必定高，因为效度的核心是测出设计者希望测的构念。设想一下，如果我们希望测考生推销日用品的能力，却让考生评论外交部的声明，尽管使用了面试这种主观题形式，效度也绝对不可能高。

思考题

用你参加过的考试来说明一下你对信度与效度关系的看法。

第二节　公平性

一、公平性的定义

公平是一个社会观念，从测试评价的角度讲公平性，其具体含义是什么？首先需要明确其定义。

《语言测试词典》对测试中公平性的定义是：

公平性（fairness）是从测试结果对于个人、群体和全社会的关系的角度来考虑的。它既与特定测试用于标志考生能力的效度有关，又与整个测试过程能否反映社会公平并为之作出贡献有关。（Davies etc., 1999）

这个定义很全面，讲了三点重要的思想：第一，公平性考虑的是测试结果的社会功用，小到对个人，大到对全社会；第二，公平性是效度问题；第三，公平性也是社会问题。

二、公平性问题的历史背景

广义上的考试公平性问题由来已久，中国古代科举考试中的糊名、誊录等一系列措施都是为了维护考试的公平性。不过，从测量理论的角度来研究公平性大致上是从20世纪初开始的。当时比奈在智力测验的研究中已发现来自社会底层的儿童在有些试题上得分偏低，认为这与家庭和学校教育有关，不能说明智力水平低。（谢小庆、王洋，2004）当时在美国军队里的团体智力测试中，黑人和白人的分数存在明显的组间差异，但最初并未引起足够的重视。到20世纪40年代，一些心理学家注意到考试偏向（bias）严重，开始考虑考试的公平性问题。到了20世纪六七十年代，在美国受民权运动和女权运动的影响，人们注意到了测试结果对于特定群体的偏差。对分数差异的解释给低分数群体造成了伤害，影响了其平等权利，因此引起测试界的重视。1972年，美国国家教育协会（National Education Association，简称NEA）号召停止在学校里使用标准化考试。但当时研究结果并不令人满意，没有一种测量方法可以完全证实或否认一项测试的公平性。20世纪80年代以后，人们日益认识到公平性问题的复杂，开始将公平作为效度的一个方面来研究，研究方法上将统计分析和经验审查相结合。

三、公平性的主要特征

关于公平性的主要特征，我们参考美国《教育与心理测试标准（第6版）》（AERA etc., 1999），对公平性的主要特征作一个归纳和说明。

（1）没有偏向。考试不偏向任何一个考生亚群体。**偏向**，也翻译成偏见，在测试评估中有特定的含义。以下是偏向的两个定义：

如果某个考生亚群体由于测验或试题中的某些与所欲测试内容无关的因素出现优势或者劣势，这一测验或试题就被认为有偏向。（ALTE，转引自Brown, 2005）

测验和测试中"偏向"这个词指与构念无关的因素，而这些因素又会导致可确认的考生亚群体的考试分数规律性地偏高或偏低。这种与构念无关的因素可能是由于测验内容选择不当或是测验指示不清楚而引入。（AERA etc., 1999）

关于这两个定义，有几点应明确。第一，所谓**考生亚群体**（subgroup of candidates）是指在一个考生群体中按照人种、族裔、性别、残疾种类、生活地域等标准进一步划分出来的下位的考生群体，既包括少数人群体，也包括多数人群体。每个考生根据不同的划分标准，会属于多种亚群体，比如一位住在法国的华裔女考生就属于华裔考生群、女性考生群、法国考生群。第二，偏向使得考生亚群体的分数有规律地偏高或偏低。有利或不利都是偏向。第三，偏向是由与构念无关的因素引起的。并不是说考生亚群体的分数有区别就是偏向，比如在汉语语音测试中，日本考生由于很多人"h""f"不分，因而这个群体这两个声母的得分可能低于其他群体，这不是偏向，因为声母就是测试要测的构念。偏向是指这种区别是由考试构念以外的其他因素引起的。

例如，设想美国的某个智商测试，要求考生辨别下列词的区别：
rain　snow　sleet　hail

（Brown, 2005）

这道题对于美国本土的考生有利，但是对于夏威夷的考生就可能不利，因为他们很可能没见过雨夹雪（sleet）和冰雹（hail），难以区分其中的细微差别。作为智商测试，这方面的知识与测试构念无关，因此这道题应该被认为存在地域方面的偏向。

再如，某英语考试，要求考生在每组词中挑出与所给主题无关的单词：

（hospital） A. theatre　　　B. sister　　　C. ward　　　D. safe

（李筱菊，1997）

这是一道考词汇的试题，但是如果拿来考中国的中学生，有人就可能会选B，因为他们可能不知道在英国的医院里护士称为sister，而这种词语的地域文化的含义超出了中学英语词汇学习的范围，存在文化的偏向。

（2）在测试过程中同等对待各考生亚群体。这是指考试的条件应该是规范的，操作应该是标准化的。同等对待并不是完全相同，例如对于残疾人考生群，有特殊的操作程序可以使他们得到同等的对待。在考前准备阶段，所有的考生都应该有同等的机会获得考试信息，熟悉考试形式。这样做的目的是使所有的考生有一个可以进行比较的平台来展示他们的能力。

（3）测试结果公平。具有同样能力的不同亚群体的考生应该得到同样的分数，但同样的能力如何能没有偏向地测出来是关键。因此，这一点是个理想，但并不好操作。不过，如果不同亚群体的考试分数差别过于明显就必须要检查，确认这种差别是不是由构念之外的无关因素引起的。

（4）学习机会公平。关于这个问题，在不同的国家有不同的含义。有的国家主要指的是成绩测试，指如果某考生因为种种原因没有机会学习测试的内容，考试成绩就会偏低，因此不能毕业，被认为不公平。而在中国，学习机会的不公平，主要是出现在学校的招生考试中。由于中国不同地区的教育水平和教育资源的不平衡，使得有的地区得高分的考生得不到好的受教育机会。无论是哪个国家，这个问题都是社会问题，并不是考试能够解决的。

思考题

(1) 如果在一个英语国家的智力测验中,问孩子什么是"hearth",或指着图片中壁炉前边的那块地方问孩子那叫什么,你猜测会出现什么情况?如何分析这一现象?

(2) 在中国的考试或测验中是否也有类似的现象?请举例分析。

四、偏向的来源

偏向有多种来源,以下是几种常见的来源。

(1) 测试管理过程。在考前准备阶段,如果有的考生群得不到考试的说明材料,考试中就会出现不公平状态,导致成绩上的偏向。在考试过程中,残疾考生会有特别的困难,如果不解决会影响成绩。有些管理上的规定会对某些群体的考生产生影响,有研究表明,有的心理测试在考前让非洲裔美国人填写其人种信息,便会抑制考生的正常发挥。(Kaplan & Saccuzzo, 2010)

(2) 测试指导语。有的测试指导语不明确,如认知能力测试要求考生对物品分类,但却并没讲清根据什么来分类,是功能还是形状。受过相关指导的考生能顺利作答,而没受过指导的就会因为不知道答什么而丢分。

(3) 测试内容。主要是语言与文化方面的内容。考试中的词语(尤其是术语)某些考生不熟悉,或是考试中的某些文化某些考生不了解,都会造成偏向。例如问外国学生能否看懂老师的板书,学生可能就不懂。这句话的意思并不难,但"板书"是个术语。再如语言考试所涉及的历史知识应该是世界各国考生都应该了解的一些基本的知识,如果考墨西哥战争,美洲以外的学生就可能不熟悉。另外,女生对球类或武器方面的知识通常不像男生那么感兴趣,如果不是为了专门考这些知识,而是考数学时在应用题里出现这些知识,就可能造成偏向。(谢小庆、王洋,2004)

(4) 测试方式。在智力测验中,如果用英语测智商,对英语非母语者会产生不利的偏向。用机考考写作,对电脑操作不熟练的人会产生不利的偏向。

(5) 评分。在主观题测试中，评分员对考生回答内容的偏好或反感会影响分数，如果涉及某个考生亚群体的作答表现，就会产生偏向。

(6) 分数解释。导致考生亚群体分数组间差异的原因是极为复杂的，如果不进行深入细致的调查研究，仅凭某种文化观念轻率地解释组间差异，就会进一步造成偏向。例如，曾有人把组间差异的原因归结为遗传，就属于带有偏向的分数解释。（王洋，2002）

(7) 常模样本的选择。常模样本应该是目标考生的有代表性的抽样，在语言测试中，如果一个国际性的汉语测试的考生样本是在中国大学正规学习汉语的留学生，用来解释世界各国的多种年龄、学习背景的考生亚群体的分数，就会出现偏向。

 思考题

> 2001年国家公务员考试中有这样一道题[①]：
> 下面哪个城市不是经济特区？
> A. 深圳　　　B. 厦门　　　C. 广州　　　D. 汕头
> 答案是C。数据显示：广州考生多数答对，成都考生很多做错了。
> 你认为这道题是否存在偏向？

五、怎样作公平性检验

（一）考生亚群体分数分析

进行考试公平性检验的第一步工作是根据观察及研究首先确定可能受到不公平对待的考生亚群体，然后对参加某一项考试的各考生亚群体的分数进行分析，查看亚群体之间是否存在明显的分数差异，即组间差异，在此基础上进行分析。并非亚群体的所有组间分数差异都是偏向，要根据测试构念来区别差异是由所要考查的能力引起的还是由其他因素所引起的。

例如汉字圈考生与非汉字圈考生的分数差异可能与汉字能力有关，但在阅读测试中这种差异就不宜作为偏向，因为汉字认读能力是阅读能力的一部分。在新HSK一级、二级阅读部分的试题中汉字加上了拼音，本意也许

[①] 引自谢小庆、王洋（2004）。

是想降低对欧美学生的难度，但这一做法却受到一些欧美汉语教师的批评，他们认为现实生活中绝大多数的中文材料都不用拼音，标拼音考不出阅读能力。不过，在听力测试中汉字圈考生与非汉字圈考生的分数差异就可能是一种偏向。表8-4这个分班听力测试中的答对率分析就很能说明问题。

表8-4　不同背景受试的测试表现

（王欣，2009）

受试背景	人数	答对率P		
		听力全卷	语音题	文字题
华裔	74人	0.68	0.80	0.60
日韩	268人	0.70	0.77	0.63
欧美	207人	0.51	0.65	0.40

听力测试中有两类试题，一类是汉字选项的试题（文字题），另一类试题不使用汉字选项，选项是在录音中读出来的（语音题）。研究者比较了华裔考生、日韩考生和欧美考生（泛指非汉字圈考生）在每类试题上的平均答对率后，发现汉字因素对三类考生的听力成绩有明显影响。在语音题上，华裔考生的得分高于日韩考生，而欧美考生与日韩考生的差距也缩小了。由于听力要考的是听的能力而不是认读汉字能力，因此听力的文字题存在偏向，而语音题对于测试听的能力这一构念来讲效度更高，因而也更为公平。

由于"偏向"这个词是贬义的，因此20世纪80年代以后人们更多地使用DIF（Differential Item Functioning的简称）这个中性的词来表示测试中各亚群体间的组间差异。

（二）DIF检验

DIF指题目功能差异。《语言测试词典》给DIF下的定义是：

DIF指试题在统计分析中显示出来的答对该题的可能性的群体差异特征。测试中的题目功能差异显示出一种作用，能够增加或减少某一个或几个相关群体的总分（Davies etc., 1999）。

DIF只说明存在差异,至于这种差异是否属于偏向,要根据测试目的具体分析。

DIF检验的基本步骤如下:

(1)确定需要分析的目标组(focal group)和参照组(reference group)。目标组是可能被不公平对待的群体,参照组是用于比较的对象。

(2)选择被试,被试应具有同样的能力。通常使用测试的全卷总分或某单项测试的总分。目标组和参照组的总分相同可以被假定为具有相同的能力。

(3)分析在某一道试题上两组被试的作答表现,统计DIF值。

(4)分析产生DIF的原因。

专业的检测方法有MH方法、SIBTEST方法等。

MH方法是Mantel-Haenszel统计法的简称,由Mantel和Haenszel于1959年提出,是使用最为广泛的一种DIF检验方法。MH方法通过统计目标组和参照组在某道题上答对、答错的频次来计算DIF指标。正值有利于目标组,负值有利于参照组。美国ETS公司把DIF指标分为三个等级:等级A可以忽略不计,等级B修改后可以使用,等级C的试题DIF比较严重,应该删除。

SIBTEST方法中的SIB是Simultaneous Item Bias的简称,意思是同时性项目偏差,这一方法是由Shealy和Stout于1993年提出的。SIBTEST用β表示目标组和参照组对项目正确反应的概率。正值有利于参照组,负值有利于目标组。β和MH之间有对应关系,因此,β也可以对应A、B、C三个等级。SIBTEST方法既可以计算单个试题的DIF,又可以计算一批题目的项目束功能差异(differential bundle functioning,简称DBF),比如一篇文章后面的几道题,同时分析时有时DIF值会放大,有时则互相抵消,会收缩。如果一批试题的DBF增大,就说明可能存在汉语能力之外的第二维度,因而造成DIF。(任杰、谢小庆,2005)

我们以任杰、谢小庆(2005)的一项研究中的实例来看一下DIF检验的方法。

研究者检验的是老HSK中的DIF情况。老HSK的考生包括中国少数民族考生和外国考生,一般来说,少数民族考生对汉文化的了解要多于外国考生,因此研究者将外国考生定为目标组,少数民族考生为参照组。数据是1999年HSK（初中等）外国考生3717人、少数民族考生10860人的成绩。表8-5是对一篇填写汉字的短文中三道题的DIF检验结果。

表8-5 三道题的DIF检验结果（节录）

（任杰、谢小庆，2005）

题号	MH 的 DIF/ 级别 有利于	SIBTEST 的 DIF/ 相当于 MH 级别 有利于	SIBTEST 的 DBF/ 相当于 MH 级别 有利于
154	-2.4 / C 参照	0.230 / C 参照	0.234 / C 参照组
155	2.80 / C 目标	-0.135 / C 目标	
156	-1.6 / C 参照	0.127 / C 参照	

该阅读材料是一篇有关病人去医院看病的短文，154—156题要求考生各填写一个汉字。155题有利于目标组外国考生，但这道题仅凭语法知识就可以写对，因此可以判断是少数民族考生的语法知识有欠缺，并不存在汉语能力之外的第二维度。第154题和第156题都是有利于参照组少数民族考生的，试题的内容涉及在中国看病的一些常识。另外，从这组试题看，尽管有一题有利于目标组，但在同时分析时项目束功能差异DBF有利于参照组。因此可以判断，这组试题存在DIF。至于这种DIF是否属于偏向，研究者并未下结论，因为这些常识是否应该包括在汉语能力之内还需要研究。

六、对于公平性的认识

对于公平性问题，人们有各种看法，以下是有一定共识的几点看法。

第一，加强公平性意识，要从命题、审题、预测分析、施测等环节上把关。例如，对于一个国际性的汉语能力测试，在试题中考四季的时间可能就会造成一定程度的不公平，因为试题很可能是以北半球的温带地区为参照点，这对没有四季的地区或南半球考生就可能造成不利的偏向。在命题、审题时应该有公平性意识，对于不同的种族、宗教、性别等亚群体可能会造成冒犯的语言、内容应该去掉。如果使用计算机考写作，对于不习惯键盘输入的考生应提供手写的选择。

第二，DIF不等于偏向，是否属于偏向应根据测试目的而定。有的试题是由与测试构念无关的因素导致的DIF，就应该删掉或修改，而有的试题所反映的组间能力差异正是构念要测试的，就不必改动。还有一种DIF甚至是我们希望有的。例如，在BCT的试题中，可能商务人员组与其他考生组会存在组间差异，如果商务人员组的得分高，正说明这些试题考出了在商务工作中使用汉语的能力，很好地体现了考试构念，是有商务特色的好试题。随着人们认识的深入，对于公平性的定义也有了变化。1968年学界提出的公平性定义是：如果一项考试不会系统地高估或低估某一组人，这个考试就是公平的。因此，有效的组间差异可能是公平的。1989年学界将偏向定义为"对不同可定义的被试子团体效度的差异"。（王洋，2002）也就是说，如果同样的测试对不同的考生亚群体的效度有差异，说明测试有偏向。

第三，应该为考生提供更多的表现机会，增加测试的构念代表性。有些测试构念代表性不足，往往不能均等地反映出不同的人在测试时的不同状态，有些考生会因为不适应某种考试方式而发挥不出已有的水平。例如，文字选项的听力题实际上考出来的是听读能力，有些听说能力比较强但读写能力不强的人考听力选择题，说的能力表现不出来，而受到汉字选项的制约，听的能力也不能充分地表现出来。但如果提供了口试的形式，其听说能力就可能有机会充分地表现出来。因此，要尽可能为考生提供更多的表现机会。除了选择题，也要考问答题；除了考听力，还要考口语；口语、写作测试可以提供几道题让考生选；等等。这有利于提高测试的公平性。

第四，防止测试的误用。由于组间差异原因的复杂性和测试效度的相对性，考试分数只有在特定范围内做特定的解释才是有效的，因此要防止对测试的误用。例如美国马萨诸塞州曾计划对那些班里30%学生数学不及格的教师进行数学水平测验就是一个误用测试的例子。（王洋，2002）再比如，有的学校把录取研究生时的面试分数作为学期末奖学金评定的一项指标也是对测评的误用，因为研究生面试的构念与奖学金评奖的构念是不同的，从时间上看，面试分数只能说明学生入学前的情况，而不能说明整个学期的学习情况，这样使用分数就不公平。

思考题

(1) 有的学生有考试阅读障碍,考试时间一紧,平时会的字就认不出来了。在有的国家的学校里,这样的学生只要能出具医生的证明,就可以允许他多考20分钟,以便让他正常发挥。从公平性的角度看,这种做法是否公平?

(2) 这是一个DIF检验的实例(黄春霞,2010):

研究者希望观察亚裔考生和非亚裔考生在老HSK中听力的DIF情况。由于研究者重点要考查HSK是否存在不利于非亚裔考生的DIF,因此把非亚裔考生确定为目标组,亚裔考生为参照组。目标组是1340人,亚裔考生经过抽样组成一个1340人的参照组。

使用几种方法进行某试卷的听力DIF检验后得到如表8-6所示结果。

表8-6　某试卷听力DIF检验结果表(节录)[①]

使用方法	DIF类别	数量	题号
MH方法	C	6	15、17、32、33、40、41
	B	10	2、3、9、10、18、20、26、29、37、47
	A	34	略
SIBTEST方法	C	14	2、3、5、12、15、17、20、29、30、32、33、35、40、41
	B	8	9、10、18、26、37、43、47、50
	A	28	略

第17题是用几种方式检验后共同的C级试题,有利于亚裔考生。由于真题不能公开,研究者在论文中模拟了一道命题角度和考查重点与真题接近的试题:

男:你想找什么样的工作?轻松一点儿的?挣钱多的?

女:太轻松了反而没动力,挣钱多就一定好吗?

问:女的想找什么样的工作?

A 挣钱多　B 不太累　C 离家近　D 她没说　　　　(D 是答案)

首先,请你对这份试卷听力部分的DIF情况作一个评价。其次,第17题的DIF级别是C,你认为原因可能是什么?请作一个分析。

[①] 黄春霞(2010)的论文中使用了三种方法,表8-6中只选了两种,略作简化。

（3）某高校的外国留学生报考研究生需要参加专门的汉语考试，答案要求写在答题纸上。有一次考试在收卷时，一个考生焦急地恳求监考允许她用一点儿时间把客观答案誊写在答题纸上，监考甲说按规定不行，监考乙说那样她客观题一分也得不到（因为试卷要销毁），应该让她誊写完，把这个情况记下来，监考甲说那对别的学生不公平，以后大家都这样怎么办？你认为应该怎么处理？

（4）你认为在考试中怎样才能真正体现公平性？

第三节　测试的使用

一、决策与分数线

第二语言测试评估中的**决策**是指相关人员根据测试评估的结果作出某种决定或对教和学进行某种调整。从社会权重的角度看，决策有大有小。大决策往往会对考生产生某种社会性的影响，比如是否被学校录取。小决策主要用于调整教师的教和学生的学，比如日常教学中的听写、小测验，即使考得不好，学生仍可以继续学习。从决策者和决策内容的角度看，一个测试评估结果，可能成为多种决策的依据。例如入学考试结果出来后，学校招生部门要决定是否录取某个考生；假如分数高，有几所学校想要，考生和家长就要决定选哪所学校；假如分数低，考生和家长就要决定是上一所比较一般的学校还是复读一年再考；如果要再考，考生就要考虑调整自己的学习。有的决策需要分类，比如学校录取学生、分班等，有的则不需要分类，比如教师调整教学的决策。

一般来说，考生群体的分数排列都是连续的，59分和60分差1分，60分和61分也差1分，并没有质的区别。但是，如果想做分类的决策就需要有分数线。**分数线**（cut-point）是一个分数，达到并高于这个分数的考生分为一类，低于这一分数的考生分为另一类。（Brown，2005）分数线是考试使用者人为设定的，难免有某种主观性，尤其是在现实社会中，往往会受到多种社会因素的影响。但这种人为性并不等于随意性，因为随意的分数线将增加决策的错误率,最终也并不符合考试使用者的利益。

有一些方法能给我们在确定分数线时提供客观的依据。如**交叠分布法**(overlapping distributions method)(如图8-6所示),这种方式根据被试的多种资料将他们分为两组:合格者(masters)和不合格者(non-masters)。然后给他们测试,两组考生的分数一定会有一个交汇点,这个点就可以作为参考的分数线。由于合格者也有分数较低的,不合格者也有分数较高的,因此应该用每组被试的平均分作为这组被试的代表,计算两个平均分的差距,差距的中点是交会点,就可以作为参考分数线。这一方法可使用如下公式:

参考分数线 =(合格者均分 − 不合格者均分)/2 + 不合格者均分

[公式8-1]

这种方法可以在分班测试中用来确定各教材之间的分数线。在考试分班之后往往会有一些学生换班,换班的因素很复杂,但是原来的班级教

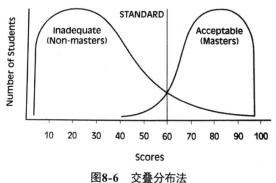

图8-6 交叠分布法
(Brown, 2005)

学内容太难或太容易应该说是主要的原因之一。我们假定,换班之后的教材基本上适合学生的水平。通过观察若干批学生的资料,我们发现,每本教材学生的分班考试平均分会呈现出一种集中趋势,因此我们就可以计算学生在每本教材上的平均分,使用交叠分布法算出相邻两本教材之间的参考分数线。

教材参考分数线 =(较高教材学生均分 − 较低教材学生均分)/2 + 较低教材学生均分   [公式8-2]

例如:

某校的短期项目有四种教材,分别是《基础汉语》《初级汉语》《中级

汉语》《高级汉语》。分班测试满分100分,每本教材需要有相应的分数线,根据学生的分数分班。以往的分数线是凭经验划定的,但由于每次都有学生换班,最初的分数线并不是实际使用教材的分数线。研究者收集了若干批学生各本教材的实际平均分之后,使用交叠分布法来计算一个比较客观的教材分数线(如表8-7所示)。

表8-7　四本教材的分班测试分数线

教材	分班测试平均分	平均分差距/2	分数线
《基础汉语》	14	(24−14)/2	14+5=19
《初级汉语》	24	(50−24)/2	24+13=37
《中级汉语》	50	(80−50)/2	50+15=65
《高级汉语》	80	—	—

问答

问: 这种分数线实际上是在现有分班数据的基础上得出的,如果是第一次分班呢?

答: 第一次只能先大致等距地暂定几条线,以后再调整。

经过计算,可以把19分作为《基础汉语》和《初级汉语》之间的参考分数线,其他各本教材依此类推。

我们都希望分数线是准确的,但是由于分数的分布是连续的,尤其是处在分数线周围的考生分数,就能力而言相差无几,在一个置信区间中甚至应该认为没有什么差别,但是处在分数线上下就是天壤之别,这实际上暴露出了分数线本身的不合理之处。不过,既然要决策就不得不设一条线。为了尽可能减少对分数线周围考生的影响,分数线的位置最好能错开考生分数最为密集的高峰区域,假如某次考试呈双峰分布而又需要分为两组,如图8-6,在分数分布的低谷处设分数线是最为合适的,误判的可能性最小。

划定分数线属于考试使用者的决策行为,所以他们往往需要根据决策的需要采用相应的策略。决策者在划定分数线时往往会有两种担心:万一分数线低了,就会让一些不合格者错误通过,或被错误接受,称为**错误肯定**(false positives);万一分数线高了,又可能将一些合格者错误地淘汰,或使他们遭到错误阻挡、错误拒绝,称为**错误否定**(false negatives)。因此,考试使用者往往会根据需要人为地适当上调或下调分数线。如果是招生考试，某校报考考生很多，为了保证本校的生源质量，招生者就会适当上调分数线，宁可错误拒绝也不错误接受。但如果是毕业考试，一分之差就可能会使一批学生拿不到毕业证书甚至滋生一系列问题，在这种情况下，教学机构很可能会适当下调分数线，宁可错误通过，也不错误阻挡。

决策的正确率是可以统计的，张凯（2002b）曾举过一个假想的例子（如表8-8）。

表8-8　一个假想的决策

（张凯，2002b）

D错误拒绝：22人	A正确接受：38人
C正确拒绝：33人	B错误接受：7人

决策正确率＝（正确接受者＋正确拒绝者）/ 全体被试　　[公式8-3]

这个公式表示正确接受者和正确拒绝者在全体被试中的比例，将表中的数字代入公式，可以算出该分数线的决策正确率为0.71。我们可以通过上调或下调分数线来观察决策正确率的变化，进而选择最合适的分数线。

测试评估与决策是两个既密切关联又性质不同的过程。测评是依据收集到的信息对被试的有关情况作出评价。决策则是测评结果的使用过程，同样的测评结果，使用者可以根据不同的情况设定不同的使用标准，往往表现为划出不同的分数线。在大规模的水平测试中，测评者与决策者通常是不同的。例如托业的测评者是美国的ETS公司，决策者则是一些企业的考试用户，每个用户都会根据自己公司的用人需要设定自己的分数线。不过，在课堂测评中教师往往既是测评者也是决策者，尤其在用于调整教学的测评中，测评与决策往往是连成一体，频繁互动的。

 思考题

(1) 根据你对高考录取方式的了解，某一个学校在确定本校的录取分数线的时候，要考虑哪些因素？

(2) 新HSK一级、二级在试验阶段没有分数线，但考试正式推出时设定了120分的合格分数线，而五级和六级在正式推出时有180分的合格分数线，但在考试使用若干年后取消了。请分析一下这一现象，谈谈你对分数线作用的看法。

二、反拨效应

反拨效应(washback)有多种定义,不过大致上可以分为两类:广义和狭义。

广义的定义有:反拨效应是测试对教和学的影响(Gates, 1995);测试对教学的作用(Davies etc., 1999)。按照这类定义,无论外部的大规模的标准化测试还是课堂教学中的大小测试都存在反拨效应。

狭义的定义是把反拨效应界定为外部的大规模的标准化测试对教学的影响,例如Shohamy(1992)将反拨效应定义为:外部语言测试的使用对外语学习的影响和驱动……这一现象是外部测试的强大的权威性以及它对考生的生活产生很大影响的结果。

其实,测试对教学的影响是始终存在的,人们之所以会提出反拨效应这个问题,主要是由于外部的大规模标准化测试对教学产生了巨大的影响,这种影响已经在一定程度上左右了教学的方向,因此人们必须要对这种影响进行研究。Alderson & Wall(1993)提出了反拨效应的15种假设:

(1)测试会影响教;(2)测试会影响学;(3)测试会影响教师教什么;(4)测试会影响教师怎么教并进而扩大第2种影响;(5)测试会影响学生学什么;(6)测试会影响学生怎么学;(7)测试会影响教的进度和顺序;(8)测试会影响学的进度和顺序;(9)测试会影响教的广度及深度;(10)测试会影响学的广度及深度;(11)测试会影响教和学的内容和方式;(12)有重要后果的测试有反拨效应;(13)没重要后果的测试没反拨效应;(14)测试对所有的学习者和教师都有反拨效应;(15)测试对某些教师和学习者有反拨效应而对其他的并没有。

他们所假设的显然是狭义的反拨效应。反拨效应问题持续受到人们的关注,有的学者如Messick(1996)将反拨效应作为测试后果,纳入了效度研究的范围。对测试的反拨效应及其社会影响的研究称为**后效研究**(backwash study),已成为学界的一个研究重点。

从反拨效应对语言教学的消极或积极影响的角度,可以将它分为两类:消极反拨效应和积极反拨效应。

消极反拨效应(negative washback)是指为了在考试中得到高分,教和学的内容和方法朝应试方向偏离,不利于有效地提高语言交际能力。

例如，教师缩窄了教学范围，主要教要考的内容，反复复习旧的内容，不教课本上的新内容，让学生多做以前的考卷。学生学习考试技巧，记忆词汇和语法规则，而不学习怎样在生活中用目的语交际，课堂气氛紧张等。（Brown, 2005）这种情况下的考试通常是外部标准化考试，尤其是与学生的升学等切身利益相关的高风险考试。这是讨论最多的，中国的高考是最典型的例子，在国外也有同样的情况，如某些外语教学机构中也有托福教学。

积极反拨效应（positive washback）是指考试激发了学生的学习积极性，考试的目标与教学的目标一致，要求明确，为了得到好成绩，学生努力备考，在这一过程中，掌握了有关的知识技能，促进了语言交际能力的提高。这种情况主要出现在课堂测试中，如小测验、期中期末考试。在外部标准化考试中也会出现积极反拨效应，如有的在职人员工作繁忙，为了督促自己学习，将通过考试作为一个目标，在准备考试的过程中提高了自己的语言水平。比起消极反拨效应，积极反拨效应受到的关注比较少。

关于反拨效应与考试形式的关系，有一种观点认为，构造型试题能产生积极反拨效应，如果考面试和写作文，考的就是说和写的能力，学生在备考的过程中就会努力去提高这种能力，从而促进教学，而这些技能在考场之外的实际生活中也能使用，所学、所考、所用是一致的。但选择型试题会产生消极反拨效应，因为如果考选择题，学生就会忙于做模拟试题，钻研答题技巧，这与课堂教学的目标并不一致，在实际生活中，学生不可能使用选择题及答题技巧来交际。这种观点应该说有一定的道理，考试形式确实在一定程度上会产生不同的反拨效应，因此，我们主张在课堂测试中应尽可能多地使用构造型试题，但是我们不能因此就要求在大规模的标准化水平测试中取消选择型试题，那样不但会大大降低考试的效率，而且会使得这些考试失去内容覆盖面宽、能深入考查理解能力、评分客观、信度高等特有的优点。而且，即使把大规模高风险考试的题型都改成构造型试题，消极反拨效应是否就会消失？高考中的很多题型是构造型试题，但是中国高中的应试教育最严重，高考的指挥棒作用最明显。如何解释？从另一个角度看，那些真正想要学好汉语的外国留学生，是否会因为考试中有不少选择题就不去和中国人聊天儿了？不会的。显然，考试形式不是产生反拨效应的主要原因。

为了使我们能够更为深入地观察考试的反拨效应,我们看两个实例。

唐雄英(2005)作了一项有关中国大学英语四级考试的后效研究,方法是调查中国大学生对英语四级考试的态度。调查对象是某普通高校508名大一和511名大二非英语专业学生,调查方法是问卷并辅以访谈。目前在中国的一些高校,前三个学期的英语成绩根据期末考试及平时月考中的表现、教师评定而定,是成绩测试,但第四个学期学校不再进行期末考试,学生的成绩由四级考试来定,变成了水平测试。英语四级考试成绩与学位证挂钩,如果毕业前还未通过四级考试,学生就得不到学位。因此,四级考试成了极高风险的考试。调查结果显示,总体上学生对四级考试持一种偏向否定的态度。不过,与未通过考试、对英语不感兴趣的学生相比,通过考试、对英语感兴趣的学生对四级考试有更多正面的评价,认为考试能提高学生的英语水平,促进英语学习。在考试对学习内容、方法的影响方面,未通过考试、缺乏学习兴趣的学生受到的影响更大。在考试对学习的速度和顺序的影响方面,总体上有较大的影响。准备考试牵涉了学生的很多精力,需要调整原来的学习计划,把四级备考放在前面,专业上花的时间相对减少,其中影响最大的是未通过考试、缺乏学习兴趣的学生。在四级考试对学习的深度与广度的影响方面,多数学生都表示备考期间仍会看英语原版电影和读课外英语读物,不管与四级考试是否有关,但参加像英语演讲、竞赛等课外拓展性活动的人数仍下降了,不过,一些对英语有浓厚兴趣的女生则在采访中表示考试不会影响课外扩展性英语学习,认为考试会促进课外学习。

从这个实例中我们可以看到以下几点。

第一,考试的使用往往是产生反拨效应的主要原因。目前中国一些大学的英语评价制度不合理,第四个学期用四级考试来替代期末考试是混淆了两种不同类型的考试的作用。尤其是将能否通过四级考试与学位挂钩,人为地加大了四级考试的社会权重,使这一考试成为极高风险考试。这一权重并不是考试本身固有的,而是行政管理部门附加在考试上的。正是由于考试的社会权重太大,对大学生产生了很明显的反拨效应,使他们必须为了通过考试而改变学习计划。

第二,考试的反拨效应是因人而异的。同样的考试,对于英语学习有兴趣、通过了考试的学生影响就相对较小,甚至还有积极的反拨效应,而对于未通过考试、对英语学习没兴趣的学生影响就大，只有消极反拨效应。

第三，考试反拨效应的作用是有限的。在备考期间照样看英文原版电影和课外读物这一现象表明，在青年大学生身上蕴藏着一种通过外语接触外国文化的欲望，即使没有考试，他们也会以某种形式学习。只不过在现有的管理制度下，学生自主学习的意识和能力没有得到应有的发展。

我们再看另一个实例。

某高校预科项目升本科标准的变化。这是一所中国国内的高校，每年都有很多外国留学生报考该校的本科。该校自主命题，考语文、数学、英语，试题很难。若干年前该校开办了为期一至两年的预科项目，根据课堂学习成绩和新HSK六级分数择优升入该校的本科学习。这一项目给了外国学生一个经过有针对性的学习升入本科的台阶，难度相对而言低于直接报考，吸引了很多学生，项目办得不错。不过，升本科的标准在实际操作时碰到了麻烦，因为多数学生新HSK六级都能得到很高的分数，即使把分数线从180分提到了210分仍然是这样。在这些学生中有不少人能力显然达不到入系水平，学校管理部门难以根据HSK分数进行选拔。另外，一些学生为了考高分去校外的补习学校读HSK补习班，一定程度上忽略了课堂学习。该预科项目的课程是针对本科学习设计的，除了普通汉语课，还有经济、政法、文史等专业汉语课，一些学生忽视这些课却花很多时间去校外上补习班，显然考试出现了消极的反拨效应。另一个麻烦的是课堂学习成绩，该项目在决定入系学生时，除了HSK成绩，还要看课堂考试成绩。由于是成绩测试，学生之间的分数都比较接近，难以择优，而且从低班到高班的教材难度不同，不同班级的分数不可比。为此，管理部门为不同班级的成绩加权。但加权也有问题，首先是加多少很难定出客观的标准，其次，这样做使得学生争着想去高班，分班考试无形中竟成了高风险考试。校外的补习学校设法获取该校的分班考试试题，然后开办补习班，而一些预科学生居然愿意花钱去上。到了第二个学期又一次分班考试，低班的学生拼命要往高班挤，分班考试带来了明显的消极反拨效应。

针对这种情况，学校管理部门改变了选拔的办法，重新调整了预科生升本科的标准。第一，新HSK六级不再作为升本科的主要标准，而是作为一个必须通过的基本门槛。为了不使学生再花过多的时间准备HSK考试，学校将分数线下调为180分。第二，取消课堂成绩的分数加权。第三,请有测试知识的教师专门开发了一个面向本科的学术型的汉语水平测试,测试的内容针对该校的文史哲政经法等主要本科院系的学习内容,难度高于新HSK六级,测试形式包括议论文写作、听课整理笔记等能考查出学生在本科学习中实际语言运用能力的题型。这一测试在考前只给题型,没有辅导材料,教师也不作特别的辅导,减少反拨效应。第四,为适应入系后的学习,在教学中加上了中国概况课和数学课,都用汉语讲解。这两门课在升本科的分数构成中也占有一定的比例。第五,增加了教师评定,内容涵盖学生的学习态度、能力等多项内容。改革的效果很好。对HSK和分班考试的消极的反拨效应大为减少,学生的学习重心又回到了对本科学习有实质意义的知识技能上。学术型的汉语水平测试是统一的,无论哪个班的学生都同样有机会得到高分,升本科的机会相同。教师评价为决策增加了非测试的评估信息,实际上降低了考试的权重和风险,使得决策更为可靠。经过对已入本科学生的跟踪了解,按照新方法选拔的学生,总体上都能胜任本科的学习。改革取得了成功。

这个实例给我们多方面的启示,从反拨效应的角度我们可以看到以下几点。

第一,反拨效应的增强和减弱主要在测试的使用层面。在这项改革的前后,新HSK六级并没有变,但原先提高新HSK六级的分数线,不仅没有达到择优的目的,反而无形中把学生推给了校外补习班,减少了学生在课堂学习上的投入。改革后下调了HSK分数线,降低了HSK的社会权重,把学生的注意力重新拉回到课堂。分班测试本来最多是一个中等风险的考试,但就是由于当初的一项为不同班级加权的政策,人为地把它变成了一个高风险考试。改革之后,分班测试并没有变,但是由于取消了加权政策,分班测试的社会权重减小,重新成为中等风险考试,校外补习班也就没了生意。消极反拨效应自然就减弱了。

第二,降低考试的风险等级应多管齐下。产生消极反拨效应的一个重要原因是考试的风险等级过高,在考试使用的过程中往往由于考试之外的因素使考试成为高风险考试。要减少消极的反拨效应就需要给考试减负,降低其社会权重。而这一点光靠考试本身的调整是难以做到的,必须增加评价的方式,评价方式多元了,原来压在考试身上的社会权重就自然被分担了。实例中教师评价等方式分散了考试的权重,不仅使得新HSK六级成为风险相对较低的考试,也适当降低了学术型的汉语水平测试的风险等级。

第三,考试的使用者在减小消极反拨效应方面起着关键的作用。在这个实例中,学校管理部门的作用表现得尤为明显。关于这一点我们会在下面作进一步的分析。

思考题

(1) 有一种观点认为,大学英语四级考试的消极反拨效应是由成绩和学位挂钩引起的。但也有一种观点认为,假如不挂钩,很多人可能就不考四级了,这个考试的作用就会降低。对于大学英语四级考试的反拨效应问题,你怎么看?
(2) 中国历史上的科举考试的考试方式是写文章,用的都是构造型的主观试题,反拨效应怎么样?如何解释这一现象?

三、考试利益相关者

1. 考试利益相关者及其关系

考试利益相关者(test stakeholders)是指所有对某一特定考试的使用及其效果具有合法兴趣的人。(Davies etc., 1999)也可以说,考试利益相关者是与考试直接有关的人,考试行为的责任以及考试行为产生的后果都与他们直接相关。(杨惠中,2015)这些人包括教师、教学管理部门、考试用户等考试使用者[①],考试开发者,考生、考生家长、同学或同事,等等。这些利益相关者的身份是有重合的,比如教师也可能是考试的开发者,教育管理部门也会是考试用户。在这些利益相关者中,最重要的是考试使用者、考试开发者和考生。

考试使用者是使用考试分数做决策的人。例如大学的招生机构需要根据考生的高考分数决定是否录取某个考生,某些国家的签证部门需要根据语言水平考试成绩决定是否发放某种签证,教学管理部门要根据分班考试的分数给学生分班,任课教师需要根据学生的考试分数及其他评估分数决定某个学生成绩能否及格,等等。如果一个学生不知道应该参加HSK

---

① Bachman & Palmer(2010)用的是"决策者"(Decision Maker)。

三级还是四级考试，找来HSK真题自测一下，根据自己的得分作出决定，学生本身也是考试使用者。

考试开发者是研发某一个考试评价工具并使之正常运作的人，包括测试工作者、命题人员、考官及评分者、考试运营组织者等。

考生是受试者，在所有的考试利益相关者中考生处于焦点的位置。考试决策的正确与否会直接影响考生的利益。然而，作为受试者在考试过程中考生又往往处于被动的地位。尽管如此，对于考试决策是否正确，考生仍然能作出自己的反馈。

我们从考试运作的角度来观察一下考试使用者和考试开发者的关系。

不同的考试使用者在考试中的作用是不同的。有一类考试使用者仅仅使用考试分数，例如签证部门，可以称为普通型考试使用者，或利益相关者。而另一类考试使用者则有更大的决定权，他们能决定需要使用什么样的考试，是直接采用现成的考试还是组织开发满足自己需要的新考试。例如国家汉办决定开发新HSK来满足其海外汉语水平的评价需要，汉语教师根据课程的需要决定设计有针对性的期末考试，等等。这类考试使用者不仅能选择考试，主导考试的开发方向，有的还能通过制定相关政策来决定考试的使用方法，增加或减少考试的社会权重，从考试使用的角度看，他们应该是考试的第一推动者。

根据与课堂教学关系的不同，可以将考试开发者分为两类，校内考试开发者和外部考试开发者。校内考试开发者以任课教师为主，他们往往既是考试的设计者、命题者，又是考官及评分者。如果某个教学机构自行开发分班考试，这些教师既是考试的研发者、命题者，又是评分的组织者、分数确定者。他们的工作是教学工作的一部分，考试是免费的。外部考试开发者通常是大规模标准化测试的从业人员，包括测试专业工作者、专职或兼职命题者、考官及评分者、考试运营者、市场开发者等。一般来说，除了兼职命题者之外，多数人员并不直接从事教学工作，而是专职从事考试开发工作，分工细，技术水平相对比较高。外部考试一般都是收费考试，其中有一些是商业性考试。外部考试开发者之间是竞争关系，受市场规律支配，大力增加考生数量，扩大考试用途，占领考试市场往往成为其内在驱动力（如图8-7）。

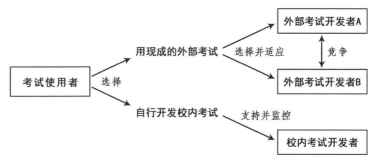

图8-7　考试使用者与两类考试开发者

我们设想某地区有一个从事汉语第二语言教学的学校,由于每年有很多学生,教学管理部门需要用考试给学生分班。教学管理部门是考试使用者,他们首先需要选择使用什么考试。在这个地区已经有两个商业性的大规模水平测试,两个考试为了扩大用户互相竞争。如果决定采用现成的外部考试,优点是省心,不过由于这些标准化测试都已成形,不可能按照自己学校的要求改变内容和形式,一旦选择了一家就只能去适应那个考试,调整自己学校的教学。至于费用,虽然不需要考试开发费,但每次考试都需要按考生人数交纳考试费。如果决定自行开发校内考试,优点是考试完全可以按照自己学校的学生情况和教学情况进行设计,并根据情况的变化及时调整,针对性强,使用灵活,不过教师缺少开发水平测试的经验,需要学习进修,开发也需要有一定的经费投入,包括硬件和软件。如果选择了自行开发,教学管理部门对校内考试开发者除了在人力、物力上支持以外,还需要对开发过程进行监控,以保证开发出来的考试能满足分班的需要。

2.考试利益相关者与考试的效度

有不少人认为,考试是考试开发者的产品,如果考试的效度有问题,肯定是考试开发者的责任。这种观点模糊了一个概念,考试如果可以称为一个产品,它与我们日常使用的产品也是不同的。买一件衣服,拿来就能穿,因为出厂时这个产品已经全部完成。但考试不一样,考试在投入正式使用时其实只完成了一半,顶多是一大半,另一半需要使用者在使用的过程中去完成。

如果选用外部考试,考试所预设的考试对象与实际的考试对象是否一致？考试是否会对实际考生中的一部分有利而对另一部分不利？考试的构念与考试使用者想要测的能力是否一致？如何根据实际情况具体解释考试的分数？根据考试分数能否作出正确的决策？如果决策有误，是什么原因？等等。这些都是考试效度问题，由于考试使用的情况千变万化，这些问题考试开发者是无法解决的。外部考试存在较大的不确定性，能否保证考试的效度，有一半工作是需要由考试的使用者来做的。

如果选用校内考试，由于考试是按照特定要求设计的，确定性相对比较强，但是多数校内考试的开发者不是专职考试人员，往往是教师，在考试刚刚投入使用时，标准化程度可能不是很高，需要在使用过程中不断改进，提高效度及决策的正确率。这后一半工作也是需要考试的使用者及校内考试开发者来完成的。

我们设想假如教学管理部门选用了外部考试A进行分班，就需要将考试A的分数与该校的教材及班级情况进行匹配，在分班过程中，学生的班级是否合适是检验决策正确的标准，学生的信息会通过教师反映到管理部门，管理部门经过分析使分数解释具体化，判断考试分数在多大程度上能满足要求，不足的方面如何弥补。假如使用一段时间后效果不好，或该校的情况变了而考试A不变，管理部门就要换别的测试。

假如教学管理部门决定自行开发校内考试，在考试投入使用之后，管理部门就应要求校内考试开发者去跟踪使用情况，通过教师收集学生的相关信息，对于考试进行完善，对分数线及其与教材的对应关系进行调整。经过一段时间，逐步提高考试的标准化程度，更好地解释考试分数。

效度的验证过程是一个不断地提供支持证据和反驳的过程，班级合适就是支持的证据，不合适就是反驳。这只有在考试的使用过程中才能完成。教学管理部门、考试开发者、教师、考生等考试利益相关者都参与其中。

对此，Messick(1989)提出，效度验证是为了证明测试使用的合理性，是所有测试开发者和使用者的责任。

巴克曼和帕尔默提出了一个考试开发和使用过程中考试利益相关者的责任框架，见图8-8。

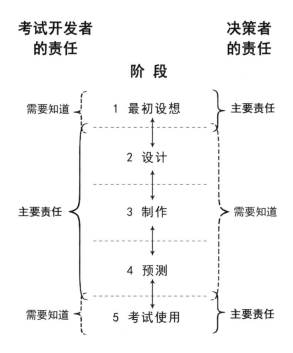

图8-8 考试开发者与决策者的不同责任
（Bachman & Palmer, 2010）

考试的开发和使用是一个完整的过程，在这个过程中，考试开发者和使用者都负有责任，只是在不同的阶段责任不同。

考试开发者的主要责任是在中间一段，即考试研制。对于考试的最初开发设想和考试投入使用之后的情况也应该了解，但那不是他们的主要责任。

考试使用者的主要责任分为前后两段。前面一段，如果决定自行开发考试，要提出考试的最初设想。如果是选用现成的考试，对于该考试的开发设想和考试构念应该了解。这是主要责任。对于考试研制需要了解，但不是主要责任。到了后面一段，考试投入使用后，如何用好考试是使用者的主要责任。使用者应该根据考试的实际使用情况，收集资料，对考试进行效度论证，即用户论证（user validation）。如果发现效度有问题，属于自行开发的考试，要指导考试开发者进行修改。如果是使用现成的考试，就要改变使用方法，必要时更换考试。

但是在现实中，情况往往不是这样，下面是一个实例。

中国不少大学都有汉语预科教育，初级汉语水平的留学生先学习一两年的汉语，然后入系学习专业。某学校的管理部门规定，汉语零起点的留学生经过一年的汉语学习要达到新HSK四级180分，然后入系学习专业。在第二个学期期末，用新HSK四级考试取代期末考试。在这种要求下，汉语教师不得不在常规的汉语教学中加入HSK的应试内容，在一定程度上影响了原有的合理教学计划。用新HSK四级考试取代期末考试，使得一些平时学习努力但学得较慢的学生压力很大，甚至得不到期末成绩。好不容易让学生通过了新HSK四级考试，入系之后大多数学生听不懂系里的专业课。学校管理部门不仅不对这一现象进行反思，反而怪汉语老师教得不好。

在这一实例中，新HSK四级的效度显然出了问题，但是这一问题并不是出在考试开发的环节，因为用新HSK四级考查掌握1200个汉语词的外国学生汉语水平，并没发现问题。问题出在考试使用的环节，也就是学校管理部门的规定上。首先，将通过新HSK四级考试作为一学年汉语教学的一个目标，无形中缩窄了教学范围，教师只能压掉一部分很重要但却不考的语言技能训练，更谈不上增加一些对专业学习有用的内容了。增加的HSK应试内容使教学带有应试教学的特点，而应试技能在入系之后很多都用不上。这一规定人为增加了新HSK四级的社会权重，很容易导致消极反拨效应。其次，用新HSK四级考试取代期末考试是混淆了水平测试和成绩测试的区别，成绩测试本来应该是学什么考什么，现在学的东西不考，考的东西没学，对于那些扎扎实实学教材却得不到期末成绩的学生不公平。最后，掌握1200个汉语词的外国学生能否入系学习专业，是一个需要论证的问题。学校管理部门一方面并未得到这个方面充分的学术性证据，另一方面自己又不去做效度的论证，当这一效度问题一再出现后仍不去改变使用HSK的方法，这对于考试使用者来讲是失职。

巴克曼和帕尔默2010年曾使用assessment literacy这个词来说明考试使用者（尤其是重要的决策者）所必须具备的最起码的测试评价知识，指出不少决策者这方面的知识很少，甚至没有，这是考试使用中很多问题产生的原因。他们呼吁，为了有效地使用好考试这一评价工具，决策者们应该补课。

 问答

问：assessment literacy 这个词能不能翻译成"评价知识脱盲"？

答：这样翻译很鲜明，不过有人看了可能会不开心。

思考题

(1) 在"反拨效应"和"考试利益相关者"两部分中各有一个讲预科教育的考试评价实例,请比较一下这两个实例,从中我们可以得到哪些启示?

(2) 现在社会上有不少考试补习学校,你认为补习学校的经营者是不是考试利益相关者?为什么?

本章延伸阅读

序号	主题	作者	参考资料	章节
1	效度	常晓宇	效度理论的变迁	
		郭树军	汉语水平考试(HSK)项目内部结构效度检验	
		符华均、张晋军、李亚男、李佩泽、张铁英	新汉语水平考试HSK(五级)效度研究	
		韩宝成、罗凯洲	语言测试效度及其验证模式的嬗变	
2	公平性	王洋	公平问题的历史发展及新特征	
3	考试的使用	Bachman L. F. & A. S. Palmer	Language Assessment in Practice: Assessment in Practice and Justifying Their Use in the Real World(《语言测评实践:现实世界中的测试开发与使用论证》)	第二十一章

自我评价

第九章

非测试评估及综合评价

第九章 非测试评估及综合评价

本章需要解决的问题是如何进行非测试评估以及如何结合测试和非测试手段对学生进行综合评价。我们需要学习：

1. 什么是非测试评估？新评价观念产生的背景是什么？
2. 什么是量化评估和质性评估？
3. 常用的非测试评估方式有哪些？如何设计并分析数据？
4. 什么是综合评价？
5. 综合评价的依据、范围是什么？评价者、评价形式是什么？
6. 第二语言测试评估的基本结构是什么？

第一节 非测试评估

一、非测试评估的定义

欧洲语言共同框架指出："我们将评估定义为对学习者实际语言应用能力的评估。任何语言测试都是一种评估，但是还有很多其他形式的评估不能被视为测试，例如，平时测评中的考查项目表、教师私下的观察等，评估一词的含义比测试更广。"

这个定义非常明确地把对学习者实际语言应用能力的评估分为两类：语言测试和其他形式的评估。在说明其他形式的评估时，欧洲语言共同框架给了两个例子，第一个例子"考查项目表"，英文是checklists，例子是："我能进行自我介绍；我能说明自己住在哪里……"，这是一种自评表。第二个例子"教师私下的观察"是一个典型的非测试评估行为。

在国外的一些文献中，常用alternatives in assessment这个词，意思是

"另类评估",指传统的测试手段之外的评估方式,其中的提问、观察、自评、互评、档案袋等评估手段都属于非测试评估范围,只有"行为测试"(performance test)等非传统测试方式可以放入交际测试的范围内。另类评估的范围要比非测试评估大一些,非测试评估属于另类评估,是另类评估的主体。

 问答

问:non-test assessment 这个词是语言测试界通用的术语吗?
答:目前还不是。

在此基础上,我们可以为第二语言的非测试评估下一个定义:

第二语言的**非测试评估**(non-test assessment)是对第二语言学习者进行评估的重要形式,它包括了除测试之外的所有其他评估手段。

二、评价观念的变化

近年来,国内外教育界在教育改革的过程中提出了评价改革的一些基本思想,例如,淡化甄别与选拔,倡导发展性的评价目的。以前评价目的单一,过分强调评价的甄别和选拔目的,忽视促进学生学习及激励的目的,如托福、中考、高考等。20世纪80年代后期发展性教育评价思想日益受到重视。这一思想认为,不仅要关注学生的现实表现,更要关注其未来的发展,教育的目的是使受教育者增值。与此相应,评价的根本目的是促进评价对象的发展,既关注结果,也关注过程。在肯定终结性评价的同时大力发展形成性评价。

以往评价标准单一,评价内容过于偏重学科知识,现在实践能力、创新精神等综合素质受到重视。以往过分强调评价标准的统一,高估了以标准化考试为代表的外部评价的效用。现在人们开始认识到学习者个人情况及学习目的的多样性,开始关注个体差异,大规模标准化测试无法取代个性化评价,以课堂测评为中心的校内评价重新受到高度重视。

以往的评价方式主要是考试,过于注重量化的结果,忽视体现成长过程的质性评价。量化评价因简明、精确、客观而在世界范围内被广泛接受。但是,对于教育而言,量化评价把复杂的教育现象简化了,在简明、精确的同时也漏掉了不少对教育而言有意义的东西,比如不同学生的认知特点、原来的基础、努力程度等。20世纪80年代后质性评价(即描述性评价)的方法受到重视,人们认识到量化评价无法取代质性评价,评价方法应该多样化,定量方式应该与定性方式结合。

以往评价对象在评价过程中一直处于消极、被动的地位,其作用受到忽视。现在人们提出应突出评价对象的主体地位,评价对象也应该参与评价,自评与他评相结合,使评价的过程变成评价对象的一种自我反思、自我发展的过程,教师、学生、家长等都应参与评价,实现评价主体的多元化。

我们在第一章介绍的形成性评价及为了学习的评价思想便是这种新评价观念的一个代表。

新评价观是在当代多种理论的背景下产生的,其中对评价改革影响最大的理论是建构主义学习理论和多元智能理论。

(一)建构主义学习理论

建构主义(constructivism)作为一种认识论是与客观主义相对立的,"(社会)建构主义是这样一个概念,实在是我们制造的,而不是被我们发现的"。知识是通过个体间协商而建构的,用于理解世界和人自身的那些术语都是一些人为的社会加工品。(刘保、肖峰,2011)在人类发明因特网之前,在这个世界上并没有一个潜藏着的因特网在等着人们去发现,因特网的规则都是那些发明家协商出来的。只是当这些知识被社会普遍接受的时候,它们才成为了人们所说的客观现实。即使在这种情况下,不同的人对这些知识也是选择性和创造性使用的。建构主义认为人作为认识的主体,不是复制现实,而是根据自己已有的经验,以自己独特的方式对现实进行选择、修正,并赋予现实特有的意义。建构主义学习观强调学生在学习过程中主动建构知识,通过同化将新信息纳入自己原有的认知结构,通过顺应改变原有结构,创造新的认知结构。学习者通过反思、合作、协商、分享意义,在社会性的互动中学习。学习者通过自我定向、自我建构、自我评价、协作

> **问答**
>
> 问:按照建构主义的观点,我们对现在这门课的知识是不是也是选择性地吸收的?
>
> 答:不管老师怎么要求,事实上就是这样。如果这门课能使你原有的考试观发生某些变化,就已经很好了。

学习发挥主体作用。因此,建构主义强调以学生为中心,尊重学生的个体差异,注重互动式的学习方式。在评价方面,建构主义不主张单纯使用纸笔考试,而是采用多元评价的方式。活动是学生主动建构知识的重要形式,在体验式教学活动中提供及时的反馈评价。评价形式有师评,有学生自评和同学互评。体验式教学的评价并不是用分数或统一的标准评价不同的学生(李志厚,2010)。当然,除了随堂评价、档案袋评价外,建构主义课堂教学也使用测试进行知识性评价。

(二)多元智能理论

多元智能理论(multiple intelligence theory)是心理发展学家加德纳(Gardner)1983年提出的。加德纳是哈佛大学教育研究院的教授,曾主持"零点项目",针对当时学校中片面的智力发展情况,研究如何加强艺术教育,开发人的形象思维。加德纳的代表作是《智能的机构》。从某种意义上可以说,多元智能理论始于对智商(IQ)概念的怀疑,因为智商概念认为人的智力是单一的,智力强的人什么都聪明,智力弱的人什么都笨,因此人的智力可以用智力测验这种单一的形式测出来,能够用智商这种单一的数值表示出来。但加德纳不同意,他研究了很多案例后发现,有的人有些智能丧失了,而有些智能仍然存在。在大量的研究后,加德纳提出智力是一组能力,以相对独立的形式存在。这组能力包括语言、逻辑与数学、视觉与空间、身体与运动、音乐与节奏、人际交往、自我认识、自然观察等八种智能。加德纳认为标准化考试只能测出智能的一小部分,很多智能必须通过直接观察才能知道。在教育中他主张儿童中心,不赞成"统一化和标准化"(余新,2010)。不少学者将多元智能理论用于教育评价,提出了一些重要的思想。他们认为评价应该是多维的,应该关注学生的成长过程,非正式评价和正式评价同样重要,学生应该成为自觉的评价者,提倡自我评价。在方法上他们提倡观察法和档案袋评价法。(杨翼,2008)

这两个理论尽管出发点和视角不同,但是对标准化测试和统一标准的权威性都提出了怀疑,使人们认识到统一标准的相对性和有条件性,为人们去创造更加多元的评估方式提供了理论的支持。同时,这些理论又都与教育关系密切,在这些理论的评价实践中创造使用的一些非测试评估方式(如自评、互评、档案袋等)在多个领域的教学(包括第二语言教学)中很快得到了应用。

三、量化评估与质性评估

谈起测试，人们就会想到分数，量化似乎是评估的唯一形式，其实，即使是在测试中也有质性语言描述的评估。那么非测试评估是否都是质性评估呢？也不一定。我们首先需要明确量化评估和质性评估的定义。

量化评估（quantitative assessment）指以分数、等级等量化方式表示结果的评估。量化评估是一种测量，使用量表。测试一般都是量化评估，评分的形式、对数量关系的分析都是量化的，测试的结果也通常采用分数或等级等量化形式。除了测试以外，在非测试评估中也有量化评估，学生自评、互评都可以用量化的方式采集、分析信息，可以用分数、等级的形式表示评估结果。也就是说，自评、互评等形式虽然并非测试，但也同样可以使用量表进行测量。

质性评估（qualitative assessment）指用语言描述而不使用分数进行的评估，也叫描述性评估。在测试中，虽然评估是以量化的形式进行的，评估结果通常也是以量化形式表示的，但是要解释分数的意义，仍需要用语言描述。例如在新托福的成绩报告中，如果"根据知识和经验的写作（writing based on knowledge and experience）"一项的得分是2.5—3.5，等级为fair，就会有一段描述性的评估："你能用理由和例子表达观点和细节，但你的回答显示出如下的弱点：你没为你的主要观点提供足够的具体论据并展开论述……"（ETS, 2012）不过，这种语言描述是基于分数的，是对一类人某种能力的质性评估。

但是在非测试评估中，质性的语言描述本身就是一种评估方式。语言描述可以采用口头方式，比如教师或同学对学习者语言表现的即时反馈；也可以采用书面的形式，比如教师对学习者笔头作业的修改和评语。这种质性评估往往难以量化或不必量化，是直接针对具体学习者具体情况的评估，更为及时有效。这是形成性评价的一种重要的方式。

思考题

(1) 一些标准化测试的考试用途中会写明"检查语言教育培训机构的教学效果",按照新的评价观来看,标准化测试能不能做到这一点?为什么?
(2) 在你自己的学习或教学过程中有没有用过多元评价?效果怎么样?

第二节　常用的非测试评估方式

第二语言的非测试评估可分为两类:一类是日常教学中已有的手段,以前我们只是用这些手段来组织教学,现在当我们用过程性评估的视角来重新审视的时候,发现这些教学手段中潜藏着丰富的评估功能,可以用于形成性评价;另一类是新评价观的倡导者、实践者创造出来的非传统的评估手段,体现了人们对于多元评价的思考和探索。

常用的非测试评估方式有提问法、观察法、面谈法、日志法、学习者自评、同伴互评和学习档案袋等。

一、提问法

提问是教师在二语学习课堂中使用最多的教学手段之一,以至于不少教师并不一定意识到这也是评估手段。其实,测试中使用最多的手段就是提问。测试与非测试评估中提问的主要区别是,测试提问的目的是打分,而非测试评估的提问是为了完成多种教学功能。例如,通过提问引导学生大胆地试用语言,对学生试用的话语作出即时反馈,肯定用得对的,指出有问题的,引导学生自己改错;或通过提问检查学生对文字材料或听力录音理解的准确程度,作出即时反馈,肯定理解对的部分,指出理解有误的部分,直到学生完全理解。教师也会创造自由放松的氛围,鼓励学生提问,了解学生的思路,即时反馈,使学生得以解惑,完成自我调节。由于这类提问是大量的、贯穿教学始终、形形色色,无法打分,也无需打分,其功能就是直接用评估调节教学,是过程性的,因此,这类提问是非测试评估。

提问法(raising questions),既是教学手段,又是评估手段。因此,要说明提问法就需要看它可能给教学带来什么。

形成性评价的一个重要特点是评价和教学融为一体，也可以说教和评是一个过程两个视角。教的视角是指教师引导学生通过各种课堂活动掌握某些语言项目。白乐桑在北京大学的一次演讲中曾形象地把语言教师比喻为导演。导演的任务是使学生动起来，在课堂上演模拟现实的小话剧，创造活跃的课堂气氛。但按照形成性评价的观点，语言教师在组织学生活动的同时还应该有另一个视角，即评估的视角。从这个意义上来说，也可以把语言教师比喻为体育教练。教练在训练时会随时注意每个运动员的每一点小的进步和暴露出来的问题，会即时把评估意见反馈给运动员，让他们调整，会和每个人单独确定下一步的训练计划。在比赛时会根据情况的变化进行评估，即时调整。语言教师也一样，他需要随时对学生的习得情况和自己的教学方式作出评估，即时调节自己的教学，并即时反馈，使学生调节自己的学习。按照形成性评价的要求，一个语言教师应该同时担任好课堂活动组织者和评估者的双重角色。在评估手段中，提问是最常使用的手段。

我们设想一位教师的教材里有一篇有关避孕套的课文，谈的是在性文化方面的东西方差异。他认为文章的切入点很有趣，一定能引起学生们热烈的讨论。教学开始后他发现学生们果然很感兴趣，甚至不等教师提要求就主动往下读。不过，当他在课堂上提问时却感到了麻烦，他发现平常一向活跃的这些西方学生都害羞起来，提问的时候学生们往往笑而不答。他马上作出了评估，看来这样的课文更适合自己看，而不太适合在课堂这种场合进行操练。于是，他及时作出调整，把这篇课文作为阅读课文，请学生们自学。在这里，提问作为评估手段用于调整教学。

使用提问法应注意以下几个问题。

第一，精心设计，有效提问。非测试评估的有效提问有两个条件：第一要有信息差，即学生给出的回答最好是教师和其他同学不知道的，新信息能使听的人兴奋起来，使说的人得到肯定的评价，而如果提的问题是大家都知道的或是不言而喻的，回答了反而显得傻气；第二是期待的回答所需要使用的语言应该符合学生的语言能力。假如一个初级班的学生只学了红、黄、绿三个颜色词，你问一个经常穿牛仔裤的学生喜欢穿什么颜色的，他可能就很难回答，但如果你指着班上一位喜欢穿红衣服的同学问，他可能就比较容易回答。

第二，注意问答的功能。问答有不同的目的，有的是为了检查学生的理解，这种时候学生无论使用句子、短语或关键词回答都是可以的。但有的提问就是为了让学生使用相关词语进行表达，而学生往往也会按照日常生活中的对话方式用关键词回答。例如，学习"建筑"这个词时，你如果问学生喜欢学校里的哪个建筑，学生可能会很自然地回答"图书馆"，从交际的角度看很正确，但没有完成使用这个词的教学功能。但如果你问为什么很多人喜欢在图书馆和大讲堂前面照相，要求学生用"建筑"这个词来回答，学生就会很自然地用上这个词。

第三，要鼓励学生进行尝试性的回答。教师要创造一种自由轻松的课堂气氛，要让学生形成这样一种意识：语言课堂应该是一个加工半成品的车间，而不是一个进行完美表演的"大雅之堂"，语言学习的过程就是试用语言的过程，学生说一些半对不对的语句是常态。发言要随便，不要慎重。从某种意义上也可以说，在课堂上多出丑，是为了走出课堂后在实际生活中少出丑。在课堂上学生说对了一半已经是成功了，不完善的部分可以由同学、教师帮助一起改，在这个过程中，最初发言和帮助修改的学生都会得到提高。而教师则可以在这个过程中进行评估和调节。不要求学生一次正确，而是在过程中、在大家的帮助下逐渐正确，这也是非测试的提问与测试提问的一个区别。

第四，掌握好主动回答和点名回答这两种方式。教师一般都喜欢学生主动回答，这样气氛好。但用这个方法，往往外向的、学得好的学生比内向、学得不太好的学生说得多，也会使一些人因此偷懒。所以有人主张"不举手"，由教师点名回答，目的是促使每个学生都积极准备，也可以使那些内向的学生有更多的回答机会。实际上一些内向的学生回答的质量往往挺高，有的学生是期待教师点名提问的。教师应该根据学生的情况和具体的教学内容，综合使用这两种方法，让所有学生的长处和短处都有更多的机会暴露出来，使得评估更加准确。

第五，等待与准备。教师往往希望在课堂上保持一定的节奏，担心冷场，因此，问题提出后往往希望学生马上回答。研究表明，教师提问之后给学生留下足够的等待时间是必要的，有助于学生思考。当然，为了避免等待时间过长，可以先把问题在PPT中打出来，让学生先互相提问，然后教师再问。对于一些比较难的问题，教师可以在课前先把问题告诉学生，请学生回去后想一想，有些词不知道怎么说可以查一下词典，效果会更好。

第六，反馈要有评估内涵。从评估的角度看，教师提问是为了引出学生的一个话语样本，以便评估。非测试评估与测试的不同在于，测试的评估结果是打分，而且这个分通常不会直接告诉考生，也不会向考生解释哪儿好哪儿不好；而课堂上的非测试评估的结果则要即时反馈给学生。这种反馈应该准确、有针对性，有评估的内涵，即使只是一个"好"，学生知道，这是对于他某一个语言试用行为的具体的肯定，而不是客套。有的新手教师仅仅从组织教学的角度反馈，他们的"好"的含义常常只是"这个完了，下一个"，对学生表达中的问题或不敏感，或不敢反馈，怕影响课堂气氛。多项对留学生的调查表明，留学生最期待的并不是教师礼貌性的"很好""真棒"之类的赞扬，而是评价类的反馈，评价越有针对性、越具体，对学生的帮助越大。

 思考题

(1) 在中级汉语课上，学习"家务"这个词，教师先问学生：在你的国家，男的做家务吗？法国学生说做家务，美国学生说在他们国家也做。教师就问韩国学生，她说在城市里一般做家务，但在农村一般不做。教师又问日本学生，他说一般年轻人做，老年人不做。意大利学生惊讶地说，她们国家的情况也是这样。大家说得很热闹。教师又问了第二个问题：男的做家务多还是女的做家务多？学生们偷偷地相视而笑，反而没人发言了。
请你分析一下这一现象。
(2) 假设在口语课上，你设计的活动把学生们调动了起来，他们说得很热闹，气氛不错，但你发现了一些语言问题，你会怎么做？

二、观察法

语言交际能力中的某些方面，比如交际策略、语感等，还有学生语言习得过程中大量的因人而异的现象，在选择型试题测试中一般都会被遗漏，而像学习策略、努力程度等在一般的构造型试题测试中也不一定能反映出来，但这些对学生的语言学习来说非常重要。按照多元智能理论，这些评估信息只有靠观察才能得到。

观察法(observations)是有目的、持续地对评估对象的状况进行系统观察、记录、获取资料，并在此基础上作出评估及反馈的方法。观察的对象可以是学生课上、课下的语言表现，也可以是学生学习汉语的产品（比如作业等）。

　　根据观察者身份的不同，课堂观察者可以分为两类。一类观察者是听课教师或研究生，由于他们不需要组织教学，完全是旁观者，他们可以按照计划进行特定目标的系统观察，作系统的记录，优点是所收集的信息系统性强，逻辑清楚，便于分析。Brown & Abeywickrama(2010)总结的课堂观察的几个步骤主要是针对这类观察者的，这些步骤包括确定具体的观察对象、决定一次观察多少学生、计划进行多少次观察等。

　　另一类观察者是任课教师，他们的主要角色是课堂活动的组织者、与学生的互动者，观察者是第二身份，而且这一身份是为第一身份服务的。在这种情况下，观察一般很难完全按照计划系统地进行。不过，如果任课教师有评估意识，作适当的准备，还是可以利用学生进行课堂活动的机会进行观察。比如当学生小组活动的时候，教师不需要说什么，这是观察的好机会。任课教师还可以结合学生的作业进行观察，在相当长的时间内进行持续观察，信息比较丰富。有些教学机构在录播教室里上课，进行全程录像，可以采集到更为丰富的观察资料，不过，在学生知道有录像的情况下，语言表现的自然程度可能会受到影响。

　　在语言教学中，观察可以分为两大类。

　　第一类是对学生目的语学习情况的观察。每个学生各个方面的实际状况、学生在学习过程中的语言偏误、反馈后的调节效果、进步情况等都是教师经常观察的内容。

　　例如，商务汉语课上，在学习了"贵公司"的"贵"的用法后，教师请两个学生说一段对话，互相介绍自己的公司，请第三个学生转述他们介绍的内容。他们这样说：

　　学生A：贵公司是什么时候成立的？

　　学生B：贵公司是1980年成立的。

　　……　……

　　学生C：（转述）这个贵公司是1980年成立的。

　　学生B和C都只理解了"贵"当中尊贵、礼貌的意思，却忽略了"你"的意思。任课教师记下了这个偏误,并即时反馈给学生。

第二类是对学生课堂交际行为的观察。课堂既是语言学习的场所,又是学生交流的场所,有着丰富的可供观察的内容。

例如,教师在初级汉语课上试用任务型教学法,第一个学期是华裔学生,开始小组商讨时学生们都说英语,但教师观察,他们其实能用汉语沟通,只是觉得不自然,有些可笑,教师马上反馈,要求商讨也要用汉语,结果学生就做到了,效果不错。第二个学期都是非华裔学生,教师用同样的方法,发现学生仍在悄悄地说英语,或干脆坐在那里什么也不说。教师发现他们还不具备用汉语进行商讨的基本能力,任务型教学法不适合他们,于是根据这一评估结果,教师换了其他方法。

每一位语言教师事实上都在观察,这些观察一般是凭直觉进行的,可能不系统。作为评估手段的观察需要更加自觉,使观察系统化,并进行分析研究,使观察成为一种评估。

观察结果最好能记录下来,常用的记录方式有:

(1) 即时速记

由于在课堂上任课教师要组织教学,只能对观察结果作最简要的速记。如果有明确的观察目标,可以事先准备好表格,能节省时间。例如国外有人只观察学生在学习第三人称单数、复数词尾变化和现在进行时这三点,从遗漏、教师纠正和自我纠正三方面观察,事先做好表格。如果是研究生听课时进行课堂观察,还可以用符号代码记录关键信息。

(2) 批阅作业时记

作业是学生语言表现的书面形式,是一种重要的观察对象。观察者应记录下学生在汉字和词句上的错误,进行归类,记下频率,对于比较集中的错误在课上进行分析,及时反馈。

(3) 录音

录音是记录学生口头语言表现的一种很好的手段,信息丰富,经过转写后可以获得真实的观察资料,只是学生如果知道录音后会感到拘束,甚至反感,因此不宜经常使用。但是在有些语言活动时告诉学生为了评分公正需要录音,学生是能够接受的,比如班内的口语比赛、面试等。

(4) 课后补记

学生的学习策略是通过一系列行为反映出来的,课上能陆续观察到一些,但来不及记录,这就需要课后及时补记。

观察只是信息的采集,采集到的信息要经过分析后才能得出评估意见,教师应尽快将评估意见反馈给学生,以便学生根据教师的反馈进行自我调节,从而实现形成性评价。将观察的结果反馈给学生,一般采用口头或书面交流的形式。

口头交流的形式一般是在课堂上即时反馈,包括教师对学生的正确语言表现给予及时的肯定,对于错误的语言表现用合适的方式指出来。

例如,一次留学生向全班做报告,报告他就休闲生活对中国朋友的采访结果。教师边听边记下学生的一两个突出的语言亮点和问题。学生讲完之后,教师先对该生的报告从内容方面给出一个总的肯定性的评价,然后指出,在这个演讲中"享受大自然"用得非常准确,"受试者"用得不对,应该是"受访者"。学生马上记了下来,对教师的反馈很满意。

书面反馈的方式其实就是教师日常做的一项工作——批改作业。作为评估信息的反馈应注意以下几点:

第一,反馈要及时。按照形成性评价的观点,短周期评价对学生自我调节的作用更为明显,应该在学生的最近发展期内将评估信息尽快反馈给学生,教一个点,练一个点,评一个点。

第二,要打分,更要批改。打分是量化评估,批改是质性评估,都需要。从学生语言习得的角度看,批改的反馈更具体、更有针对性,因而更为重要。

第三,批改作文应该改、赞结合。教师除了改正学生作文中的错误之外,对于写得好的语句应该点赞,例如在这些语句下面画波纹,在旁边写"好"等。由于学生写作的过程就是试用目的语的过程,所以他们期待教师对他们的书面表达有一个正面的反应,以便对自己的试用作出一个评估。一个"好"对学生有重要的作用。

第四,对于一些"顽症"要打持久战。学生在语法、词汇、汉字学习过程中总有一些问题,教师已经在作业中改过了,但仍然会一再出现,这种时候如果教师不再管了,等于是给了一个肯定的评估信息,学生就会感到似乎也能接受,因此,教师应该采用多种方式持续地反馈。例如"那"这个汉字,左边的偏旁很多学生都爱写成"月",而且错误是系统性的,"哪""娜"等字都一样错,不同母语背景的学生都有这个问题。教师在作业中改，在课堂上订正，但一些学生仍然这样写，教师就每次反馈，开始是改，后来估计学生已知道这个问题，就只是在"月"的下面画一道，让学生注意。有一位名字中有"娜"的学生，经过教师大约半个学期的反馈，虽然偶尔还会写错，但已明显改善。

作为评估方式的反馈与一般教学反馈的区别在于，作为评估方式的反馈并不是教师一时的感想，而是建立在对学生连续的观察以及对观察结果的系统分析的基础上的，因而更有针对性。

观察法有以下几个优点。

第一，观察的材料比较真实，可以获得学生没有意识到或不愿报告的某些信息。

第二，观察法在自然条件下进行，不影响正常教学。

第三，便于对学生进行即时评估及反馈。

观察法也有一定的局限。

第一，观察只能说明"有什么"，"是什么"，不能判断"为什么"。

第二，观察受到时间、空间、情境的限制，人数多时较难进行。

第三，如果做研究，取样较小，观察资料不易系统化。

思考题

(1) 如果你教过课或辅导过学生，从观察中你发现过一些什么问题？
(2) 学龄前是人一生中语言习得的一个黄金时段，但这一时期孩子们的学习能力和自制能力都不强。假如在一个非汉语国家有一所幼儿园，老师想教孩子们学一点儿汉语，应该如何进行测试评估？请提出一个方案，并说明你的理由。

三、面谈法

面谈法（conferences, interviews）是通过直接和学生谈话来获取资料进而作出评估的一种方法。

语言教学中的面谈分为两类。

第一类是师生会谈（conferences）。师生会谈实际上就是个别指导及咨询，最典型的做法是老师给学生面批作文及答疑。此外，分班时师生面对面确认教材也属于这种形式。在这个过程中教师可以跟一个或几个学生单独交流，可以学生问，也可以教师问，气氛轻松，教师发现了问题，可以把评估结果即时反馈给学生，并给学生具体建议。

　　面批作文或一些开放性的作业是一种很好的过程性的评估方式。教师在批改作文时常会有两种困惑。一种是不清楚学生真正想表达什么意思，只能根据自己的猜测去批改。例如学生写了这样一句话"我像我母亲不这么高雅"这句话可能是想说学生的母亲很高雅，而她自己并不那么高雅，但也可能是想说她像母亲一样，都不追求那种高雅。教师有可能会猜错，在猜错的情况下进行的修改，可能会令学生感到不解，评估作用就有限，甚至还会误导。教师的另一种困惑是，一个病句可以有多种修改方法，而教师只能采用其中的一种，给学生的印象似乎这是唯一正确的表达方法。例如学生写了这样一句话"你想我买你什么我就买你什么"，教师可以改为"你想让我给你买什么我就给你买什么"，也可以改为"你想要什么我就给你买什么"，等等。如果采用面批的方式，教师就可以了解学生想要突出什么意思，可以把几种方案拿出来，告诉学生几个句子的区别，让学生选择。这是一个师生合作完成建构的过程，在这一过程中，教师对学生的想法能够了解得更为深入，学生则能更好地实现自我调节。

　　Brown & Abeywickrama（2010）列出了个别指导的一些内容（节录）：

- 开始起草一篇文章或报告
- 检查学习档案袋
- 反馈学生的日志
- 给学生的口头报告提建议
- 帮助学生分析考试结果
- 帮助排除阅读理解中的问题
- 检查学生对语言表现的自评

　　……

　　个别指导可以在答疑时间进行，也可以在课间或下课后进行。教师是一个咨询者，其评价方式通常都是质性的，不需要量化。

第二类是访谈(interviews)。访谈是研究人员或教师为了研究某个课题,了解相关情况,事先做好计划,与被访者谈话,进而作出评估。一般是访谈者提问,整个谈话过程是按照访谈者计划好的思路进行的。

访谈通常分为结构化访谈和非结构化访谈。(郑日昌,2005)

结构化访谈一般按照预先确定的标准程序进行,问哪些问题、提问的顺序等都事先写成提纲,按提纲进行。例如,BCT考试在作需求分析时要对企业员工进行访谈,按照事先确定的提纲,每次访谈都问差不多一样的问题:你每周有多长时间使用汉语? 在工作中有多长时间? 在生活中有多长时间? 等等。结构化访谈的好处是访谈结果便于比较,便于量化分析。这种形式一般用于课题研究。

非结构化访谈也需确定访谈主题,但是问题和提问方式比较灵活。语言教学研究中的访谈多数是非结构化的。

例如,在一次关于自评分班的试验研究中,负责测试的教师发现,有个中级班学生的自评总分为0分,任课教师认为自评低估,并说明该生是从低班换上来的,其水平在班里是高的。负责测试的教师便约该生面谈,发现她口头表达能力不错。教师让她回忆,做自评时是否每个选项都选的never,该生说不是,她各项选的并不一样。教师便去查她的答题卡,发现果然如此。但是该生是用圆珠笔涂的,阅卷机只认铅笔字,因此读不出来,显示为0分。教师重新统计了该生的自评分数,实际得分应该是144分。他把这一自评分数重新发给任课教师请其重新评价,任课教师的评价为"自评基本相符"。

根据访谈的目的,有些访谈结果不一定需要反馈给被访谈人。

面谈法应注意以下几个问题:

第一,师生会谈既是评估,又是教学的一部分。要善于发现问题,有针对性,评估结果应即时反馈给学生,使学生对自己的学习作适当的调整。

第二,教师的角色应从教育者转向咨询者,尽量让学生自己发现问题,作出选择,培养反思能力。

第三,访谈主题应事先准备好,要使学生了解访谈的目的。

第四,讲究提问方法,注意倾听。提问时要引导对方谈访谈人希望了解的问题,但不要诱导对方提供某一种结论。倾听能引起对方谈话的兴趣,还会发现更多的信息,既适合访谈,又适合师生会谈。

第五,教师应该充分利用在面谈中得到的信息,适当调整自己的教学。

面谈法有以下几个优点:

第一,面谈可以收集比较复杂的信息,在观察的基础上了解原因,在与学生的互动中进行过程性评估。可用于教学,也可用于分班等。

第二,师生会谈和非结构化访谈都比较灵活,可以在谈话过程中发现新的线索,进一步发掘新的信息,使评估个性化。

第三,面谈的评估意见有一部分可以即时反馈给学生,有一部分可以反映在评语中,也有的可以作为研究资料。

面谈法也有一定的局限。

第一,谈话的深度受到学生汉语水平的限制,与初级水平的学生在面谈时尽管可以使用学生母语或媒介语,但访谈者的外语水平不一定能满足深入交谈的需要。

第二,从研究的角度看,样本量小,代表性不如问卷。

第三,受到谈话双方多种因素的影响,有些话可能不好当面讲,有时当面谈话得到的信息反而会出现偏差,倒是写日志、做问卷时学生更能写出真实的想法。

 思考题

> 设想你在西班牙一所大学的三年级教汉语,你发现班上有个西班牙学生四项技能发展很不平衡,她的汉字写得很好,作业经常全对,考试也很好(这说明她的作业确实是自己做的),但上课时尽管你说的汉语并不快,用词也很简单,她仍需要旁边的同学翻译。她会念课文,但问她问题往往回答不上来。你打算怎样使用访谈法对她作进一步的评估?

四、日志法

日志也叫周记,是学生用书面形式对自己的语言学习情况等所做的记录和反思。使用日志进行评估的方法叫**日志法**(journals)。

在语言教学中,学生的笔头作业多数是词句练习或作文,重点是语言表达的准确性。在测试中,笔头表达的试题主要是填空题、简答题或短文写作，测试点主要也是语言使用的准确性。目前在国外的外语教学中，以内容为重点的自由写作使用得越来越多（Brown & Abeywickrama, 2010）。这种写作一般叫 journal entry，也有的叫 log，是一种学生对自己学习过程、体会及反思的记录。如果正式一些，可以是反思报告，但对形式一般都没有特别的要求。日志实际上是学生用自述的方式进行的自评。

语言学习的日志可以分为两大类，一类是学习者完全为自己记的，就像日记一样，甚至可以用学生自己的母语写，可以称为私人日志；另一类是学习者根据教师的要求写的，主要是写给教师看的，教师看了之后一般需要给学生写反馈意见。如果教师是汉语母语者，这类日志通常要用汉语写，这类日志称为对话日志（dialogue journals）。作为评估手段，日志一般指的是对话日志。

日志可以是定期的，例如每周一次（周记）、每月一次等；也可以是阶段性的，比如刚开学时、期中考试后、期末考试前等。主题通常由教师定，也可以教师和学生商定，例如目前学习中的困难、自己的学习方法、考试的自我分析、语法问题、文化适应问题等。如果是定期的（比如每周一次），主题可以由学生自己定。由于日志不是作文，只是师生就汉语学习沟通的一种方式，在词语或字数上不作规定。对于词语或汉字错误，教师可以简单改一下，但不必扣分。评分可以只按是否提交计分，也可考虑其认真程度而有所区别。

例如，期中考试后，教师要求学生写一篇日志，反思一下自己的学习方法、目前学习中的问题，提出解决办法。以下是几位学生日志中的部分内容（为保留原貌，对日志中的语句错误未作修改）。

学生A：上半个学期中，我觉得我学过很多生词和语法，可是，按照期中考试，我不能恰恰记很多词，我在"写汉字"的部门扣了七分。为了解决这个问题，我觉得我应该经常复习已经学过的词。

学生B：我的办法学习汉语是很容易，我每天都给中国人聊天。我也在散步的时候总是读路标和广告牌子。要是我听不懂或者读不懂我就有三个选择。一个是问，二个是查词典，三个我可以就笑和点头。

学生C：我现在自愿用中文思考，如果我看到或听到不懂的字，就把它查一下，或者记在手机上。我最近学的单词是"冰沙"，这是我去咖啡厅的时候服务员对我说的词。第一次我完全听不懂这个词，所以我反复问了一次。那个服务员很亲切，她再说一次，然后教给我怎么写。

学生D：我用淘宝看看大家的评价的时候，可以承认很多的在上课学的生词，比如"值得"。如果我几次见到了，一段时间以后，我可以猜出来这个字有什么意思。在淘宝，我学的最有用的词汇是"差评"。

从这几段日志可以看出，每个学生都真实地写出了自己对学习汉语的独特感受和自己所选择的方式，而且学生非常希望教师了解他们是怎么学习的，分享他们运用所学知识、自学新知识的乐趣。在课外学习的信息中有些是从考试、作业、课堂上观察不到的，是非常真实的评价信息。从日志中可以看到，多数学生有相当强的自我观察能力和反思能力，他们对自己的语言问题看得很准。他们的汉语表达有的不错，有的还有不少问题，但都很有趣，并不妨碍思想的沟通。

教师反馈学生的日志时可以简单修改一下词句的问题，然后，可以针对每个学生的问题，分别给一小段评语。下面是一个实例：

学生E在刚开学的日志里有这样一段话：

我的语法还不太好，因为没有那么清楚怎么放词在句子里，就是句子的顺序。很多中国人告诉中文没有语法，但是这个肯定不对，因为我说随便的时候，他们说我错了，不过没有语法的时候没有办法说错了，对不对？

教师发现学生E的分析能力很强，就在评语中肯定了这一优点并明确回答了学生的问题，教师的评语是：

你分析得很对！很多中国人不知道自己说话有语法，但实际上当然有语法。

期中考试后，学生E在日志里写道：

对我来说，我的汉语水平有很大的进步，比如说：我的听力提高了很多，还有现在我真的注意我的声调，……另外我的词汇越来越丰富。可是还有一些学汉语的方面我得好好加油。……我的声调一直有问题，我希望快一点儿习惯汉语的声调。

教师发现学生E对自己的习得情况非常清楚，对自己在声调上的进步和问题看得很准。教师也注意到学生E在念生词时往往发音很到位，但一说话就洋腔洋调了。教师知道学生E的方法是记生词时记住调号，这显然不够，于是教师在评语中这样写：

声调问题,要多跟着录音读课文。

学生们反映,喜欢日志这种形式,有的还希望多写一点儿。

使用日志法应注意以下两个问题:

第一,不要把日志当成作文,日志的重点是内容而不是形式或语言表达的好坏,收集真实的信息及进行有效的沟通最重要。

第二,一定要写评语,评语是学生期待的,分数无法代替。评语的词句应该适合学生的水平,对于初级学生,评语可以使用学生的母语或媒介语。

日志法有以下几个优点:

第一,能获取一些关于学生的二语习得过程、学习策略等比较复杂的信息,其中不少信息是在测试中考不到、在课堂上观察不到的,是了解学生真实情况的有效的评估资料。

第二,能加强师生间的交流。师生通过书面对话沟通后,能促使学生和教师对原有的方式进行调节,实现形成性评价。

第三,通过自述能促使学生反思,培养自主学习能力。

日志法的局限是由于每个学生日志的差异很大,难以作量化分析。

思考题

(1) 以下是两位留学生学期中写的日志的摘录(语句未修改):

  F的日志:写周记一的时候,我写了我最想提高的是听力和口语,因为这对于我来说是最难的部分。值得高兴的是上半学期我的听力和口语都有很大的进步。这是因为来到中国之后我逐渐习惯了和我的朋友们用中文交流。……我的口语水平仍有待提高,因为我想的很多,害怕出错,通常要想很长时间才能想出正确的句子结构。

  G的日志:我认为我的问题是我很少用书里学的生词在我的生活里。虽然我用这些词来写作文或者读课文,但是当我说的时候我常常忘记了我刚学的生词。我像一个新学汉语的学生一样说话。这不是因为我觉得很紧张,其实是因为说汉语不是我的习惯。我脑子里的想法都是英语的,所以用汉语来说一下我的看法有点儿难。我觉得这样很可惜,因为我能知道很多的词语能跟中国人一起聊天儿,但是我开口说话的时候就突然不会说了。

假如你是这个班的汉语老师,读了学生日志后,你怎么反馈给学生?

(2) 你认为应该怎样使用日志这一形式?多长时间交一篇比较好?你认为日志最能培养什么能力?

五、学习者自评

学习者自评（self-assessments）是由学习者自己对于自己的能力、学习情况等作出评价。

在人的元认知活动中，评估是一个重要功能，当评估以评估主体作为目标时便是自评。在语言的习得和使用中，自评始终在发挥作用。在巴克曼的语言使用模型里，作为总指挥的策略能力是一种元认知能力，其功能之一就是评估。语言使用者会根据交际任务评估自己的语言知识能否胜任，在完成交际任务的过程中评估完成的情况，及时调节。在语言习得中，如果一个汉语学习者说一个词，而中国人听成了另一个意思，他会评估自己的发音不准。因为语言学习者事实上经常在进行有意无意地自评，他对于自己的目的语现状是很清楚的，对于自评这种元认知活动也是有体验的，尽管他可能并不知道这叫作自评。

欧洲语言共同框架里的"评估"一章专门论述了自评："上面介绍的大多数评估方式，学习者都可以参与其中。研究表明，只要不是事关重大（比如关系到是否被录取），自我评估可以成为教师评估或考试测评的有效补充。""严谨的自我评估可以等同于课堂评估或测试，等同于教师进行的评估或测试。"

广义的自评包括日志，可以说日志是一种学习者自由表达的构造型的自评形式。由于日志难以进行量化分析，用途受到一定的限制，结构化的自评问卷弥补了日志的这个弱点。自评问卷可以处理大样本，既能进行量化评估，也能进行质性评估，用途广泛。本教材中讲的学习者自评特指结构化问卷的自评。

结构化的自评问卷是在人格测验中广泛使用的一种形式，大多采用选择题，每题有若干个选项，由受试者根据自己的情况自由选择，没有唯一正确的答案。自评在人格测验中通常称为自陈量表（self-report inventory）、自我评定量表（self-rating scale）等。近年来在有关行为预测的研究中，心理学家们发现

> **问答**
>
> 问：自评问卷没有唯一正确的答案不就可以胡乱选了吗？
>
> 答：有趣的是，可能正是因为给了人完全的自由，在正常的情况下，大多数人都不会胡乱选，这和一般人想象得很不一样。

自评能取得令人惊讶的结果。自评能让我们对于自评者的潜在特质进行推断,能提供重要而有效的信息(Kaplan & Saccuzzo, 2010)。

在心理测验中,自陈量表有时归入测试,但是在第二语言测试评估中,我们将它划入非测试评估的范围,因为自评行为与语言测试中的被试行为不同,它并不是通过语言表现提供一个目的语的行为样本,再由测试者对这个行为本身进行测量,而是由被试通过自我观察直接报告自己的目的语能力或学习情况,自评时可以不使用目的语。从自评设计者的角度看,要测量的并不是自评行为本身,而是自评者所报告的内容。自评是一种区别于语言测试的评估手段。

根据评估目的的不同,学习者自评有多种类型,以下是两种常用的类型。

(1)根据能力量表进行的语言能力自评

根据不同的构念设计相应的自评表,请被试作答,对被试自己的语言能力作评估。这种自评可以用于理论研究,也可用于语言教学及管理。

例如Bachman & Palmer (1989)使用自评对他们的语言交际能力的理论框架作了验证。此外,自评结果也可作为效标为测试的分数解释提供依据。

有些学者将语言能力自评用于语言教学管理,例如,Leblanc & Painchaud (1985)在渥太华大学研究了用自评取代测试分班的方法,其自评与测试总分的相关系数达到了0.82。1984年该校直接采用自评为2500名学生分班,取得了成功。

在语言教学中,自评有广泛的用途,根据不同的目的,在合适的时间,可以使用语言能力自评表,采集需要的信息,为决策服务。下面是一个使用自评进行分班的实例。

为了提高短期汉语项目的分班效率,中国某大学使用自评取代考试分班。研究者从来华短期进修学生的角度,根据他们在中国的学习生活中可能遇到的汉语使用情景,设计交际任务。自评表里听、说、读、写各10个题,共40题。每一题是一个能做陈述(can do statement)的句子,例如:

我能读没有拼音的中文课文。

I can read Chinese texts without *Pinyin*.

每一题后面是五度量表的选项:5总是这样(Always);4多数情况是

这样;3半数情况是这样;2很少这样;1从来做不到(Never)。

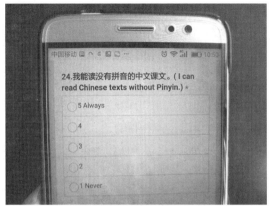

图9-1 手机上的自评界面

学生在到中国之前就可以在自己的电脑或手机上进行自评,学校可以根据其自评信息确定教材并分班。

表9-1 分班分数表(节录)

班级	考号	总分200	听50	说50	读50	写50
1	83	6	0	2	4	0
1	112	9	0	2	7	0
1	109	10	0	0	6	4
2	90	64	21	10	20	13
2	101	64	12	13	21	18
2	108	66	8	6	26	26
3	84	114	28	29	31	26
3	79	137	33	31	39	34
3	78	141	39	33	41	28

短期项目自评分班基本成功后,该校又进一步将这一方式用于每年开学前的长期项目分班。

(2)对某一特定教学内容的掌握情况的自评

在课堂教学过程中,教师可以根据某一阶段的教学内容设计自评表,检查学生对某些特定教学内容的掌握情况,进行形成性评价。我们看一个实例。

中级商务汉语课有30多位学生，教师很难去了解每位学生的学习情况，加上每课都要求学生掌握某些交际能力项目，很难使用小测验进行全面评估，因此，教师每课设计一个短小的自评来了解学生对该课交际内容的掌握情况，以便对教学作必要的调整。同时，也希望用这个方式，让学生对所学的内容进行及时的检查和反思。教师告诉学生，自评结果不记入成绩。

每一课的自评项目是该课的几个教学重点，使用“我会……”的能做陈述，针对每个项目有四个选项：可以做到、大致上可以做到、还需要努力、需要帮助。学生只需要在相应的格子里画一个勾，1—2分钟就可以做完。自评安排在某一课全部结束之后。自评表都要写姓名，教师收上来之后，一般并不需要量化处理，而只是从中了解每个学生的情况，调整教学。

以下四幅图片是某学生第一课至第四课填的自评表（隐去姓名）。

第一课自我评价

姓名__________

请想一想这一课自己学得怎么样。在合适的空格里打√。

	可以做到	大致上可以做到	还需要努力	需要帮助
我会介绍公司的基本情况			✓	
我会“贵…”（“贵厂”等）的用法		✓		
我会说明市场占有率			✓	
我会说明销售市场			✓	
我会说明销售额		✓		

*我听不懂你说什么，因为你说很快。

第二课自我评价

姓名__________

请想一想这一课自己学得怎么样。在合适的空格里打√。

	可以做到	大致上可以做到	还需要努力	需要帮助
我会说主持人的话（开场白、请人发言、总结…）			✓	
我会说明自己的意见			✓	
我会表示同意或反对		✓		
我会用“增长”“持平”“下降”		✓		
我会用“分别”		✓		

第三课自我评价

姓名__________

请想一想这一课自己学得怎么样。在合适的空格里打√。

	可以做到	大致上可以做到	还需要努力	需要帮助
我会介绍产品的市场销售情况	✓			
我会介绍产品的技术、设计、功能、材料		✓		
我会用汉语推荐产品		✓		
我会说售后服务的内容	✓			
我知道中文商业书信的格式	✓			

第四课自我评价

姓名__________

请想一想这一课自己学得怎么样。在合适的空格里打√。

	可以做到	大致上可以做到	还需要努力	需要帮助
我会订购、询价	✓			
我会报价	✓			
我会使用国际贸易术语（FOB，CFR，CIF）		✓		
我会还价，会谈优惠和折扣	✓			
我会说让步 / 拒绝让步的话		✓		

图9-2　学生课堂自评

在第一课，该生多数选的是“还需要努力”，“可以做到”的一项也没有，而且还写了一条意见，认为教师说得快。教师随后找到这个学生，提了一些建议，同时适当调整了讲课的语速。从第二课到第四课的自评结果看，该生在持续地进步，“可以做到”的已经占了多数。自评起到了形成性评价的作用。

如果要对自评结果作量化分析也不难，只需要给每一个选项赋值。比如"可以做到"4分、"大致上可以做到"3分、"还需要努力"2分、"需要帮助"1分，各项分数之和为自评的得分。如果按照这样赋值，这位学生四次自评的得分是：12分→13分→18分→18分。

设计自评表应注意以下几点。

第一，问题应该是学生视角，任务要具体，不需要学生作概括性的评价。有的语言能力自评表要求学生回答其汉语水平是初级、中级还是高级，结果学生要么不会回答，要么乱回答。这就是因为视角选错了，评判学生的汉语水平等级是教师视角，教师也需要接触过各种学生并且有明确的标准才能正确判断。也有的问题为"我能与服务行业的人员说汉语，满足我的需要"，学生就要概括服务行业包括哪些，满足什么需要等，难以把握。如果改为"我能在饭店用汉语点菜"，问题具体，就容易回答。

第二，在同一个自评表中，如果选项相同，各题的陈述语应该同质。自评中陈述语句的种类很多，除了我们比较熟悉的能做陈述，还有困难陈述（difficulty in using trait question type）等，比如可以这样问："How hard is it for you to organize a speech or piece of writing in English with several different ideas in it?"（Bachman & Palmer, 1989）要注意的是在同一个自评表中，应该使陈述语同质，这样在进行量化分析时，同一方向的分数变化才会表示相同的意义。

假如不采用相同的选项就不存在这个问题，比如欧洲语言共同框架中的自评表，将1—6级的各项能力描述都列出来，由自评者判断自己属于哪一级，那种情况下，就可以使用类似"我能表达自己的想法但还不太流利"的描述语。

第三，有关课堂教学的自评表应抓住教学重点，使得自评的过程成为学生自我检查的过程。关于教学重点要从两个方面看：一方面，自评项目应该是某一课或某一阶段学习的重点，而不是一般的语言能力，自评表其实就是重点项目列表；另一方面，最好的自评项目是一些任务型的项目而不是词汇或语法项目，因为词汇或语法项目完全可以通过听写、小测验进行检验，况且词汇又太多，不太适合自评。学生知道列出来的自评项目是应该掌握的，他们在自评的时候其实是在回想，一些他们感到还掌握不好的就会引起注意。

第四，为了获取真实信息，自评结果最好与学生的成绩脱钩。由于教师希望通过自评了解学生的情况，教学自评最好是实名的。为了能让学生如实作答，应该事先明确告诉学生，自评与成绩完全没有关系。

第五，选项不宜过少也不宜过多，各个选项的语言表述最好是正面的。自评的选项如果只有2个，得到的信息就比较少。从理论上说选项越多描述越细致，但实际上如果选项太多，自评者反而会感到难以正确判断，因此，一般3到5个选项比较合适。尽管陈述语可以是困难陈述，但是选项的语言表述最好是正面的。比如表示问题最多的一个选项，如果写"不能做"就会给人负面的感觉，有人会出于自尊心而拒绝选这个，但如果改为"需要帮助"，意思仍然是问题多，但却从解决问题的角度友好地表示出来，就比较容易接受。

第六，语言能力自评的陈述可以使用学生的母语或媒介语。由于语言能力自评需要面对各种水平的人群，语言水平较低的学生用目的语理解陈述语会有困难，即使是中等水平的学生对陈述语的理解也不一定准确，而对陈述语理解不准确会增加自评误差。由于自评行为不同于语言测试行为，尽管评的是目的语，但是无需提供目的语的行为样本，因此，自评陈述语可以使用学生的母语或媒介语。课堂教学的自评情况不同，尤其是中级以上的学生，由于水平接近，自评的内容熟悉，用目的语自评是合适的。

第七，尽量使学生容易填，省时间。自评时间太长会让学生厌烦，从而影响自评的准确性，因此要尽可能节省时间。一是控制问题的数量，不要面面俱到；二是自评表应该设计合理，语言简洁，要求明确。

自评量表可以进行多种统计分析，例如集中量数、离散量数、分数分布等描述性统计量的分析，自评与测试及其他数据的相关分析，难度及区分度分析，信度分析，效度证明，等等。不过，由于自评的量表常采用多值计分，在分析试题时不能使用点二列相关系数而应使用积差相关系数，分析信度时应使用Alpha系数。

例如某大学用自评取代测试分班，研究者用数据对能否取代进行了检验。(刘超英，2017)

短期项目自评全卷Alpha信度系数为0.987，信度系数很高，测量比较稳定。

自评总分与测试总分的积差相关系数为0.853**，在0.01水平上双侧检验显著相关。由于自评与测试是两种不同类型的测量，0.853的相关系数是比较高的。进一步分析测试与自评各部分间的相关系数还能为研究自评的内部结构提供某些证据。

表9-2 测试与自评各部分间的相关系数（样本量: 187）

（刘超英，2017）

测试	自评			
	自评听	自评说	自评读	自评写
测试听力	.832**	.799**	.657**	.676**
测试语法词汇	.660**	.684**	.751**	.727**
测试阅读写字	.664**	.683**	.834**	.801**

测试的听力与自评的听的相关系数高于其他部分，测试的阅读写字与自评的读、写的相关系数也高于其他部分，这表明用这两种方式所测量出的心理特质很可能是相同的，分别是听的特质和读、写的特质。

由于文化及个人元认知能力的差异，自评分数出现高估或低估是难免的，但在正常情况下，这种高估或低估是围绕每个人的真实汉语状况上下波动的，类似于实测分数围绕真分数上下波动，关键是要看偏离的幅度是否超出了可接受的范围。

该大学的长期项目在自评之后有一个确认教材的环节，教材不合适的可以调整，上课后再不合适的还可以换班。比较一下教材变动前后各段的自评平均分，在一定程度上可以反映出自评分数估计的准确性及偏离程度。

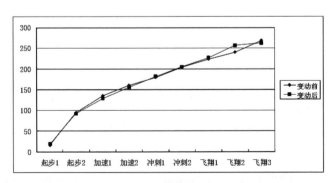

图9-3 教材变动前后各段自评均分的变化

（刘超英，2020）

上图显示,自评分数的偏离在可接受的范围内。

以上这些数据分析为有条件地用自评替代测试分班提供了一定的证据支持。

自评法有以下几个优点:

第一,由于学生最了解自己,因此无论是能力量表还是学习情况自评表,恰当运用一般能比较准确地反映学生的情况。自评有较高的信度,如果使用恰当能替代部分考试。

第二,如果运用恰当,自评可作为验证考试效度的一个效标,或用于某些研究。

第三,自评使学生成为评价主体,能调动其积极性,增强其责任感,在一定程度上培养学生的自主学习能力,开发丰富的评价资源。

第四,自评能使教师及时了解学生的某些学习情况。

第五,使用自评分班省时、省力、不用监考,可以提高教学管理的效率。

自评法也存在一定的局限:

第一,在作高风险评价时,受到种种功利目的的支配,自评会严重失真,以至失去价值。

第二,分班等自评难以对学生进行培训,测量精度会受到多种因素的影响,因此,最好有其他的措施进行辅助。

第三,自评是跨度测量而不是精度测量,分班时适用于水平跨度较大的群体。

第四,如果自评过多,操作复杂,比较耗费时间,会使学生厌烦。

思考题

(1) 从本教材的第一章开始,每章都有一个自我评价,如果你作了自评,请你从自评者的角度说说你的感受,你的选择真实吗?自评的过程对那一章的学习是否有某些作用?

(2) 有一批学生,按照考试分班,同时也作了自评。几天后,有几位学生要求换班,以下是其中三位学生的情况:

表9-3　学生换班情况表

换班情况	考试总分100	自评总分200	教师反映
二班换到一班	26	0	该生没学过
二班换到一班	25	0	该生零起点
三班换到一班	28	0	该生一点儿也听不懂

你能否对这一现象作一个分析?

(3) 假设你在国外的一所孔子学院教汉语,了解到当地有不少退休老人希望学汉语。他们的情况差别很大,学汉语并不想得到证书,只想充实自己的退休生活。他们动作慢,爱面子。如果让你给他们分班,你认为用什么方式比较好?你打算怎么设计?

六、同伴互评

同伴互评(peer-assessments)是语言学习的同伴之间对于对方完成课堂任务的情况及其他情况进行的评估。其理论基础是建构主义的评价观,即合作学习,在学习的过程中评估。互评的主体是与学习者身份相同、特点相近的同伴,这一方式利用了学习者自身的评价资源。互评和自评一样,也是培养学生自主学习能力的一种方式。互评不仅是课堂教学中的一种形成性评价形式,而且在网络教学中也是一种重要的评价形式。互评的用途日益广泛。

互评可以使用选择型试题作量化评估,也可以使用构造型试题作质性评估。如果评估是给同伴看的,评估可以使用对方能看懂的任何语言,包括目的语、母语或媒介语。

互评有多种分类方法,本教材将同伴互评分为课上互评和网上互评两类。

1. 课上互评

课上互评是课堂教学活动的一个组成部分。根据教学内容的需要,课上互评可以有多种形式,如小演讲互评、全班评小组作业、组内互评等。

(1) 小演讲互评

做法是当一个学生作小演讲或报告时,班上其他同学填评估表,对演讲人作评估。以下是一种评估表的设计。

表9-4　小演讲评估表

请在适合的地方打钩√　　　　　　　　评估人：_____
演讲人：_____

评估项目	4非常好	3好	2还不错	1需要多练习
1. 内容				
2. 词句				
3. 发音				
4. 流利				
5. 自然				

全班同学的平均分为该生的得分，分数可记入平时成绩。

这种互评能促使同学更专注地听，另外，多人评分会使演讲人的得分更为公平。教师也可以同时评分，师生的分数比例可根据需要确定。

（2）全班评小组作业

在商务汉语课上，有一项分组实践活动，针对"家美酒店"目前的问题，各小组制订一个培训计划并向全班说明。当某一个小组的代表在前面呈现作业时，其他组的同学在下面评分，进行评论。

以下是某一位学生填写的评价表[①]。

家美酒店培训计划评价表

评价人：_____

第（ 一 ）组

1、你对这组的培训计划评价如何？

实用性：	很好	好	一般 √	差
趣味性：	很好	好 √	一般	差
教师：	很合适	合适	一般 √	不合适
内容：	合适 √	太深	太浅	
时间安排：	合适 √	太长	太短	

2、你认为这组的培训的优缺点是什么？

优点：有趣　　　　　　缺点：教师不太合适

3、你有什么改进的建议？

应该找培训家不是娱乐活动家

图9-4　课堂评价表

---

① 该评价表为李海燕（2009）设计。

每组代表讲完后，其他组的同学提问，进行即时的评价。课后教师整理同学们的评分，给每一项赋值，例如很好4分，好3分，一般2分，差1分，以全班同学评分的平均分作为该组的得分。每组的成员是否也给本组评分可根据情况而定。教师可以参与或不参与评分，但应点评每一组的方案，即时反馈评价信息。

这种互评能促使学生更专注地听，练习评论，使得对小组的评分更为公平。

（3）组内互评

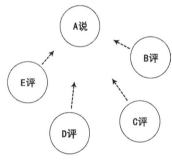

图9-5　组内互评示意图

在一个30多人的大班，要讨论某一个话题，每个人需要有一段成段表达。如果一个人一个人讲会占用大量时间，一些内向的学生可能难以展开讲，于是教师就设计小组讨论。4—5人一组，每人发表自己的观点，在一个人发言时，组内其他人填评估表。比如在图9-5中，A说的时候，B、C、D、E对A的发言作评估，等B发言时，A、C、D、E填互评表对B作评估，依次进行。全班的若干个组同时进行，教师在各组间走动，观察指导。全部谈完后，每组出一位代表向全班汇报一下该组的讨论情况，与大家分享。下次汇报换人，组内轮流。

这样做既利用了时间，又使每个学生能充分、放松地谈，同时练习了评估的能力。课后教师整理每人写的互评表，组内同学评分的平均分为某学生的得分。分数可计入平时成绩。

这种互评适合评估个人的成段表达能力及讨论能力，形式为小组活动，非常自然。

设计课上互评应注意以下几点：

第一，课上互评是课堂活动的一种形式，评估表一般以结构化的、封闭式的问题为主，便于学生很快作出选择。但是也可以有一些开放性的问题，评估人可以记下自己的一些观察和见解，便于课上讨论，培养评估人的观察、记录能力。

第二，评估表应根据具体的任务进行设计。这样评估有针对性，学生也容易操作。评估的内容一般都是该课的教学重点，学生都比较熟悉，通过完成任务和评估使学生掌握这些内容。不要泛泛地评估。

第三，教师可以给各个选项赋值，以便作量化处理。

第四，为保证评估的客观性，对每个被评估人的语言表现一般至少应该有两人作评估。有的互评设计成两个学生之间互评，这样设计在实际操作中评分容易偏高，因为出于人情，谁都不好意思给对方评低分。两人的互评只有在一种情况下是可行的，就是评价标准非常客观，比如给对方的作文找错字等。

第五，教师不应该仅仅为了减轻工作量而把评估的责任完全推给学生，教师的评估和指导作用是同伴互评所无法取代的。应该把师评与互评很好地结合起来，发挥各自的所长。

2. 网上互评

网络是培养学生自主学习能力的一个平台，网络不受时空的限制，使互评更方便，而且因为评估人见不到面，在某些方面能使互评更为自由。网上互评有不同的形式。

（1）慕课互评

慕课（Massive Open Online Courses，简称MOOC），即大规模公开在线课程，目前已用于汉语教学。由于形式上的限制以及学生规模过大，测评一般以客观选择题为主。但是对于语言学习中有些内容的测评，选择题做不了，比如发音是否准确、口语表达是否正确流利等，这些测评就只能利用课程论坛，让学生互评。下面是一个实例[①]。

在Coursera平台上的一门基础汉语课程中，教师要求每个学生在课程论坛上用汉语说一段话，网上的同学互相听。每个学生至少要给三个同学评估，同时至少要被三个同学评估才能得到这一项成绩。教师还从学生中挑选了一位在线学习活跃、汉语基础较好的学生做助理，提供更好的评估。由于是基础汉语的学习者，学生之间的互评主要用英语，为质性评估。

学生A评学生B: Good job! I think your chinese is quite fluent! I just think that you can improve the tones. 是（shì） should be in 4 tone. Some grammars were not quite correct such as 一只的狗(->一只狗). You can

---

[①] 感谢於斌老师提供资料，为保护隐私，隐去学生的姓名。为保留原貌，对互评内容只节选未改动。

listen to how teacher said things in the class and learn from them. Keep it up!

在这段评估中,学生A首先夸奖学生B汉语流利,然后指出了学生B一个声调的问题和一个语法的问题,并提出改进的建议。

学生C评学生D: 很高兴认识你! Overall, I think you did a great job. To help you improve further, however, I made the following notes: - "五（wǔ）" uses the third tone, not the second. By now, you already know that the third tone has a falling-rising pattern, but the falling aspect is normally emphasized more than the rising.

学生C的汉语基础比较好,是学生助理,在这段评估中,学生C重点纠正了学生D的一个声调的发音,还讲解了原理。

从这个实例中,我们可以看到下面几点:

第一,学生身上潜藏着丰富的评价资源,他们愿意互评,也具有发现问题并进行解释的能力。

第二,由于慕课类的网上课程学生数量巨大,同伴互评成为主观题的主要评价形式。为使互评持续地有水准地进行下去,教师应提要求,定标准,建立鼓励机制。

第三,互评是一种评价行为,应允许学生使用母语或媒介语。如不加区别地要求使用目的语,会妨碍他们自如地交流。

(2) 网上互评作文

学生互评作文是合作学习和形成性评价的好形式。由于学生之间任务相同,视角相近,容易互相理解并发现问题。不过,这种同学互评如果在课堂上操作,很费时间。但是如果放在网上进行就不必花课堂时间,效率会高得多。

例如在中国国内一所中学,语文课练习写作文,教师要求大家网上互评。学生写完作文后,先上传到网上的某个平台,其他同学读完之后都要写上自己的评估意见,教师也作为普通评估者参与评估。学生根据大家的意见进行修改,最后再提交给教师。教师综合考虑同学的评估意见及作文的修改情况给学生定作文成绩。这一方法充分发挥了同学互评的反馈、调节、促进学习的作用,使评价者和被评价者都能从中受益。另外,这一方法利用了网络平台,并未占用课时,完成了一次典型的形成性评价。

当然，这是一个中国学生语文课的例子，对于多数留学生来说，目前完成起来还有难度，但高级班的留学生或许可以尝试。

网上互评，除了性质评估，也可作量化评估。

同伴互评有以下几个优点：

第一，同伴互评体现了学生作为评价主体的原则，能调动学生的积极性，评估与教学相融合，能为课堂活动注入新的活力。

第二，能培养学生的责任感、合作精神和互动意识。由于需要用某一个标准去评估同学，在自己完成任务的时候也就会向这一标准靠拢，在评估和被评的过程中提高自己。

第三，由于有多个评估主体，能提高评估的客观性，比起只有教师一个人评分，能使被评估人感到更公平。学习者往往很期待得到同伴的肯定，很在意同伴的意见。同伴的评估不仅在认知上，在情感上都会对学习者产生重要的影响。

第四，来自同伴的质性评估往往能把发现的问题直接反馈给被评估人，促使被评估人调整自己的学习。

同伴互评也有一定的局限：

第一，主观评分是一项很难掌握好的工作，即使是专家评分都需要经过严格的培训，统一标准。在课堂上一般不大可能对学生进行严格的评分培训，评分标准的宽严不容易掌握，加上其他的主观因素，评分的准确性可能会受到影响，因此课堂互评一般更适用于练习性质的评分。比较重要的评估，师评应该占有相当的比例。

第二，教师对学生的评分结果作量化处理比较费时间。

第三，如果搞得过多，操作麻烦，会使学生不认真，影响评估质量。

 思考题

(1) 你布置了一个分组作业，要求每个小组去调查中国大学生的求职意向，然后把结果向全班报告。你准备怎么设计互评？每个人的成绩怎么定？本组是否给自己打分？为什么？

(2) 你的班有一个微信群，有人发了照片大家会点赞，这是否也是互评？是否能把微信群搞成一个汉语学习的互评平台？你认为应该怎么做？

七、学习档案袋

档案袋本来只是画家、摄影师、建筑师用来展示自己的代表性作品的一种文件夹。档案袋作为一种评估方式是从20世纪60年代加德纳的"零点计划"（project zero）开始的。由于零点计划的目的是促进学生发展语言、逻辑之外的其他智能，展示这些智能的形成过程，因此使用了档案袋这一形式。后来这一形式逐渐扩大到其他领域，包括第二语言教学领域。

学习档案袋（portfolios）也叫学习档案夹、学生成长记录袋等，"是展示每一个学生在学习过程中所做的努力、所取得的进步，以及反映其学习成果的一个集合体"（中华人民共和国教育部，2001）。

学者们从不同的角度来定义学习档案袋，可概括为以下几点。

第一，学习档案袋材料的收集和选择不是随意的，是有目的的，因此它不同于一般的资料袋，而是一种评价工具。

第二，档案袋的基本内容是学生的作业、作品和反思报告，在展示学生的进步和不足的同时促进学生的反思。

第三，学生是档案袋的建设者和使用者，教师是档案袋建设和使用的指导者。

第四，学习档案袋评价是一种过程性评价。

教育专家Gottlieb (1995)用CRADLE概括了档案袋的六个特性：

Collecting：学生依据特定的目的自主收集材料；

Reflecting：学生通过日志和自评表反思；

Assessing：教师、学生都参与对学生学习的评估；

Documenting：档案袋并非考试的附属品，本身是重要的文件；

Linking：学生与教师、家长、同学通过档案袋联系和交流；

Evaluating：对档案袋本身进行评价。

> **问答**
> 问：有的幼儿园为每个小朋友做一个档案袋，给父母看每天学了什么，这算不算学习档案袋？
> 答：这不是我们定义的学习档案袋，因为这不是孩子自己做的，没有反思。

CRADLE在英语中是摇篮的意思，结合定义和"摇篮特性"我们可以从概念上把握学习档案袋是什么。

学习档案袋是按照不同目的建立的，各有侧重，但一般需要包括如下内容：第一，教学目标部分，包括某门课的教学大纲或反映学生在开学时情况的相关文件；第二，作业、作品部分，包括学生在不同阶段的作业、作品样本，从中可以看到学生的进步或取得的成果；第三，评价部分，既包括学生的测验成绩及试卷，也包括同学互评的记录和教师的观察评语等；第四，学生的反思部分，包括不同阶段的反思日志、自评表等，对自己在学习方法、效果等各个方面进行反思、评价。

除此之外，有的档案袋还可以加上档案袋内容概览及个人信息等内容。学习档案袋在某种意义上是多种评估手段的一种综合运用。

学习档案袋可以从不同的角度进行分类。

（1）从材料选取和功能的角度可以把学习档案袋分为两大类：成果类和过程类。

成果类是重点对学习成果进行展示的档案，也称为"亮点"档案（单志艳，2007），由学生自己选择其最好的作业。这种档案的主要目的是向教师、同学、家长展览，有的也可以在求职时向用人单位展示。内容可以包括最佳作业、作文、口语比赛的录像、发表的作品等。通过这类档案袋可以增强学生的自信心。

过程类是重点反映学习过程的档案，也称为"成长记录袋"（单志艳，2007），比较系统地收集学生各个阶段学习进展的情况，对学习的过程进行持续的记录。这种档案的重点是发展过程而不仅是最终成果，比如学生对作业中错误的修改、每一篇作文从初稿到修改稿到定稿每一步的修改记录等。通过这类档案来帮助学生看到自己的进步过程。

这种分类是相对的，成果类有的也会选一些最困难的典型作业，过程类也并不意味着要保留所有的作业，也可以有所选择。偏重哪一方面要根据目的来确定。

（2）从学习档案袋的物质呈现形式上也可以分为两大类：实物档案袋和电子档案袋。

实物档案袋也称纸质档案袋，就是教学中使用的实物，如纸质的作业、作文、成绩单、试卷、录音光盘、录像光盘等，通常存放在一个标有姓名的文件夹中。这类档案袋直观、制作方便，是迄今使用最多的形式。但实物档案袋有一些操作层面的问题,如录音、录像光盘虽然放在档案袋中,但别人在翻看时听、看并不方便。如果没有固定教室,档案袋的存放地点就成了问题,在课上同学分享档案既占用教学时间,又无法细看,当面互评可能有面子问题,影响互评的质量,等等。

电子档案(E-Portfolio)是运用电子技术制作的网上档案形式,借助一个网上电子档案袋平台,由学生按照一定的要求上传所选择的档案内容,教师、同学等登录电子档案袋平台分享档案内容。有的学者认为电子学习档案是"以数字技术的形式记录和管理学习者学习过程中的成果、目标、评价、反馈、认证等各种信息,从而使学习者能自主学习,让学习过程中的成果、体会、灵感被学习者自身和教育者所分享"(李骐,2011)。除了文本之外,图片、音频、视频等多媒体形式也可以进入电子档案袋。电子档案袋形式丰富,便于保存、分享和评价,教师和同学可以比较方便地浏览或评估,有可能解决目前实物档案袋难以解决的一些操作层面上的问题。学生可以按照要求登录某一位同学的学习档案仔细看,打分评价,由于是背对背的,打分会更加客观。教师在评价时也更加从容。电子档案系统还可以帮助学生来管理自己的学习,例如,不少学校对学生的出勤率有明确要求,规定缺课不得超过多少课时,学生往往要到最后才知道自己的缺课情况,这时弥补已晚。平时作业是形成性评价的重要部分,但有的学生往往不清楚自己缺了几次作业。而在电子档案系统中及时记录学生的出勤和作业情况是很方便的,学生可以及时了解,及时弥补。目前在英美等国家,电子学习档案已广泛应用,有关部门已制定了一些指导性文件,软件企业也开发了电子学习档案产品(李骐,2011),节省了学生制作电子档案的时间。从长远看,电子学习档案很有发展前途。

以下通过几个纸质档案袋的实例来展示一下档案袋评估如何操作。

实例一

课型:中级汉语综合课,8学时/周。

目的:让学生保留作业,方便复习,看到自己的进步情况,培养反思的习惯,增加同学间的了解。教师增加对学生学习过程的了解,进行一些过程评价。

类型:过程型。

做法:学期开始时教师要求学生每人有一个档案袋,说明做档案袋的目的,介绍做法。档案袋应收入教学计划、日志、作业、听写、小测验、作文(初稿及修改稿)等。学生自己设计。一个月后,学生们把自己的档案袋带到教室,分组互相传看、交流。教师收上来检查,写师评,写出每个档案袋的优点并提出建议,但并不打分,反馈给学生。下半个学期再让学生把档案袋拿到教室,这次分组由同学互评。教师事先把评估标准告诉学生,互评时发互评表,按照分类合理、标志清楚、整齐美观三个方面打分。教师以每组其他同学的平均分为每个学生记一个互评分。期中、期末教师会再收上来检查,记一个师评分并写一个简短的评语。学生互评和师评分合起来,记一项平时成绩。

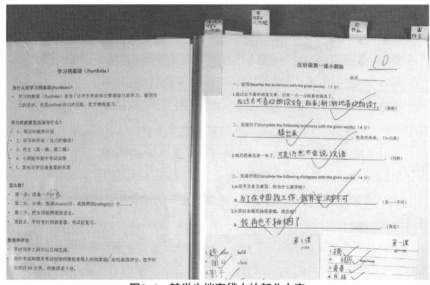

图9-6 某学生档案袋中的部分内容

图9-6是某学生档案袋的前两页,其中的一页是档案袋的要求,另一页是该生档案袋的第一部分"精读课听写和小测验"。上面有各个部分的标签。

这是一个过程型档案袋,由于做档案袋的一个目的是让学生保留材料便于复习,教师并没有要求学生挑选作业,而是要求他们将材料全部收进来。为了节省时间,学生们做的是一个辅助学习的简单的档案袋,评价也只限于对档案袋本身的评价。

从反馈看,大多数学生认为档案袋对学习有用,很重要。有的学生希望老师每两个星期检查,可能更有用。当然,也有学生认为自己没有整理作业的习惯,做档案袋对自己是负担。

实例二

课型:某高中一年级英语课。

学生:两个班101人。

目的:激发和促进学生的学习,让他们学会为自己的学习负责,学会评价自己的学习,成为反思性的自主学习者。

类型:成果型。

做法:

第一,教师先进行说明,用自己的档案袋实例调动学生的参与积极性。

第二,确定收集材料的内容、时间和次数。内容包括四类。

(1)既定学习类。与课堂学习紧密相关的听写、写作、翻译和课后作业等,在每个单元末学生自主选出一篇满意的放入档案袋。

(2)自主学习类。收录课外学习的资料,包括自主学习契约、学习计划、日志、记录表。学生定期记录和反思,教师定期检查。

(3)研究性学习与合作学习类。收录小组研究性学习的记录和成果,并向全班同学展览。

(4)反思型学习类。收录学生的反思和自评,包括每单元的日志、期中与期末的反思,对档案袋内自选作业的评述。

每个月末、期中、期末在同学中进行档案袋的展示、交流。

第三,教师与学生一起确定档案袋评价的标准。标准由教师起草初稿,经同学讨论后确定。评价内容包括档案袋的编辑和材料的组织两个方面。

评价方式为学生自评、同学互评、教师评的多元评价。采用A、B、C、D四个等级。

使用效果：档案袋实施前后研究者做了问卷调查，结果如下：

表9-5　档案袋实施情况对比表

对比内容	运用档案袋前	运用档案袋后
1. 喜欢学习英语	58.4%	88.1%
2. 学习是为了应付作业和考试	66.3%	32.7%
3. 认真订正教师批改的作业	35.6%	81.8%
4. 主动、有计划地进行课外学习	20.8%	87.1%
5. 认真记录自己的学习过程	4.95%	90.1%
6. 反思自己的学习并写学习日志	1.98%	95.04%
7. 积极与同学合作完成任务	24.8%	75.2%

当然，也有学生和家长认为这个方式虽有人情味，但太费时间。（谢萍萍，2005）

学习档案袋评估应注意以下几个问题。

第一，清楚地说明目的。应该列入教学大纲，在教学活动开始前就向学生解释清楚，要让学生知道这会有利于自己的发展。最好给学生一个书面的文件，写明各项要求。有的学生直到教师需要检查时才匆匆去找各种作业，甚至在上交前才对材料做一点儿分类整理，变成了应付，究其原因，是他们没有理解目的。

第二，要给学生以指导。教师不能撒手不管。有些学生从没做过学习档案袋，完全没有概念，教师应该指导。收集什么材料、如何分类、如何做标记、使用哪类文件夹子最为方便等，都应该向学生介绍。比较好的方式是用以前的学生做得较好的档案袋做例子，进行说明。对于过程型档案袋，可以明确告诉学生，期中、期末考试会考部分平时的听写、小测验里的内容，指导学生如何利用档案袋复习。

第三，阶段性的检查、交流。教师不能等到期末才去检查，而应该在学期中间就进行阶段性的检查、评估，肯定优点，对问题提出指导建议。除了教师指导外，同学之间也应互相交流。可以分组活动，组内的学生互相传看，交流经验，进行互评。这对于督促不认真的学生、帮助不会做的学生非常有效。

第四，掌握评估的方法。学习档案袋区别于一般的学习资料袋的一个主要特征就是它有评估功能,然而这一功能又是最难掌握的。评估面临四个问题,即评什么、谁来评、如何评以及评估结果如何呈现。对于评估的内容,主要分为两类:一是从档案袋中反映出的学生的学习情况,例如,要求学生改错,学生改没改,改得怎么样等;二是对档案袋本身的评估,设计是否合理,制作是否认真等。关于评估的主体,从理论上应该是教师评、同学评、自评的结合,但如何实际操作是个难题,比如评估标准如何统一,如何具体实施,都是很细致的工作。关于评估结果的呈现形式,要考虑档案袋差异性大这一特点。档案袋包含了多种类型的资料,进行评估时,总体印象很丰富,质性评估会比较准确,但不易量化。平时的检查可以只写评语不给分数,期中、期末检查时可以作量化评估,不过,量化宜粗不宜细,比如分1—5级,或分ABCD四等。

学习档案袋有以下几个优点:

第一,能记录学生成长的过程,提供学生学习和发展的证据,提供直观的、多样化的评价材料,开放地、多层次地、全面地评价学生。在有些课型上(如写作课、书法课等),这一优点体现得更为明显。

第二,便于学生复习、巩固所学的内容,使学生注意到学习过程中的问题。

第三,个性化,能促进学生的差异发展。

第四,由学生参与评价,能调动学生的积极性,提高其自我反思的能力,培养学生在学习中的自主性及负责的态度。

第五,能增强师生间的合作与理解,增加学生之间的交流。

学习档案袋也存在一定的局限:

第一,工作量大,学生费时间,教师负担重。

第二,内容太多,不好整理、分析,难以进行精确的量化评估。由于目前的评估结果最终仍需进入一个量化评估的框架中,因此档案袋所提供的大量丰富的信息会在量化评估的过程中流失。

第三,主观性强,差异大,难以保证评估的客观。鼓励差异化发展这一优点在量化评估时成了缺点,参照统一的标准实际操作起来比较困难。

第四,如果各门课都建档案袋,学生可能会厌烦。对于口语课等学习成果难以直接用实物表示的课程,要取得好效果可能比较难。

第五,容易走形式、走过场。

这一节我们学习了提问、观察、面谈、日志、学生自评、同伴互评和学习档案袋等非测试评估方式,这些都是形成性评价常用的方式。非测试评估是个开放的类,需要不断地完善和创造。有人问,只要使用了其中的一些方式是不是就进行形成性评价了?这是误解。形成性评价是一种原则,其核心思想是通过过程性的即时的评价反馈,有效地调节学生的学和教师的教,从而促进学生的学习。如果一个教师检查了学生的学习档案袋后只是记一个分数却不给学生反馈,并不能算形成性评价。而如果能即时反馈调节,小测验和期中考试也是形成性评价。因此,在形成性评价中,应该把测试和非测试评估手段结合起来,在合适的情况下使用合适的手段。

 思考题

(1) 在你以前的学校里有没有搞过学习档案袋?是怎么搞的?效果怎么样?
(2) 如果你要建一个汉语评估网站,电子档案袋应该是其中很有特色的一个部分,你打算怎么设计?
(3) 你能不能从某本教材中选一课,做一个测试和非测试评估相结合的教学设计?

第三节 综合评价

综合评价是在形成性评价和终结性评价的基础上,对学生的综合素质进行的全面评价,进而产生一个全面反映学生的学习情况、体现评价者的评价构念的总成绩。由于形成性评价是过程性评价,而终结性评价通常特指期末或结业考试[①],都只是某一个方面的评价,因此,只有建立在这两种评价基础上的综合评价才能代表学生在语言学习上的总成绩。总成绩通常指某一门课的成绩,当然,根据需要,也可以指某一个项目的成绩。

一、评价依据

第二语言综合评价的依据是学生第二语言学习的各类信息,从过程与结果的角度包括形成性和终结性评价信息,从是否使用测试的角度包括测试和非测试评估信息。在目前的实际教学中,综合评价通常就是总分,其

---

① 广义的终结性评价也包括形成性评价的结果,本教材采用的是狭义的终结性评价定义,见第一章。

中包括平时分，这通常是形成性评价的部分结果，还包括考试分，这是终结性评价的结果。总评分的构成比例是根据不同的教学目标和教学模式确定的。汉语作为第二语言课程的总分有多种构成方法，以下是几种课程或项目的总分构成比例：

（1）中国某大学汉语必修课：考试70%+平时30%（平时成绩包括作业、作文、听写、小测验等平时成绩，课堂表现以及考勤情况）。

（2）中国某大学中级商务汉语选修课：考试60%+平时40%（平时成绩包括听写、课上互评、作业、考勤）。为了引导学生重视平时学习，加上课上互评等形成性评价的内容较多，需加大平时成绩的比例。

（3）中国某大学中级语法课（实验学期）：考试40%+学习档案60%。这是为了降低低起点学生对考试的焦虑，促使学生认真完成档案袋，重视平时的学习。（徐晶凝，2009）

（4）某国的中文暑校：听写30%+作业20%+周考30%+两次大考20%。该中文暑校是一个短期强化项目，以此促使学生要特别注重平时学习。

（5）某国某大学四年级中文课：考勤及课堂表现10%+小测验15%+作业与作文15%+期中考试20%+期末考试25%+中文饭桌及报告5%+其他中文活动10%。为了在非目的语环境中增加学生使用汉语的机会，该校定了一个中文饭桌制度，每周一次学中文的学生和中文教师一起边吃饭边用中文聊天，四年级的学生还要求写一个报告。此外，该校搞的一些中文活动，如中国传统节日表演节目、看中文电影等，学生只要参与，都能得到一定的分数。

从趋势上看，平时成绩、过程性评估的成分在总评中的比例在加大，这产生了两个效果。第一，对于学生而言分散了评估的风险，降低了考试中的偶然性对成绩的影响，减轻了学生的考试压力。第二，努力学习、积极参与中文活动的学生总评分会提高，仅仅是基础好但不努力学习、不参与语言实践的学生总评分会降低，这使得评价的鼓励功能得到增强而甄别水平的功能被适度削弱。但是，这也并不意味着考试的比例越小越好，如何掌握这个度要看不同的教学目的。

二、评价范围

综合评价的范围，除了学生的课程成绩外，还应包括对学生在学习态度等方面的评价。在这个方面，目前中国中小学的评价范围相对较宽，而大学反而比较窄。在大学,中国学生的评价范围相对较宽,而留学生的汉语教学的评价范围一般比较窄。尽管目前过程性、参与性成分在总分中的比例有增加的趋势,但仍然主要是课程成绩。大学的国际汉语教育中的综合评价,尽管不必评价留学生的思想品德,但对他们的学习态度、学习策略、进步幅度等方面的评价对于全面评价留学生的语言学习情况仍是有必要的。除了分数或等级之外,教师的评语、留学生的获奖情况的记录等不易加入总分的非量化信息都应包括在综合评价的范围内,使得评价更为全面。

三、评价者

综合评价的评价者除了教师以外,还应该包括学生本人、同学和学生的家长。目前在中小学的综合评价中,评价主体的多元化做得比大学好,当然,中小学综合评价中的自评、同学互评、家长评主要是在学生的品行方面。在大学的国际汉语教学中,作为过程性评价,学生本人、同学已开始和教师一起成为评价主体,比如在自评分班中,大学生由于心智更为成熟、自我观察能力更强,自评的质量有可能更高;课堂的互评分数已作为平时成绩的一部分进入了综合评价;慕课等网络课程中同伴互评的作用甚至是无可替代的。但在国际汉语教学的综合评价中如何进一步实现评价主体的多元化,还是一个需要探索的问题。

四、评价结果的报告方式

综合评价结果的报告方式有量化的和质性的两种。

量化评估通常以分数或等级的形式表示,如百分制、等级制等。量化评估的优点是客观、精确。在量化评估的两种主要报告方式中,百分制便于计算和理解,可以进一步产生各科平均分,使用广泛。在等级制中,纯粹的等级制是在中国小学的评价中使用的优、良、达标、未达标(再努力)等级制,国际上比较通用的ABCDF

 问答

问:等级制有没有问题?

答:等级制的麻烦是分数线的问题,因为等级一般是由分数转换而来的,往往1分之差就差一级。有的留学生得了92分都不高兴,因为在他们国家百分要转成等级,93分才是A。

等级制其实是半等级制，因为这五个等级可以细化为A、A−、B+、B、B−、C+、C、C−、D+、D、D−、F，每个等级可以对应平均学分绩点（Grade Point Average，简称GPA），又成了数字形式，反映各科的平均成绩。和百分制比，等级制的优点是对分数进行了模糊化处理，不对同一等级内部作过细的区分，在某种意义上也为解释评价误差留有了余地。另外，等级制便于比较，尤其是当等级是由标准分转换而来时，可以在不同地区的不同课程之间进行比较。

质性评估在综合评价中有两个形式。

一个是对分数或等级的意义进行解释。这一点很重要，即使是百分制，有的课是60分及格，有的则是70分及格，同一分数在不同地区也会有不同的理解。假如使用了百分等级，则需要将常模样组的考生情况介绍清楚，这样评价的使用者才能得到充分的评价信息。这种对分数的解释是质性评估。

另一个重要的形式是**评语**（narrative evaluation），通常由教师写一段对某位学生某一方面表现的描述性的评价文字。评语属于质性评估，能提供量化评估无法提供的丰富的评价信息。例如，某个班有两个学生的综合评价分数都是80分，其中一个入学时基础就比较好，但学习不努力，进步很有限，另一个刚入学时基础不太好，但非常努力，掌握了合适的学习策略，进步很大。如果在综合评价时只报告分数，对这两个学生本应有的丰富的评价信息就反映不出来，对第一个学生无法给予应有的提醒，对第二个学生也无法给予足够的鼓励。假如教师在综合评价中能够写一段简短的评语，就能够提供关于学习态度、学习策略、进步情况的评价信息，这对于学生本人和评价使用者都是很有价值的。另外，在非测试评估中教师通过观察、访谈、档案袋等得到的许多信息很难进行量化，但却可以通过评语的形式反映出来。观察、访谈、档案袋作为评价信息的来源，一部分可以通过即时反馈传递给学生，进行形成性评价，而另一部分更加系统的评价意见更适合通过评语传递给学生和评价使用者，使综合评价更为全面。由于评语更加正式，评价使用者也能看到，学生会更重视。评语能使评价更为个性化和人性化。

目前在中国国内，评语多在中小学使用，但在有些国家，在大学的第二语言教学项目中也有使用评语的。

例如：

```
                    期末评价
课程：会话/听力    教师：              成绩：B+
        马玉梅是一个好学生。她展现出了很好的听说技能，能很好地
    参与课堂讨论。她出勤很好。在会话技能的测试中，她能很好地使
    用在课上学习的一些短语和交际策略。她有办法让她的搭档开口和
    她对话。在录音作业中她能恰当地回答讲座中的问题，一般来说她
    能提供很好的论据来支持她的观点。她也有能力回应同学的观点。
    如果话题她感兴趣，她能特别有效地表达她的观点。在期末考试中，
    马玉梅能抓住录音讲座的主要观点和很多细节。在期末考试的对话
    中，她能始终和我对话，对语言学习和在新的文化环境中生活提出
    很好的建议。发音部分的测试显示，她的重音、语调、流利度都比
    学期初有提高。马玉梅是个快乐的学生，她总是能看出生活中一些
    幽默的东西，上课时我总能看到她的笑容。
```

图9-7　会话/听力课教师评语

（Brown & Abeywickrama, 2010）

这是美国某个大学预科英语强化项目中一门课的期末评语。在这个评语中可以看到被评价学生平时的课堂表现和期末考试的表现。评价的内容广泛，有能力的，有态度及性格的。这些评价都基于教师对于学生相当时间的观察，因而比较可靠。

除了写给学生本人的评语外，还有一类评语是教师写给有关机构的，供这些机构决策时参考。这类评语往往比较简短，直截了当，就有关机构需要了解的信息对学生作一个评估。例如，某学校的一个项目，对申请第二个学期续读的学生，教师需要就学生的出勤情况、学习表现、学生能力等填写一个简要的评语表，如第一个学生"出勤较好，基础弱，上半学期上课需要其他同学帮助翻译，但后半学期渐渐跟上了"；第二个学生"基本全勤，学得比较慢，但认真，叫他发言时，对于学过的内容，想一下多数能回答出来"；第三个学生"全勤，课堂活动活跃，好学，有语感，学能强"等。评语中的一些信息是无法从分数中看出来的，这些质性评价信息加上分数等量化评价信息，可以使决策更加稳妥。

问答

问：在有的学校，老师写评语时先让学生自己起草，然后自己抄一遍，怎么看这一现象？

答：这当然是渎职。从评价的角度看，这种评语没有有效信息。因为学生需要的是自己不知道的、老师基于对自己的观察、对所有学生的比较后得出的评价。学生当然可以写，但那是自我评价，不是教师评语。

综合评价的具体呈现形式除了成绩单之外,还有《综合素质评价手册》、网上的评价平台等,包含了各门课的形成性评价、终结性评价,教师评语等信息。目前中国的很多中小学使用了这种成绩报告形式。相比之下,中国高校的汉语作为第二语言的非学历教育的成绩报告,有些仍然只是报告课程总分,提供的评价信息很有限。令人欣慰的是一些学校已经在进行新的探索,本教材第八章某高校预科项目的结业总评就是一个综合评价,包含了各科成绩、学术型汉语水平测试成绩以及教师评价,既有量化评估,也有质性评估。这个项目的实践启示我们,只要根据各教学机构的特点进行有针对性的设计,综合评价能提供更有价值的评价信息,能更全面地反映学生的汉语能力、汉语学习情况,更好地满足决策的需要。

五、对综合评价的评价

第一,改变总成绩的构成、吸收形成性评价的部分结果、实行多元化评价使得总评成绩能更全面地反映学生的学习情况,更能鼓励学生努力学习。

第二,评语等质性评估方式也应该用于国际汉语教育,只报告总分难以反映学生的进步程度等非量化评价信息。

第三,在检验学生的能力和程序性公平等方面,测试仍有其不可替代的功能。美国佛罗里达州曾计划在全州试行用档案袋评价取代考试,没有成功。这说明测试和非测试评估方式各有其独特的功能,应该结合使用,发挥所长。测试分数在总分中的比例应根据教学目的决定。

 思考题

(1) 你认为对外国留学生的评语应该用什么文字写?用中文还是用学生的母语或常用的媒介语(如英语)?为什么?
(2) 总评分中的成绩分和考勤分是否同质?对于在总评分中包含考勤分这种评价方式,你有什么看法?
(3) 你认为在综合评价中怎样才能更充分地体现形成性评价的作用,反映学生的学习过程?
(4) 下面是一名大学教师的焦虑[①]:"每个学期,我最怕的是期末。我亲爱的学生们会正气凛然地向我索要分数:'老师,我要出国留学,烦劳您给我85分以

---

① 引自周凯等(2018),文字有改动。

上.''如果我这门课不能上80分,我就要被退学了.'一旦查到期末分数,许多学生会立即向我表达不解、抱怨或失望,声讨的邮件扑面而来。一种莫名的负罪感甚至会让自己从睡梦中惊醒。"一名在高校工作了20多年的老师说,这种"要分"现象几乎每年都会遇到。请你分析一下这一现象。另外,这样一种文化对教师评定成绩会有什么影响?

第四节 基本结构总结

我们现在可以对第二语言测试评估的基本结构作一个简要的总结了。

我们观察这样两个行为。一个是非测试评估行为,教师在二语课堂上做一件每天都做的看似极为普通的事,教师问某学生一个问题,那学生觉得有个地方还不是很有把握,但想试一下,他回答了。教师给出了反馈,肯定了学生说得对的部分,又指出了他的问题,解释了原因。学生明白,他原来感到没有把握的地方看来可以那样说,但有个地方需要改一下,作了一个自我调节。另一个是测试行为,考试机构运用项目反应理论和现代网络技术设计了一个复杂的自适应考试系统,考生去做题,计算机根据考生的作答情况给了一组题,考生有的对有的错,结果是考生得到了一个分数和对这个分数的解释,考生根据考试结果作了相应的自我调节。

我们可以发现,这两个就技术的复杂程度而言相差巨大的第二语言测试评估行为,其基本结构是大致相同的,如下所示。

采集信息—加工信息—输出信息—使用信息

我们先看采集信息。测试与非测试评估的一个重要的区别是信息的采集方式不同。第二语言测试的信息采集方式是使用试题引出考生的一个语言行为样本,除学能测试外,考生提供的都应该是目的语的行为样本。试题应该是统一的,考生的行为样本也是按照统一要求提供的,其统一的范围随考试类型的不同而不同,课堂测试最小,大规模标准化水平测试最大。原则上样本量越大越可靠,但时间所限,再大的考试,信息的采集量都是十分有限的,信息的种类一般是考生最佳的竞技状态信息。而非测试评估的信息采集方式则是多样化的,提问和观察可以得到学生对于词语及其他课堂学习内容的习得信息;批改作业可以得到学生书面语言使用情况的信息；通过日志可以得到学生学习过程、方法的信息，甚至可以得到一些教师观察不到的学生在课外习得语言的信息；自评可以得到学生自我观察的信息，从中可以了解学生第二语言的使用情况；互评可以通过学生的视角得到被评估人的相关信息；通过档案袋可以得到综合性的学生的学习过程及反思的信息等。由于非测试评估是全过程、多方位的，信息量很大，信息种类一般是学生的常态信息，既有好的表现，又有差的表现，因此，就学生二语学习信息的全面性、丰富性而言，非测试评估的信息源要优于测试的信息源。但是非测试评估信息的标准化程度、可比性一般不如测试。

我们再看加工信息。测试信息的加工方式是评分，对分数进行量化处理，取得每个考生的得分，并对分数作出解释。量化处理的复杂程度差别很大，课堂测试相对比较简单，大规模标准化水平测试则比较复杂。不过这种差别只影响测量的精度，量化处理的性质是一样的。而非测试评估的信息加工方式则非常多样化，提问是对学生回答的正确程度和存在的问题进行判断，观察是对在课堂上或作业中发现的问题进行综合分析，通过日志和档案袋了解学生的学习过程和反思，自评是了解学生报告的语言学习情况或自评分数的量化信息，互评是了解学生之间在互评中反映的情况或互评分数的量化信息。非测试评估的质量一般需依靠教师的教学经验、评估意识和素养、对学生的了解程度，在针对性、多样性等方面要优于测试，尤其是大规模标准化测试，但在客观、精确和标准化方面，一般不如测试。

第三是输出信息。测试的评估信息的输出方式主要是分数和等级，也就是量化描述。常模参照的百分等级和标准参照的及格线都是量化描述。尽管有对分数的质性的解释，但这种质性解释是基于分数的，是对于一类人语言能力的描述，比较笼统。学生拿到分数后可以知道自己是否及格，位置在哪里，由于分数具有可加性和可比性，可以由此估计自己得到某一个机会的可能性有多大。对于课堂测试，学生除了得到分数之外还能知道自己的答题情况，得到质性的反馈，但是对于多数大规模标准化水平测试，学生一般得不到答题情况的反馈，对于调节自己下一步的学习起不到什么作用。非测试评估的输出方式是多样的，提问、某些课堂观察、面谈的输出方式就是即时反馈，教师当场告诉学生哪儿对哪儿错，解释原因。作业或作文的评估输出方式通常是批改加分数，批改是具体的，语法、词汇、汉字、大大小小的问题都会标出来，作文中好的语句也会标出来点赞，此外还会有评语作质性评估，当然还会给一个分数。日志的反馈是教师的评语，这些评语如同教师和学生在对话，有具体的指导，有针对性。作为质性评估的自评和互评，学生会得到来自教师和同学的反馈，作为量化评估的自评、互评如果用于分班或平时成绩，学生一般不能直接得到反馈。和测试相比，多数非测试评估的输出方式，其质性评估更有价值，比如批改作业或作文，教师的具体批改对于学生的进一步学习很有用，而在面谈中教师还能对具体学生下一步该怎么做提出具体意见，非常有利于学生进行有效的自我调节，但分数的客观性比不上测试，尤其比不上标准化考试。教师在日常教学中一般都是独自评分，很难避免主观性。此外，出于鼓励学生、不挫伤学生的自尊心等多种考虑，给分往往容易偏松。在这点上，课堂测试也有类似的问题。因此，一些想真正知道自己实际水平的学生也是期待一个标准化考试的分数的，一个由不认识的人给自己作的客观的评估。

第四是使用信息。评估信息的使用者可以大致分为两类：一类是通常所说的考试用户，另一类是学生本人。考试用户需要评估信息来做决定，比如大学录取学生，用人单位录用员工，学校决定某个学生能否毕业或进入高一个层次的学习等。由于测试（尤其是标准化水平测试）具有客观、标准化程度高、可比性强、能在短时间内高效地提供评估信息等优点，使用测试信息是最为便利的。不过，目前人们也认识到测试信息的局限性，在做重要决定时也开始增加教师评语或教师网上评估等方式来取得非测试评估信息。无论是使用什么信息，考试用户关心的只是评估的结果，对评估的内容并不感兴趣。而作为评估信息使用者的学生本人则不同，一方面学生关心分数，这涉及能否得到好成绩，能否毕业等切身问题，因此学生往往是很重视考试的，甚至会一再考某一个水平考试来刷分。但另一方面，那些真正想学好某一门语言的学生，对评估的内容是感兴趣的，他们希望知道他们的语言运用是否正确，哪些方面有进步，哪些方面还有问题，应该向哪个方面努力。如果评估能够在这方面给他们有效的反馈，即使不计分，他们也会珍惜。而这一部分正是在非测试评估中提供得最多的信息，如果这部分信息能够提供得准确、及时，就能够有效地帮助学生进行自我调节，向着自己的目标持续进步。

总之，测试和非测试评估对于学生的第二语言学习都是必要的，它们各有所长，各有所短，只有根据不同的需要发挥各自不同的功能，才能达到最好的评估效果。

思考题

(1) 第二语言测试评估的这一基本结构具有普遍性吗?你能否再找出一些这一结构还不能概括的测试评估现象?

(2) 测试和非测试评估应该如何互补?不同的第二语言教学流派或测试评估思想对于这二者的处理方式有何不同?

本章延伸阅读

序号	主题	作者	参考资料	章节
1	非测试评估及理论背景	Council for Cultural Cooperation Education Committee, Council of Europe	*Common European Framework of Reference for Languages: Learning, Teaching, Assessment*(《欧洲语言共同参考框架:学习、教学、评估》)	第九章
		杨翼	《汉语教学评价》	第二章
2	常用的非测试评估方式	Brown, H.D. & P. Abeywickrama	*Language Assessment: Principles and Classroom Practices (2nd Edition)*(《语言测评:原理与课堂实践(第二版)》)	第六章
		单志艳	《如何进行教育评价》	第二章
3	综合评价	Brown, H. D. & P. Abeywickrama	*Language Assessment: Principles and Classroom Practices (2nd Edition)*(《语言测评:原理与课堂实践(第二版)》)	第十二章
4	基本结构	罗少茜、黄剑、马晓蕾	《促进学习:二语教学中的形成性评价》	第一章第四节

自我评价

索 引

说明：1. 本索引是语言测试评估的有关术语的索引。按照汉语拼音的顺序排列。
　　　2. 每个词后面的数字为该词在本书中的页码，一般只标对该词下定义或进行重点说明处的页码，在该页中该词是加深的。

B

百分等级	204
比率量表	5
变量	219
标准参照解释	210
标准差	189
标准分	199
标准化的测量	5

C

参照点	3
测量	3
测量标准误差/标准误	267
测量侧面	273
测量目标	273
测量情境关系	273
测量误差	255
测试	5
测试使用论证	29
测验信息函数	281
差异指数	237
常模	202
常模参照解释	203
成绩测试	44
重测信度	258
错误否定	318
错误肯定	318

D

搭配题	105
答案	87
单参数模型	279
单位	4
等级相关系数	222
等距量表	5
等值	250
点二列相关系数	230
多人印象法	158
多特质多方法矩阵	298
多项选择题	87
多元智能理论	338

E

| 二列相关系数 | 231 |

F

反拨效应	320
方差	188
非测试评估	336
分班考试	52
分半信度	259
分立式测试	47
分数线	316
分题选词填空	101

分析法	158	基于测试结果的证据	300
分值	66	基于反应过程的证据	292
峰度	192	基于内部结构的证据	293
负偏态	191	基于内容的证据	291
负相关	220	基于与其他变量之间关系	
复本信度	259	的证据	296
G		集库选词填空	102
改错挑错	174	集库选句填空	102
改写句子	173	集中量数	185
概化理论	272	计算机自适应考试	281
概化系数	276	简答题	168
干扰项	87	间接性测试	50
公平性	306	建构主义	337
共时研究	297	教学敏感性	237
构念	288	讲述	141
构念代表性不足	288	交叉设计	274
构念无关方差	288	交叠分布法	317
构念效度	290	交互性	27
构造题测试	49	交际语言测试	13
固定侧面	274	交际语言测试模式	23
关于学习的评价	34	经典测试理论	257
观察法	344	具体任务标准	146
H		决策	316
汉文考试	17	角色扮演	139
汉语水平考试	17	绝对零点	3
后效研究	320	**K**	
华语文能力测验	19	看图说话	139
会聚证据	298	看图写	152
J		考生亚群体	307
积差相关系数	220/231	考试利益相关者	325
积极反拨效应	321	科学前阶段	9

可接受的观察全域	273	皮尔森相关系数	220
可靠性指数	276	偏度	192
可行性	28	偏向	307
客观题测试	48	平均差	188
课堂评估	38	平均数	186
课堂小测验	52	评分者信度	263
肯德尔和谐系数	263	评估	7
扣分法	157	评价	8
L		评语	378
朗读	143	**Q**	
累积百分比	204	期末考试	53
离散量数	187	期中考试	53
量表	4	潜能测试	45
量化评估	339	潜在特质理论	278
零相关	220	嵌套设计	274
另类评估	336	区分度	228
录音口试	133	区分度指数	228
M		区分证据	298
面试	132	全距	187
面谈法	347	**R**	
名称量表	4	日志法	350
命题作文	150	**S**	
N		三参数模型	279
难度	223	商务汉语考试	18
内部一致性信度	260	审题	247
内容效度	289	实测分数	257
能做描述	211	试卷难度	224
O		是非题	109
欧洲语言共同框架	30	双参数模型	279
P		水平测试	44
排序题	171	顺序量表	4

斯皮尔曼—布朗公式	260	相关系数	220
随机侧面	274	项目反应理论	278
随机抽样理论	258	项目特征曲线	278
随机误差	255	项目信息函数	280
缩写	152	消极反拨效应	320
T		校内测试	51
提问法	340	效标关联效度	290
题干	87	效度	287
题目难度	223	心理测量—结构主义阶段	9
题眼	117	心理语言学—社会语言学阶段	11
填空题	165	新汉语水平考试	18
调节	35	信度	255
听后重复	141	信度系数	258
听后复述	142	信息函数	279
听写	161	行为测试/行为评估	81
同伴互评	362	行为样本	6
W		形成性评价	30
外部测试	51	需求分析	59
外部评估	38	选项	87
完成对话	174	选项分析	240
完成句子	173	选择题测试	49
完形填空	101	选择完形填空题	101
为了学习的评价	33	学习档案袋	368
问答	136	学习者自评	354
误差	255	**Y**	
X		因素分析	295
系统误差	287	语料	113
显著性水平	222	预测	247
限制性作文	150	预测研究	297
相对零点	3	元认知	34
相关	219	原始分	198

Z

造句	174
真分数	257
真实性	26
诊断测试	45
正偏态	191
正态分布	190
正态曲线	191
正相关	219
直接性测试	50
质性评估	339
置信区间	268
中国语检定试验	19
中位数	186
中小学生汉语考试	18
终结性评价	31
众数	186
主观题测试	49
转换分数	200
综合能力标准	145
综合式测试	47

Alpha 系数	261
B 指数	238
CEEB 分	200
DCL 考试	81
Delta 等距难度指数	226
DIF	311
D 研究	275
D 值	228
G 研究	275
IQ 分	200
KR-20 公式	261
P 值	223
T 分数	200
Z 分数	199

附录

附录1　BCT口试评分标准[①]

口试的评分标准,分为五个级别,但与成绩单上的五个等级不直接挂钩。评分员只对每一道口试题的交际任务是否完成、完成的水平如何进行评判。

级别	评分标准
1	交际任务:未完成。 语法词汇:能使用有限的词汇和简单的结构,但错误很多,严重影响交际。 语音:发音问题严重,妨碍理解。 话语类型:词或短语。 流利程度:不流利。不恰当的语音停顿很多而且停顿时间长。
2	交际任务:部分完成。 语法词汇:有一定的词汇量,但有时词不达意。能进行简单的交际,但有些语句影响交际。 语音:发音问题明显,听起来感到吃力,有时会妨碍理解。 话语类型:短语和单句。 流利程度:一些较为固定常用的短语和单句说得比较流利,但在自己造句时,流利程度明显下降。不恰当的语音停顿较多。
3	交际任务:完成,或只有个别遗漏。 语法词汇:语句基本通顺,有相当的词汇量,能使用一些常用的商务词语。有一些错误,但基本上不影响交际。 语音:有一些发音问题,但基本不妨碍理解。能基本掌握语句中的轻重音。 话语类型:单句和复句。 流利程度:多数语句说得比较流利,但在表达复杂的内容时,流利程度下降。有一些不恰当的语音停顿。
4	交际任务:全部完成。 语法词汇:语句通顺,词汇量比较丰富,能使用较多常用的商务词语。用词比较准确。在使用较复杂的词句时会有一些错误,但不影响交际。 语音:有个别发音问题,但不妨碍理解。能掌握语句中的轻重音。 话语类型:语段。 流利程度:能流利地表达。

[①] 附录1和附录2引自2006年北京大学出版社出版的《商务汉语考试大纲》。

(续表)

级别	评分标准
5	交际任务: 全部完成, 并能恰当地有所发挥。 语法词汇: 语句通顺, 表达得体, 词汇量相当丰富, 能恰当地使用常用的商务词语。能根据交际需要自如地使用复杂的句式。可能有个别的小错误或出现口误, 但不影响交际。 语音: 可能有极个别发音问题, 但不妨碍理解。能很好地掌握语句中的轻重音。 话语类型: 语篇。 流利程度: 能非常流利自然地表达。

附录2　BCT写作评分标准

写作的评分标准,分为五个级别,但与成绩单上的五个等级不直接挂钩。评分员只对每一道写作题的交际任务是否完成、完成的水平如何进行评判。

级别	评分标准
1	交际任务: 未完成。 语法词汇: 错误很多, 严重影响交际。 条理性: 看不出任何条理。 汉字及标点符号: 错别字很多, 标点符号单一或缺少, 严重影响交际。 文体: 看不出所要求的文体特征。 总体阅读印象: 难以读懂。
2	交际任务: 部分完成。 语法词汇: 能使用有限的词汇, 但有时词不达意。能进行简单的交际, 但有些语句影响交际。 条理性: 条理不够清楚, 前后不够连贯。 汉字及标点符号: 能书写一些常用汉字, 但错别字较多, 标点符号单一, 有时会影响交际。 文体: 错误较多。 总体阅读印象: 能比较吃力地读懂。
3	交际任务: 完成, 或只有个别遗漏。 语法词汇: 语句基本通顺, 有一定的词汇量, 能使用一些常用的商务词语。有一些错误, 但基本上不影响交际。 条理性: 有一定的条理性, 前后基本连贯。 汉字及标点符号: 能比较正确地书写一般的汉字, 但在书写较难的词时有一些错别字, 标点符号有一些错误, 但基本上不影响交际。 文体: 虽有错误, 但已初步具备所要求的文体特点。 总体阅读印象: 虽有错误, 但能读懂。

(续表)

级别	评分标准
4	交际任务：全部完成。 语法词汇：语句通顺，词汇量比较丰富，能使用较多常用的商务词语。在使用较复杂的词句时会有一些错误，但不影响交际。 条理性：条理比较清楚，前后连贯。 汉字及标点符号：能正确书写汉字，标点符号正确。有少量错误，但不影响交际。 文体：基本正确。 总体阅读印象：能比较顺利地读懂。
5	交际任务：全部完成，并能恰当地有所发挥。 语法词汇：语句通顺，表达得体，词汇量相当丰富，能恰当地使用常用的商务词语。能根据交际需要自如地使用复杂的句式。可能有个别的小错误，但不影响交际。 条理性：条理非常清楚，前后连贯。 汉字及标点符号：能正确熟练地书写汉字，标点符号正确。可能有个别错误，但不影响交际。 文体：正确。 总体阅读印象：能顺利地读懂。

参考文献

Allal, L. 2010. Assessment and the regulation of learning. In Peterson, P., E. Baker & B. McGaw, (eds.) *International Encyclopedia of Education*（3rd Edition）. Oxford: Elsevier.

Anastasi, A. & S. Urbina. 1997. *Psychological Testing*（7th Edition）. 中译本:《心理测验》, 缪小春、竺培梁译, 2001, 浙江教育出版社, 杭州。

Alderson, J. C. & D. Wall. 1993. Does washback exist? *Applied Linguistics* 14/2.

Alderson, J. C. 2011. *A Lifetime of Language Testing.* 中文导读本:《语言测试》, 上海外语教育出版社, 上海。

American Educational Research Association（AERA）, American Psychological Association（APA）& National Council on Measurement in Education（NCME）. 1999. *Standards for Educational and Psychological Testing*（6th Edition）. 中译本:《教育与心理测试标准》, 燕娓琴、谢小庆译, 2003, 沈阳出版社, 沈阳。

Bachman, L. F. 1990. *Fundamental Considerations in Language Testing.* 中文导读本:《语言测试要略》, 1999, 上海外语教育出版社, 上海。

Bachman, L. F. & A. S. Palmer. 1989. The construct validation of self-ratings of communicative language ability. *Language Testing* 6/1.

Bachman, L. F. & A. S. Palmer. 1996. *Language Testing in Practice.* 中文导读本:《语言测试实践》, 1999, 上海外语教育出版社, 上海。

Bachman, L. F. & A. S. Palmer. 2010. *Language Assessment in Practice: Developing Language Assessments and Justifying Their Use in the Real World.* 中文导读本:《语言测评实践: 现实世界中的测试开发与使用论证》, 2016, 外语教学与研究出版社, 北京。

Black, P. & D. Wiliam. 1998. Assessment and classroom learning. *Assessment in Education: Principles, Policy & Practice* 5/1.

Black, P. & D. Wiliam. 2009. Developing the theory of formative assessment. *Educational*

Assessment, Evaluation and Accountability 21/1.

Bloom, B. S. 1968. Learning for mastery. *Evaluation Quarterly* 1/2.

Bloom, B. S., J. T. Hastings & G. F. Madaus. 1971. *Handbook on Formative and Summative Evaluation of Student Learning.* New York: McGraw-Hill.

Brown, J. D. 2005. *Testing in Language Programs: A Comprehensive Guide to English Language Assessment.* 影印本：《语言项目中的测试与评价》，2006，高等教育出版社，北京。

Brown, H. D. & P. Abeywickrama. 2010. *Language Assessment:Principles and Classroom Practices*（2nd Edition）. 中文导读本：《语言测评：原理与课堂实践（第二版）》，2013，清华大学出版社，北京。

Campbell, D. T. & D. W. Fiske. 1959. Convergent and discriminant validation by the multitrait-multimethod matrix. *Psychological Bulletin* 56.

Cohen, R. J. & M. E. Swerdlik. 2005. *Psychological Testing and Assessment*（6th Edition）. 中文导读本：《心理测验与评估（第六版）》，2005，人民邮电出版社，北京。

Council for Cultural Cooperation Education Committee, Council of Europe. 2001. *Common European Framework of Reference for Languages:Learning,Teaching,Assessment.* 中译本：《欧洲语言共同参考框架：学习、教学、评估》，欧洲理事会文化合作教育委员会编，刘骏、傅荣等译，2008，外语教学与研究出版社，北京。

Davies, A., A. Brown, C. Elder, K. Hill, T. Lumley & T. McNamara. 1999. *Dictionary of Language Testing.* 中文导读本：《语言测试词典》，2002，外语教学与研究出版社，北京。

Educational Testing Service (ETS).2012. *The Official Guide to the TOEFL® Test*（4th Edition）. 中文导读本：《托福考试官方指南（第4版）》，2012，群言出版社，北京。

Educational Testing Service（ETS）. *The Handbook of TOEIC.*（非正式出版物）

Flavell, J. H. 1985. *Cognitive Development*（2nd Edition）. New Jersey: Prentice-Hall.

Gates,S. 1995. Exploiting washback from standardized tests. In Brown, J. D. & S. O. Yamashita. (eds.) *Language Testing in Japan.* Tokyo.

Gottlieb, M. 1995. Nurturing student learning through portfolios. *TESOL Journal* 5/1.

Kaplan,R. M. & D. P. Saccuzzo. 2010. *Psychological Testing*: *Principles,Applications, and Issues*（7th Edition）. 中文导读本：《心理测验——原理、应用和问题（第7版）》，2010，机械工业出版社，北京。

Klein-Braley, C. & U. Raatz. 1984. A survey of research on the C-Test. *Language Testing* 1/2.

Lado, R. 1961. *Language Testing*: *The Construction and Use of Foreign Language Tests*. London: Longmans.

Laveault, D. & L. Allal. 2016. *Assessment for Learning*: *Meeting the Challenge of Implementation*. New York: Springer Cham Heidelberg.

Leblanc,R. & G.Painchaud. 1985. Self-assessment as a second language placement instrument. *TESOL Quarterly* 19/4.

Lougheed,L.2003.《托业全真模拟题》,外语教学与研究出版社,北京。

Messick, S.1989. Validity. In Linn, R. L.（ed.）*Educational Measurement*（3rd Edition）. New York: American Council on Education and Macmillan.

Messick, S.1996. Validity and washback in language testing. *Language Testing* 13/3.

Shen, Y. & J. Shang. 2014. *Barron's AP Chinese Language and Culture*（2nd Edition）. North Carolina: Barron's Education Series,Inc.

Shohamy, E.1992.Beyond performance testing:A diagnostic feedback testing model for assessing foreign language testing. *Modern Language Journal* 76/4.

Spolsky, B. 1995. *Measured Words.* 中文导读本:《客观语言测试》,1999,上海外语教育出版社,上海。

Stevens, S. S. 1951. *Handbook of Experimental Psychology.* New York: John Wiley & Sons, Inc.

Wood, L., P. Sanderson, C. Lloyd-Jones & A. Williams. 2002.《新编剑桥商务英语(高级)学生用书(第二版)》,经济科学出版社,北京。

HSK(商务)研发办公室(刘超英执笔)(2005)HSK(商务)的总体设计,《汉语教学学刊(第1辑)》,《汉语教学学刊》编委会编,北京大学出版社,北京。

常晓宇(2005)效度理论的变迁,《语言测试专业硕士论文精选》,孙德金主编,北京语言大学出版社,北京。

陈正昌(2015)《SPSS与统计分析》,教育科学出版社,北京。

崔华山(2009)《新丝路——中级速成商务汉语Ⅱ》,北京大学出版社,北京。

大辞海编辑委员会(2013)《大辞海:心理学卷》,上海辞书出版社,上海。

符华均、张晋军、李亚男、李佩泽、张铁英(2013)新汉语水平考试HSK(五级)效度研究,《考试研究》,第3期。

郭纯洁（2007）《有声思维法》，外语教学与研究出版社，北京。

郭树军（1995a）汉语水平考试的等值问题，《首届汉语考试国际学术讨论会论文选》，《首届汉语考试国际学术讨论会论文选》编委会主编，北京语言学院出版社，北京。

郭树军（1995b）汉语水平考试（HSK）项目内部结构效度检验，《汉语水平考试研究论文选》，北京语言学院汉语水平考试中心编，现代出版社，北京。

国家对外汉语教学领导小组办公室汉语水平考试部（1989）《汉语水平考试大纲》，现代出版社，北京。

国家汉办／孔子学院总部（2010）《新汉语水平考试大纲 HSK 口试》，商务印书馆，北京。

国家汉办／孔子学院总部（2010）《新汉语水平考试大纲 HSK 六级》，商务印书馆，北京。

国家汉办／孔子学院总部（2010）《新汉语水平考试大纲 HSK 三级》，商务印书馆，北京。

国家汉办／孔子学院总部（2010）《新汉语水平考试大纲 HSK 五级》，商务印书馆，北京。

国家汉办／孔子学院总部（2010）《新汉语水平考试真题集 HSK 六级》，华语教学出版社，北京。

国家汉办／孔子学院总部（2010）《新汉语水平考试真题集 HSK 四级》，华语教学出版社，北京。

国家汉办／孔子学院总部（2010）《新汉语水平考试真题集 HSK 五级》，华语教学出版社，北京。

国家汉办／孔子学院总部（2010）《新汉语水平考试真题集 HSK 一级》，华语教学出版社，北京。

国家汉语水平考试委员会办公室（1995）《HSK 中国汉语水平考试大纲[高等]》，北京语言学院出版社，北京。

海关总署《旧中国海关总税务司署通令选编》编译委员会（2003）《旧中国海关总税务司署通令选编（第二卷）(1911—1930 年)》，中国海关出版社，北京。

韩宝成（2000）《外语教学科研中的统计方法》，外语教学与研究出版社，北京。

韩宝成、罗凯洲（2013）语言测试效度及其验证模式的嬗变，《外语教学与研究》，第 3 期。

韩宝成、罗凯洲（2016）导读，《语言测评实践：现实世界中的测试开发与使用论证》，Bachman, L. F. & A. S. Palmer 著，外语教学与研究出版社，北京。

韩宁（2009）从关于学习的评价到为了学习的评价，《中国考试（研究版）》，第 8 期。

侯仁锋、申荷丽（2016）日本的汉语考试概观，《海外华文教育》，第 5 期。

黄春霞（2010）语言测试的社会公平性问题的实证研究——汉语水平考试的 DIF 检验，

《黑龙江科技信息》，第 27 期。

孔文(2011)从考生答题过程验证 TEM4 阅读理解任务的构念效度，《外语测试与教学》，第 3 期。

剑桥大学考试委员会(2006)《剑桥 BEC 真题集第 3 辑(高级)》，人民邮电出版社，北京。

金瑜(2001)《心理测量》，华东师范大学出版社，上海。

柯传仁(2005)OPI 和 SOPI：两种口语测试法的相关研究及其在教学中的应用，《汉语教学学刊(第 1 辑)》，《汉语教学学刊》编委会编，北京大学出版社，北京。

柯传仁、柳明(1993)介绍一种中文口语能力考试——OPI，《语言教学与研究》，第 2 期。

李海燕(2008)概化理论在 BCT 口语测试中的应用研究，《汉语教学学刊(第 4 辑)》，《汉语教学学刊》编委会编，北京大学出版社，北京。

李海燕(2009)《新丝路——高级速成商务汉语 I》，北京大学出版社，北京。

李海燕、蔡云凌、刘颂浩(2003)口语分班测试题型研究，《世界汉语教学》，第 4 期。

李海燕、李晓琪(2014)自动化汉语口语考试(SCT)题型设计理念，《数字化汉语教学(2014)》，李晓琪、贾益民、徐娟主编，清华大学出版社，北京。

李骐(2011)电子学习档案在自学考试中的应用分析和研究，《中国考试》，第 12 期。

李绍山(2001)《语言研究中的统计学(第 2 版)》，西安交通大学出版社，西安。

李晓琪、李靖华(2014)汉语口语考试(SCT)的效度分析，《世界汉语教学》，第 1 期。

李筱菊(1997)《语言测试科学与艺术》，湖南教育出版社，长沙。

李志厚(2010)《变革课堂教学方式——建构主义学习理论及其在教学中的应用》，广东教育出版社，广州。

林欢、陈莉(2000)《汉语初级听力教程(下册)》，北京大学出版社，北京。

刘保、肖峰(2011)《社会建构主义——一种新的哲学范式》，中国社会科学出版社，北京。

刘超英(2017)在短期汉语教学中采用自评分班的试验及其启示，《国际汉语教学研究》，第 1 期。

刘超英(2020)分班自评的检验及思考，《国际汉语教育(中英文)》，第 3 期。

刘超英、龙清涛、金舒年、蔡云凌(2002)《HSK 速成强化教程(高等)》，北京语言文化大学出版社，北京。

刘超英、赵延风、陈莉(2000)从"B 卷"看入学分班测试，《北大海外教育(第三辑)》，赵燕皎、李晓琪主编，华语教学出版社，北京。

刘海峰等(2002)《中国考试发展史》，华中师范大学出版社，武汉。

刘润清、韩宝成(2000)《语言测试和它的方法(修订版)》，外语教学与研究出版社，北京。

刘英林、宋绍周(1992)论汉语教学字词的统计与分级(代序),《汉语水平词汇与汉字等级大纲》,国家对外汉语教学领导小组办公室汉语水平考试部编,北京语言学院出版社,北京。

罗莲(2007)告别"标准参照测验"和"常模参照测验"的二元划分,《中国考试(研究版)》,第6期。

罗莲、白乐桑(2013)法国DCL语言能力证书考试,《国际汉语学报》,第2辑。

罗少茜、黄剑、马晓蕾(2015)《促进学习:二语教学中的形成性评价》,外语教学与研究出版社,北京。

漆书青、戴海崎、丁树良(2002)《现代教育与心理测量学原理》,高等教育出版社,北京。

钱旭菁、黄立(2013)《博雅汉语·准中级加速篇Ⅱ(第二版)》,北京大学出版社,北京。

任杰、谢小庆(2005)中国少数民族考生与外国考生HSK成绩的公平性分析,《中国汉语水平考试(HSK)研究报告精选》,谢小庆主编,北京语言大学出版社,北京。

任雪梅、徐晶凝(2013)《博雅汉语·初级起步篇Ⅰ(第二版)》,北京大学出版社,北京。

单志艳(2007)《如何进行教育评价》,华语教学出版社,北京。

盛炎(1990)《语言教学原理》,重庆出版社,重庆。

舒运祥(1999)《外语测试的理论与方法》,上海世界图书出版公司,上海。

唐雄英(2005)语言测试的后效研究,《外语与外语教学》,第7期。

王承瑾(2013)日本的汉语水平测试:"中国语检定"考试,《玉溪师范学院学报》,第1期。

王海峰、刘超英、陈莉、赵延风(2001)《HSK速成强化教程(初、中等)》,北京语言文化大学出版社,北京。

王佶旻(2011)《语言测试概论》,北京语言大学出版社,北京。

王景英(2001)《教育统计学》,高等教育出版社,北京。

王欣(2009)《关于听力测试中语音选项多项选择题的研究》,硕士论文,北京大学。

王洋(2002)公平问题的历史发展及新特征,《考试研究文集(第1辑)》,谢小庆、鲁新民主编,经济科学出版社,北京。

王洋(2004)"托业"的分数解释体系及其启示,《考试研究文集(第2辑)》,谢小庆、彭恒利主编,经济科学出版社,北京。

王振亚(2009)《现代语言测试模型》,河北大学出版社,保定。

小川典子(2017)汉语高考的内容效度分析——以2010—2016年的试卷为对象,『中國語教育』,第15号。

谢萍萍(2005)基于档案袋的英语学习评价,《山东师范大学外国语学院学报(基础英语教育）》，第 2 期。

谢小庆（1995）汉语水平考试的分数体系，《首届汉语考试国际学术讨论会论文选》,《首届汉语考试国际学术讨论会论文选》编委会主编，北京语言学院出版社，北京。

谢小庆（2000）对 15 种测验等值方法的比较研究，《心理学报》，第 2 期。

谢小庆（2013a）测验效度概念的新发展，《考试研究》，第 3 期。

谢小庆（2013b）效度：从分数的合理解释到可接受解释，《中国考试》，第 7 期。

谢小庆、王洋（2004）关于考试公平性的一些思考，《考试研究文集（第 2 辑）》，谢小庆、彭恒利主编，经济科学出版社，北京。

新加坡教育部课程规划与发展司（2011）《中学华文 B（上）》, Singapore, EPB Pan Pacific.

徐晶凝（2009）中级语法选修课"学习档案"测量法之试验与思考，《汉语教学学刊（第 5 辑）》,《汉语教学学刊》编委会编，北京大学出版社，北京。

杨惠中（2015）有效测试、有效教学、有效使用，《外国语（上海外国语大学学报）》，第 1 期。

杨晓明（2004）《SPSS 在教育统计中的应用》，高等教育出版社，北京。

杨翼（2008）《汉语教学评价》，北京语言大学出版社，北京。

杨翼（2010）《对外汉语教学的成绩测试》，北京大学出版社，北京。

叶倩、何善亮（2016）"为了学习的评价"的基本理念与实践要求，《教育测量与评价（理论版）》，第 3 期。

余新（2010）《多元智能在世界》，首都师范大学出版社，北京。

曾妙芬（2007）《推动专业化的 AP 中文教学——大学二年级中文教学成功模式之探讨与应用》，北京语言大学出版社，北京。

张厚粲、龚耀先（2012）《心理测量学》，浙江教育出版社，杭州。

张洁（2017）《教学测试与评估》，武汉大学出版社，武汉。

张晋军、解妮妮、王世华、李亚男、张铁英（2010）新汉语水平考试（HSK）研制报告，《中国考试》，第 9 期。

张凯（2002a）《标准参照测验理论研究》，北京语言文化大学出版社，北京。

张凯（2002b）《语言测验理论与实践》，北京语言文化大学出版社，北京。

张凯（2013）《语言测试概论》，商务印书馆，北京。

张西平（2009）《世界汉语教育史》，商务印书馆，北京。

张雅明（2012）《元认知发展与教学：学习中的自我监控与调节》，时代出版传媒股份有限公司、安徽教育出版社，合肥。

赵琪凤(2016)汉语水平考试的历史回顾及研究述评,《中国考试》,第9期。

郑日昌(2005)《心理测验与评估》,高等教育出版社,北京。

郑日昌(2008)《心理测量与测验》,中国人民大学出版社,北京。

中国国家汉语国际推广领导小组办公室、北京大学商务汉语考试研发办公室(2006)《商务汉语考试大纲》,北京大学出版社,北京。

中华人民共和国教育部(2001)《全日制义务教育普通高级中学英语课程标准(实验稿)》,北京师范大学出版社,北京。

周凯、杨龙、晋浩天(2018)一名大学教师的焦虑,《文摘报》,1月25日。

朱洪(2013)《晚清海关洋员汉语学习初步研究》,硕士论文,南京大学。

后　记

我是一名对外汉语教师，虽然从教学的第一天就开始给学生出题，但对测试评估的研究兴趣是老HSK激发起来的。根据教学需要，我和我的同事们给学生做过一些HSK辅导，编过一些练习题。此后我们便开始为学校编制一些水平考试试卷，进行数据分析，同时阅读一些测试理论的书。2003年北大受国家汉办委托开发HSK（商务）考试，也就是后来的商务汉语考试BCT，我作为研发办公室的一名成员有幸参与了研发工作，按照比较规范的程序来开发一个标准化考试。在这个过程中，我们得以从内部观察标准化考试。2011年，BCT的研发任务被转到其他单位，这一阶段画上了句号。此后我和同事们又回过头来研究入学考试、分班考试，并开始研究学术型汉语考试，满足校内的需求。2012年前后我应邀去新加坡华文教研中心主持了几期"新教材的形成性与终结性评价"的教师工作坊，在和当地的教师和有关负责人的交流中，我看到了形成性评价在教学中的重要作用，开始思考非测试评估的巨大潜力。回国后我便在自己的教学中尝试使用一些非测试评估的手段来推进教学。2015年我和同事们开始研究自评分班，得到了学院领导和老师们的大力支持，目前此项研究已经投入使用。回顾这几十年的实践，我感到我和同事们对于测试与评估的一些观察、思考、经验很有价值，我也知道了对于汉语国际教育专业的学生和没系统学过测试评估的一线教师来说哪些基础知识是最有用的，我应该写出来。

"第二语言测试与评估"这门课，作为研究生课程在北京大学已经开设多年，一直受到研究生们的欢迎，被称作是一门"干货满满"的课。2012年，这门课被学校研究生院定为研究生课程立项建设的课程。作为课程建设的一项内容，我着手整理讲义，补充材料，编写教材，但写得很慢。2016年，北大出版社决定将此教材列入"汉语国际教育专业规划教材"系列，北大教务部将本教材列入院系主要专业课的规划教材，促使我写完了这本书。

在这本教材出版之际,我想特别感谢我教过的每一届研究生,我的很多思想是在和他们的讨论中得到启发并逐渐明确的,正是他们的疑问使我思考了一些以前没有思考的问题,并明白了应该从哪个角度来讲解。教材中"问答"部分的很多问题就是学生在课堂讨论中提出来的,思考题里有一些想法是他们在作业中提出来的。我也要感谢参加师资培训的老师们,他们在讨论中反映的很多情况和提出的问题,真实而耐人寻味,有一些我已写进了教材中。我要感谢我教过的留学生,我的很多想法都是在和他们互动的过程中产生的。我把他们学习汉语的一些样本收入了教材,我相信未来的汉语教师们看到这些样本,就会像看到这些学生一样,爱上他们。

我还要感谢北大对外汉语教育学院的同事们,尤其是 BCT 研发办的李晓琪老师和赵延风、陈莉、辛平、龙清涛、鹿士义、李海燕、崔华山、王玉、章欣、王芳、李海旭、王玉响、马元文及其他成员,本书中的一些试题和数据是我们共同的研究成果。除了 BCT 的研发人员外,我要感谢刘颂浩、蔡云凌、赵延风、陈莉、林欢、王玉、姚骏等老师,感谢金舒年、李海燕、路云等老师,我们在为学院和学校研究入学分班考试的过程中密切合作,进行了很多探索,书中的一些思想便是我们各个组的研究成果。我要感谢所有参与自评分班工作的老师们,感谢汲传波老师对此项工作的支持;感谢课题组的钱旭菁、周守晋、辛平、张文贤、刘立新、路云老师,我们合作得非常好;感谢黄立、三井明子、孔锡任在自评表译文审定上做的工作;感谢办公室的李洋、魏宝良等老师和学院所有参与自评使用效果评估工作的老师们。这些工作我以不同的形式写入了本书。

我要感谢李海燕、金舒年、施正宇、王玉、汪燕、於斌、陈汐、李海旭老师在本书写作过程中在材料上、技术上给予的贡献和支持。

我还要感谢谢小庆、鹿士义、张青华、张忠华等心理测量专家,他们在我们的测试研发工作中给了我们非常宝贵的鼓励和重要的指导。笔者有幸和他们一起工作或交流,从他们那里学会了很多东西。我要特别感谢谢小庆老师,感谢他对本书的文稿所提的十分宝贵的意见和建议。

我要感谢我的家人在编写这本书的过程中对我的全力支持。

我要感谢本书的责任编辑孙艳玲付出的大量心血。

最后,我要感谢陆俭明老师,在讨论这本书的框架时,他支持了我对本书的一些尝试性的设想并提出了一些关键性的意见。2017 年元旦前夕他给我发了个邮件,鼓励我写好这本书,并寄予了期待。我希望不要让陆老师失望。

由于我是一名对外汉语教师，因此，在写教学相关内容时感到如鱼得水，而在写统计分析相关内容时却感到如履薄冰。尽管我已尽力，但仍然可能有疏漏，所以，恳切希望本书的读者提出批评意见。

刘超英

2022 年 10 月 15 日